新しい権威主義の時代 下

STRONGMEN

Mussolini to the Present

ストロングマンは
いかにして民主主義を
破壊するか

ルース・ベン=ギアット
Ruth Ben-Ghiat
小林朋則 訳

原書房

新しい権威主義の時代――ストロングマンはいかにして民主主義を破壊するか　下

目　次

上巻目次

主要人物

［記載された情報は二〇二〇年現在］

イディ・アミン　ウガンダの大統領（一九七一～一九七九）。軍事クーデターで大統領となり、後に反政府勢力に追われて亡命した。

モハメド・シアード・バレ　ソマリア民主共和国の大統領（一九六九～一九九一）。軍事クーデターで大統領となり、後に反政府勢力に追われて亡命した。

シルヴィオ・ベルルスコーニ　イタリアの首相（一九九四年五月～一二月、二〇〇一～二〇〇六、二〇〇八～二〇一一）。毎回、選挙に勝利して政権を握った。一九九四年の政権は汚職問題が原因で倒れた。二〇〇六年には選挙に敗れて退陣し、二〇一一年には欧州通貨危機の最中に辞任した。

ジャイル・ボルソナーロ　ブラジルの大統領（二〇一九～現在）。選挙に勝利して大統領に就任した。［二〇二二年、選挙に敗れて退任］

ロドリゴ・ドゥテルテ　フィリピンの大統領（二〇一六～現在）。選挙に勝利して大統領に就任した。［二〇二二年六月、任期満了により退任］

レジェップ・タイップ・エルドアン　トルコの大統領（二〇一四～現在）。トルコの首相（二〇〇三～二〇一四）。選挙に勝利して権力の座に就いた。

フランシスコ・フランコ・バアモンデ　スペインのエル・カウディージョ（総統）（一九三九～一九七五）。軍事クーデターで権力を握り、スペイン内戦（一九三六～一九三九）ではナショナリスト軍を率いた。在職中に自然死した。

ムアンマル・カダフィ　リビアの最高指導者および革命指導者（一九六九～二〇一一）。軍事クーデターで権力を握り、二〇一一年の革命で反政府勢力によって処刑された。

アドルフ・ヒトラー　ドイツの首相（一九三三～一九四五）、ドイツの総統（一九三四～一九四五）。

パウル・フォン・ヒンデンブルク大統領によって首相に任命された。一九四五年四月、自殺した。

サダム・フセイン　イラクの大統領（一九七九～二〇〇三）。軍事クーデターで権力を握った。イラクを占領するアメリカ軍によって二〇〇三年に拘束され、イラク特別法廷で人道に対する罪で裁かれた。二〇〇六年、絞首刑を言い渡され、同年に執行された。

ナレンドラ・モディ　インドの首相（二〇一四～現在）。選挙に勝利して首相に就任した。

ベニート・ムッソリーニ　イタリアの首相（一九二二～一九二五）、イタリアの首席宰相・ドゥーチェ（一九二五～一九四三）、サロ共和国の国家元首・ドゥーチェ（一九四三～一九四五）。国王ヴィットーリオ・エマヌエーレ三世によって首相に任命された。一九四三年七月、ファシズム大評議会によって宰相を解任・拘束された。一九四三年九月、アドルフ・ヒトラーによって救出され、ナチ・ドイツの傀儡国家サロ共和国の元首に据えられた。一九四五年四月、イタリア人パルチザンによって処刑された。

オルバーン・ヴィクトル　ハンガリーの首相（二〇一〇〜現在）。選挙に勝利して首相に就任した。二〇二〇年四月現在、政令による統治を行なっている［二〇二二年現在、その状況は続いている］。

アウグスト・ピノチェト・ウガルテ　チリの軍事評議会議長（一九七三〜一九八一）、チリの大統領（一九七四〜一九九〇）。軍事クーデターで大統領となり、一九八八年の国民投票に敗れて辞任した。

ウラジーミル・プーチン　ロシアの大統領（二〇〇〇〜二〇〇八、二〇一二〜現在）、ロシアの首相（二〇〇八〜二〇一二）。二度とも選挙に勝利して大統領に就任した。

モブツ・セセ・セコ　ザイールの大統領（一九六五〜一九九七）。軍事クーデターで大統領となった。誕生時の名前はジョゼフ＝デジレ・モブツだったが、一九七二年に「モブツ・セセ・セコ・クク・ンベンドゥ・ワ・ザ・バンガ」と改名した。この名は、「勝利を目指す忍耐力と不屈の意志によって、征服を次々と行ない、すべてを燃やして進んでいく全能の戦士」という意味である。一九九七年に反政府勢力に追われて亡命した。

ドナルド・J・トランプ　アメリカ合衆国の大統領（二〇一六〜現在）。選挙に勝利して権力を握った。二〇一九年、権力乱用と連邦議会の公務執行妨害を理由に下院で弾劾が可決された。二〇二〇年、上院はこのふたつについて無罪を言い渡した［二〇二〇年、選挙に敗れて退任した。その後、二〇二一年のアメリカ連邦議会襲撃事件をめぐり下院で再び弾劾が可決されたが、上院で再び無罪となった］。

第二部②

支配の道具

第七章　腐敗行為

リモージュ陶器に乗せられたウズラのローストは、完璧な焼き具合で、世界屈指のワインセラーから運んできた極上のワインが添えられていた。ザイールのジャングル中にある都市バドリテに建つモブツの宮殿では、自然あふれる湖を白鳥が泳ぎ、使用人たちがゴブラン織りのタペストリーやカレラ大理石で飾られた部屋を音もなく出入りし、資金がＣＩＡ、国際通貨基金（ＩＭＦ）、民間銀行、およびザイールにあるコバルトと銅とダイヤモンドの鉱山から流入していた。ローマ教皇ヨハネ・パウロ二世も、テレビ伝道師パット・ロバートソンも、ＣＩＡ長官ウィリアム・ケイシーも、みな一九八〇年代から一九九〇年代にバドリテを訪れ、モブツや彼の支配層エリートたちと歓談を交わした。魅力的であると同時に残虐でもあるモブツは、ストロングマンらしい選りすぐりの知恵の言葉をいつでもすぐに口にした。いわく「もし何かを盗みたいなら、少量を巧妙に、利口な方法で盗みなさい。一夜で大金持ちになるほどたくさん盗むと、逮捕されてしまう」。彼は自分のアドバイスに自分も従い、一九九一年にアメリカ下院議員スティーヴン・ソーラーズ（民主党、ニューヨーク州選出）が言った言葉を借りれば、ザイールを「すべての泥棒政治国家を終わらせる泥棒政治国家」に変え、「今後の国際的な泥棒全員を評価する際の基準」を打ち立てながらも、収監されるのを避けていた[1]。

こうした公式の場に、義務であるアバコストを着て出席したザイールの閣僚や高官たちは、供される豪華な食事が自分たちの最後の晩餐になるかもしれないことを知っていた。支配層エリートたちが頻繁に粛清されていたため、不安感とモブツに頼る空気とが生まれ、モブツの腐敗行為に加担するようになっていた。腐敗行為に加わることで彼らは裕福になったが、そのためかえって立場がさらに弱くなった。いつ腐敗行為や縁故主義で告発されて罰せられてもおかしくなかったからだ。モブツ政権最初の一〇年間で、二一二名のエリートのうち二九名が高い地位から刑務所へ直接送られ、それとは別に二六名が不忠または不正の容疑で罷免され、一九六六年には四人の閣僚が国家反逆罪で五万の群衆の目の前で絞首刑に処された。時間の経過とともに、モブツは政治エリートたちが罰を避けるように仕向けたが、彼らの方でも一部の者たちがモブツを操っていた[2]。

ジャン・ングザ・カール＝イ＝ボンドの経歴は、ストロングマンに協力した場合のリスクと報酬を端的に示している。外務大臣として二期目を務めていたとき（一九七六〜一九七七年）、彼は大逆罪で告発された。これはおそらく、外国の報道機関が彼をモブツの後継候補に挙げたためだろう。獄中では拷問に耐えたが、モブツは一九七七年に死刑判決を撤回し、一九七八年には恩赦を与え、一九七九年に再び外務大臣に任命した。カール＝イ＝ボンドは亡命し、一九八一年にアメリカ連邦議会でモブツの腐敗行為について証言し、一年後には『モブツ、またはザイールの悪の化身 Mobutu, ou l'incarnation du Mal Zaïrois)』を執筆した。報道での悪評が流れ続けるのを止めるため、モブツは一九八六年に彼をワシントン駐在の大使にした。大使としてカール＝イ＝ボンドはそれまで糾弾していたのと同じ犯罪を正当化し、それによって一九九一年に首相指名を勝ち取った。ジャーナリストのブレーン・ハーデンは、カール＝イ＝ボンドのような者たちを念頭に、ザイールで重要な人物は八〇人しかおらず、「いつでも、そのうちの二〇人は閣僚であり、二〇人は亡命中で、二〇人は刑務所におり、二〇人は大使になっている。三か月おきに音楽が止まり、モブツは全員の居場所を無理やり変える」と述べている[3]。

モブツが長期政権と豪華なライフスタイルを維持できたのは、冷戦のおかげだった。脱植民地化の時代は経済秩序の変化を特徴とし、ヨーロッパの植民地帝国が崩壊したことでヨーロッパの国家資本が引き揚げられ、新たに個人投資家や機関投資家がやってきた。モブツは、親西側・反共産主義という立場を採ったことで、左派を封じ込めてポスト植民地時代にも影響力を維持させたいと考える欧米人から出される資金の主要な受取人となった。彼の長年の擁護者や投資家には、彼のロビイストであるポール・マナフォートとロジャー・ストーンや、アメリカの駐ザイール大使シェルドン・B・ヴァンス、フランスのジスカール・デスタン大統領の家族などがいた。一九八〇年代、デスタン家はザイールの対外債務の三分の一弱を占める建設関連事業を監督していた。ＩＭＦとアメリカ輸出入銀行もモブツに融資し、それはＩＭＦの高官エルヴィン・ブルーメンタールが一九八二年に、資金を回収できる見込みはまったくないと警告した後も続いた。一九九七年に亡命を余儀なくされた時点で、モブツの資産は五〇億ドルに上っていた。ザイールは、資本逃避によって一二〇億ドルを失い、一四〇億ドルの債務を抱え、インフレ率が年平均六九九九・八パーセントに達し、人口の七〇パーセント以上が一日の平均賃金が一ドルという貧しい暮らしを送る国になった[4]。

腐敗行為は、個人的利益のため公権力を乱用することと定義されることが多く、具体的な行為としては、贈収賄、利益相反、国家資産の横領、税や許認可に関する法令を利用した破産の強要または強制、企業に対する違法捜査、民営化または国営化による利益獲得などが含まれる。職務怠慢という違反行為には、監査や調査報告の偽造と、悪事を促したり犯罪の対象から外したりする法律の制定が含まれるだろう。モブツの金融帝国は、民間企業からのリベート、親族による国営企業の所有、各国からの援助金およびダイヤモンドなどザイールの天然資源からの収益の横領、国営銀行からの「融資」、および賄賂を基盤としていた[5]。

「包摂 co-optation」とは、権威主義者が個人や集団を自分と結びつける方法を指す政治学の用語だ。本書では、道徳観念がない暴力的な人物に協力することで個人および職業人としての活動に倫理面で妥協と変化が生じることを踏まえ、包摂を腐敗行為の一種と考えている。ストロングマンは、腐敗行為を他の道具と組み合わせて利用する。裁判官を粛清することで、司法制度は犯罪者を無罪放免にしたり、そもそも起訴しないようになったりする。窃盗行為を暴くかもしれないジャーナリストと活動家は、投獄されたり、プロパガンダによって名誉を傷つけられたりする。男らしさは、欲しいものを奪って持ち去ることを男性らしい資質の尺度とする。権威主義者は、仕事や富を得るチャンスを提供する新たな利益供与システムも作り出し、協力することに対してモラル面から一部の人が抱くかもしれないためらいを解消する。支配者とその支援者とのあいだで結ばれる契約は、突き詰めて言えば、権力と経済的利益を与える見返りに、支配者の暴力的行為と市民権抑圧を支持することに尽きる[6]。

　腐敗行為は、一連の行為であると同時にプロセスでもあり、この語（corruption）の語源にあたるラテン語および古フランス語の単語は、腐食による状態変化を意味している。よく知られていることわざ「腐ったリンゴがひとつでもあれば全体がダメになる」が暗示しているように、腐敗は、それが物質的な対象（例えば果物やコンピューター――のファイル）であれ魂であれ、汚染と退廃と常に結びつけられている。腐敗に対するこうした認識は、ストロングマン政権の活動をよく表している。ストロングマン政権は、経済を指導者の富を生み出す道具に変えるほか、倫理や行動に関する規範の変化を促して、不正選挙や拷問、性的暴行など、違法または不道徳な事柄を容認可能に見えるようにする。「プーチンとエルドアンが任期の初めに持ち逃げできたものは、今持ち逃げできるものと比べれば何ひとつないに等しい」と、経済学者ダロン・アセモグルは二〇二〇年に記している[7]。

ムッソリーニやヒトラーのように犯罪歴のある者や、プーチン、トランプ、ベルルスコーニの例のように捜査を受けている者が権力を握って支配者になった場合、彼らはあらかじめ優位な立場にいる。彼らは、政府をもともと遵法意識に欠けている犯罪者の逃げ場にすれば「悪影響」の伝播速度が速まることを知っているからだ。恩赦にも同様の効果がある。恩赦によって人々は指導者に恩を感じ、恐喝犯、戦争犯罪人、殺人犯を利用できるようになる[8]。

喉から手が出るほど利益を欲しがり、公職を私物のように考える個人主義的支配者は、国家の天然資源と人的資源を経済的利益のために利用する。ボルソナーロは先住民コミュニティーに、アマゾン熱帯雨林の資本主義的利用を受け入れるか、さもなければ「そのまま消えろ」と警告した。彼の就任後一年間で、環境規制違反に対する政府の罰金は三四パーセント減少した。トランプとエリート層の権威主義的取引――エリート層には利益を、トランプには政治的支持を――は、トランプ政権が気候変動を熱心に否定する動機となった。二〇二〇年五月の時点で、すでに一〇〇件の環境規制が後退し、さらに数十件で後退に向けた作業が進んでいる。こうした変化すべてのおかげで、自動車、アグリビジネス、薬品、化石燃料の各業界にいるトランプ支持者たちは、罪に問われることなく地球を汚染し天然資源を強奪するのが容易になっている。石油・天然ガス会社は、メタンガスの排出についてもはや報告する必要がない。鉱山は、将来の汚染を浄化するのに必要な資金を出せることをもはや証明する必要がない。さらに現在、北極圏国立野生生物保護区での石油掘削が認められている[9]。

この最後の件は、北極圏の氷河融解が住民の大量移動と生態系の崩壊をもたらすにもかかわらず、これを「機会と富」にあふれる状況だとするマイク・ポンペオ国務長官の主張と結びついている。ポンペオは、北極圏での地球温暖化によって、世界で未発見の石油の一三パーセントと、世界で未発見の天然ガスの三〇パーセントと、地中に埋まっている金・ダイヤモンド・ウランが採掘可能になると考えている。二〇一九年にトランプが口にしたグリーンランド購入の話(グリーンランドは売りに出されているわけではなかった)や、アメリカによるグリーンランドへの投資を優先させるという二〇二〇年の決定の背後には、この欲望がある。作家ガブリエル・ガルシア＝マルケスの一九七五年の小説『族長の秋』に登場する独裁者は、カリブ海を干拓してアメリカの支持者に売却するが、そうした話はもはや夢物語とは思えなくなっている[10]。

他者を腐敗させることが支配者の役に立つのは、その支配者が大きな権力を維持していて、部下に対して使う高圧的な戦術が支配者には使われない場合に限られる。支配者は身を守るため「分割統治」戦略を採用し、頻繁に内閣改造を行なってエリートたちを互いに競わせ、自分にのみ忠誠を誓うようにさせる。役人が解任を知らされる方法もさまざまで、例えばファシスト党の書記長ジョヴァンニ・ジュリアーティが一九三一年に解任されたときのように新聞で読んで解任を知ることもあれば、モブツが好んで用いた戦術であるが、集会に参加中に解任を知ることもあるし、ラジオやテレビで聞いて知ることもあれば、二〇一八年のアメリカ国務長官のレックス・ティラソンの場合のように、トイレでツイートを見て知る場合もある[11]。

時間の経過とともに、こうした絶え間ない内閣改造によって政治家階級は、内部対立で弱体化して指導者に対する陰謀を企てる力がなくなり、怖じ気づいて歓迎されない真実を指導者に告げられなくなる。ジャーナリストのカール・H・ヴォン・ウィーガンドはヒトラーについて「頼むから、総統を怒らせないでくれ――つまり、悪い知らせを告げないでくれ――彼が考えているのとは違うことは言わないでくれ」と書き、カダフィやエルドアンなどと働いたことのある人ならよく知る状況を簡潔に説明している。元CIA長官マイケル・モレルが二〇一六年八月のニューヨーク・タイムズ紙の論説面でトランプが大統領にふさわしくないことを有権者に警告するため列挙した特徴は、次に示すように、すべての個人主義的指導者の統治スタイルをよく表している。

直感に基づいて決断を下す傾向があること、新たな情報に基づいて意見を変えるのを拒むこと、普段から事実に注意を払わないこと、他人の話を聞こうとしないこと、法の支配を尊重する気持ちに欠けていること[12]

ストロングマンは家族的な男だが、そのあり方は他と違っている。批判を封じ、暴露される可能性を最小限にしつつ腐敗行為に関与するため、ストロングマンは家族のメンバーと信頼できる親友とで構成されるプライベート空間を作り出す。指導者の子供たちは、ベルルスコーニやトランプの事例のように家族の表の事業を経営することもあれば、モブツの息子コングルなど他の多くの独裁者の子供たちの場合のように、マネーロンダリングという家族の裏の事業を手がけることもある[13]。

義理の息子もストロングマンの統治で重要な役割を担う。ムッソリーニは、義理の息子ガレアッツォ・チャーノを一九三六年に外務大臣にして、彼を「個人的な政治の道具」として使い、その後一九四三年にムッソリーニ解任に賛成票を投じたことを理由にチャーノを処刑させた。オルバーンの娘婿で実業家のティボルツ・イシュトヴァーンは一億ユーロを超える純資産を蓄えているが、ハンガリー政府は欧州連合（EU）が彼に対して開始した汚職調査を中止させた。ベラト・アルバイラクは、トルコのエネルギー大臣を務めていたとき違法活動をしたとして複数の外国政府から告発されているが、その彼は現在エルドアンの財務金融大臣を務めている［二〇二〇年一一月、健康問題を理由に辞任］。アメリカ大統領上級顧問ジャレッド・クシュナーは、政府の職務をこなしながらクシュナー家とトランプ家の私的な金銭的利益を追求している[14]。

ムッソリーニは、ストロングマンによる腐敗行為の雛型を作った。彼はイタリア・ファシズムを、戦争で不当利得を得た者たちをイタリアから一掃するものとして提示し、その後、首相にな

ると、彼を支持する保守派エリートと実業家を喜ばせるため、戦争による不当利得に対する調査を中止した。独裁制を確立した後は、イタリアの「沼地を干拓する」と約束した。彼はこれを文字どおりに行ない、ローマの南にあるポンティーノの沼地をサバウディアやリットリアなどの町に変えた。それと同時に、悪弊を広めて海外でイタリアの悪評を立てている「非行者」全員をイタリアから根絶するとも誓った[15]。

これによってイタリア・ファシズムへの反対者を排除したほか、組織犯罪の取り締まりも行なわれた。ムッソリーニはシチリア・マフィアなどの犯罪組織を、地域で国家権力の代わりとなり、国家の歳入を横取りするため、脅威と見なしていた。一九二五年、彼は新たなパレルモ知事に強硬なチェーザレ・モリを任命した。モリは数千人のマフィアを逮捕して国際的な名声を得たが――彼の調査は進みすぎ、マフィアとファシスト党の協力関係まで明らかにしてしまった。一九二八年、ムッソリーニの弟アルナルド・ムッソリーニは、イタリア・ファシズムはマフィアを打倒したと宣言した。一年後、モリは解任されて、シチリア島からできるだけ遠く離れたイストリアでの職を与えられた。ファシスト党の準軍事組織は、マフィアの統制という任務を課されていたが、むしろ、しばしば党幹部と協力してマフィアの手法を採用した。一九三四〜一九三五年に四〇〇〇万リラがパレルモの自治体予算から着服され、パレルモ駐在のイギリス領事ジェームズ・ドッズは、「行政機関を浄化する」というファシスト党の約束は見せかけだったと述べた。イタリア・ファシズムはマフィアを打倒したのではなく、国家の権威の下で活動する新たなマフィアを追加したのだった[16]。

人種に基づく迫害も、個人と国家を豊かにするチャンスをファシストたちに与えた。イタリア・ファシズムが一九三八年に制定した反ユダヤ法は、国家の歳入を生み出すと同時にイタリアのユダヤ人を貧しくすることを目指していた。アルマンド・レオーニは国に対して、収益を上げていた三〇館から成る映画館チェーンを譲るのと引き換えに、自分の母親はアーリア人カトリック信徒だったメイドが産んだ非嫡出の娘であるから自分はユダヤ人ではないとの主張を特別に認めてもらった。サロニカ出身でイタリア国籍を失っていた銀行家・実業家のジャコモ・ベラーアは、イタリアに滞在するため一〇万リラを支払った。ファシスト政権の官僚たちは、闇取引で偽の洗礼証明書やアーリア人証明書を売り、人種と人口統計を担当する政府機関の責任者アントニオ・レ・ペラは、秘密警察ＯＶＲＡの報告書の多くで、ユダヤ人をアーリア人に変えるという奇跡を起こす「山師」として登場し、とりわけ問題となっているユダヤ人が裕福な場合は次々とアーリア人に変えていた[17]。

ファシスト政権下のイタリアは、後に権威主義的支配の雛型となる分割統治戦略の実験場となった。ムッソリーニは三〜四年おきに閣僚と次官の過半数を解任し、どの役人にも自分の地位は安泰だと思わせないようにした。有能になりすぎたり有名になりすぎたりすることも、出世街道から外れる原因になりえた。その好例がパイロットで空軍大臣のイタロ・バルボだ。一九三三年、彼はアメリカへの大西洋横断飛行を成功させて雑誌「タイム」の表紙を飾り、シカゴ市は彼のためパレードを開催し、街路に彼にちなんだ名前を付けた。一九三四年、ムッソリーニは彼をリビア総督にしてトリポリへ転任させた。「真に忠実な支持者をこのように信頼しないことは、［ムッソリーニの］欠点の中で最大のものである」と、植民地大臣のエミリオ・デ・ボーノ将軍は一九三四年に日記に記しているが、その翌年にムッソリーニはデ・ボーノを解任して植民地大臣を兼務した。ムッソリーニは、女性を集めるのと同じように肩書きを集め、大臣職を常に最低でも五つ兼任していた[18]。

フランコもマイクロマネジメントに長けていた。彼は、スペインの大臣、州知事、大都市の市長、軍の指揮官、主要な労働組合の組合長の任免を、直接的または間接的に監視していた。ピノチェトは、チリの市長全員を自ら任命していた。しかしムッソリーニだけは、あれほど多くの仕事を兼務しながら、同時に毎日数時間を性生活に充て、新聞などで自分についての報道を読み、例えばイタリア北東部の町ローディからピアチェンツァまでの道路に並ぶ街路樹をいつ剪定すべきかといった行政の細々とした事柄に介入していた[19]。

連合軍による爆撃と、ムッソリーニ家およびＰＮＦ職員による慎重な文書廃棄のため、ファシスト党が行なった財務上の不正行為の詳細は多くが失われた。また、ムッソリーニ本人が多くの出版物の印税や新聞「イル・ポポロ・ディタリア」からの収入で得た所得の全容も分かっていない。それでも、多くは妻名義となっていた彼の所有不動産を復元すると、彼は欲しいものを手に入れるためなら、望ましい物件を持つユダヤ人を国外追放にするなど、あらゆる手段を用いる強欲な人間だったことが推察される。その一方で彼は、自分は無私無欲で部下の詐欺行為など知らない人物だというイメージを振りまき、そのイメージをファシズムの賛同者の多くは信じた。トスカナ地方に住むミケーラ・Cは、ムッソリーニに宛てた一九二五年の手紙で「私は新聞で、あなたは生きているのではなく空中に浮いていて、すべてをイタリアに捧げているので、食べ物も飲み物も口にせず、眠りもしないと読みました」と書いている。ストロングマンについて、その取り巻きは腐敗していて彼の政府を堕落させているが、ストロングマン本人はその特別な使命のため「何よりも大切」であり続けているという考えは、ドイツを皮切りに、権威主義者による新たな権力奪取が起こるたびに再登場した[20]。

―

「確かに、もしヒトラーがすべてを自分ひとりでできるのなら、事態は違っているだろう。しかし、彼はすべてに目を光らせておくことはできない」。バイエルン地方の警察が一九三五年に出した報告書は、横領や詐欺などNSDAPの幹部による犯罪の話が広まったときに大衆がどう感じていたかを端的に示している。ヒトラーは高潔な男というイメージを以前から作り出しており、『わが闘争』では自らを、神殿から商人たちを追い出したイエスになぞらえている。指導者としての禁欲的な習慣（ベジタリアンで、酒もタバコもせず、恋人エヴァ・ブラウンの存在を隠していた）が、純粋だという信用を支えていた。「おそらく私は、銀行口座を持っていない世界でたったひとりの政治家だろう。いかなる会社の株式も持っていない」と、彼は一九三六年にエッセンでクルップ社の工場従業員たちに語っている。こうした反物質主義的な特徴を維持するため給料をもらうのを拒んでいた。もっとも、彼は『わが闘争』の印税、講演料、賛美者からの贈り物で数百万ライヒスマルクを稼いでいた。彼の大統領選資金は会計手続きをすべて免除され、税金をまったく納めたことがないという証拠を隠すためゲシュタポに命じて納税記録を廃棄させた[21]。

ナチ国家の行政機構はヒトラーを腐敗活動から遠ざけることを好んだが、非効率な統治を生み出した。ムッソリーニのマイクロマネジメントに批判的だったヒトラーは、権限を委任していた（ヒトラーは昼食時まで寝ているのが普通だったため、この委任を職務怠慢と変わりないと思う者もいた）。彼は各閣僚にそれぞれの領域を築く権限を認め、頻繁に変わる彼の望みを最も正確に解釈しているのは誰かを互いに競わせた。官僚と部局が増えたが、担当が重複することが多く、「これまで文明国に存在した政府の中で最大の混乱」を生み出したと、ナチの元報道局長オットー・ディートリヒが後に批判している[22]。

物質的な報酬があらゆる不満を相殺した。ヒトラーは、気に入った人物を、非課税の給料の二倍となる秘密の俸給とボーナスで手元にとどめ、監視を緩くして職権乱用を暗黙のうちに認めていた。裁判所はＮＳＤＡＰの資金流用で低位から中位の職員を起訴したが、ドイツ労働戦線は大酒飲みの総裁ロベルト・ライのため豪華な別荘とクルーズ船の維持費を支払っていた。納税者たちは、ナチの指導者ヘルマン・ゲーリングが城を含め複数の住居を購入・改装するのを支持していた。こうした「小さなヒトラーたち」は、全員がしばしば便利な犯罪スキルを持った者たちを雇って独自の汚職ネットワークを作り上げた。ワイマール共和国時代に窃盗と横領で有罪となったアントン・カールは、労働戦線で建設部のトップとなり、賄賂を巧みに利用して契約を勝ち取ることで有名になった。一九三四年にコメディアンのヴェルナー・フィンクがベルリンの寄席「ディー・カタコンベ」で上演したコントには、次のようなシーンがある。まず洋服屋が「どのようなジャケットをお求めでしょうか?」と尋ねる。すると、来店客を演じるフィンクがこう答えるのだ。「ポケットが大きく開いた、いま流行しているやつをくれ」。観客席にいたゲシュタポの隊員たちは、このジョークの意味が分かった――このコントは上演禁止となった[23]。

ドイツ人を包摂するため、政権は仲間に入れた者への便宜を、排除された者への罰と結びつけた。左派とユダヤ人の公務員数千人を解雇した一九三三年の法律は、それ以外の者たち全員の負債を帳消しにする別の法律とセットになっていた。負債を再び帳消しにする法律が、完全雇用が実現し、迫害事件「水晶の夜」が起こった一九三八年に制定され、この法律によってドイツ人は、ユダヤ人企業に対する不買運動・公売・没収による経済の「アーリア化」を受け入れた。銀行業などで進む資本の集中で最も利益を得たのはフリッツ・ティッセンなどの実業家たちだったが、地方の経済局も、ユダヤ人企業の売却で一〇パーセントの手数料を受け取っていたし、官僚に「非公式の手数料」が支払われることも珍しくなかった。アーリア人には慈愛を、それ以外には残虐さを。それがヒトラーの権威主義的約束だった。暴力がエスカレートして大量殺人になっても、彼は多くの人々にとって「罪のない総統」であり続けた[24]。

軍事クーデターは、関係者全員にとってリスクは高いが、もしすべてがうまく行けば報酬も大きい作戦である——少なくとも、チリとリビアで権力の座に就いた将校たちはそう考えていた。すぐに彼らは全員、自分たちが従属的な地位にいることに気がついた。ピノチェトとカダフィがただちに自分の個人的権威を主張したためだ。このふたりの指導者は、そうすることで権力の座にいる時間を伸ばしたらしい。利益供与システムと懲罰システムへの独占的支配を保持する個人主義的な軍事支配者たちは、軍事暫定政権と権力を共有する支配者よりも権力の座から引きずり下ろされる可能性が低い[25]。

チリでは、法律を国家による弾圧の味方に変えて軍隊を迫害組織へと変容させるピノチェトの計画に、公正さで知られる軍部がすぐに従った。国家元首に仕える義務は、その元首がどんな人物で何をするのかに関係なく、国軍を従わせるのに一定の役割を果たした。粛清されるかもしれないという恐怖も同様の役割を担った。一九七四年、空軍将校の一団が反逆罪で告発され、その一部は見せしめとして鎖につながれて法廷へ連行された[26]。

軍事法廷や普通の裁判所の裁判官や弁護士の多くは、社会主義を食い止める手段としてクーデターを歓迎し、法律的例外状態を受け入れた。これには、民間人による政治犯罪を裁くのに軍事法廷を利用することが含まれ、一九七三年から一九七六年までのあいだに六〇〇〇人の民間人が反逆罪（これは、どんな行為にも適用できる罪だ）で裁かれた。数年後、軍事法廷の元検察官が、この集団的共犯関係を理解しようとして、次のように述べている。

私たちは法律の条文を正しいと思い、自分たちの仕事をきちんと進めようとしたが、システム全体がおかしくなっているように思えた。戦争中でないにもかかわらず、人々は戦争犯罪で裁かれていた。（中略）私たちは全員が協力していたが、それは仕事を失うのを恐れていたからで（中略）私たちは全員がその一部になっていた。誰も逃れられなかった[27]。

政権の有能さについてのアメリカとチリのプロパガンダが、ピノチェトの分割統治によって生み出されたカオスを覆い隠していた。ピノチェトは内閣改造を四九回行ない（閣僚の平均在任期間は一〇か月）、その際は閣僚にいっせいに辞表を出すよう命じ、誰が留任するかをテレビで発表した。非常に有能または人気のある閣僚に対しては監視を付け、ときには仕事を妨害した。また、出したばかりの命令をすぐに撤回することでも知られていた。ニカノール・ディアス・エストラーダ将軍は一九七三年に労働大臣に任命されたが、一度もピノチェトと一対一で会うことなく一八か月後に解任され、そのおかげでピノチェトの発作的な怒りにさらされずに済んだ。ピノチェトはエリート層を包摂するため物質的なインセンティブも用いた。重要な裁判官や最高裁判所判事は自動車と運転手を自由に使えたし、軍の将校は教育ローンと住宅ローンを利用できた[28]。

軍事暫定政権の経済政策により、ピノチェトは彼が気にかけていた部門からの支持を得た。新自由主義的改革は、キリスト教民主党の政治家ヘナーロ・アリアガーダいわく、ラテンアメリカでこれまで実施された中で「最も加速された経済力の集中プロセスのひとつ」を生み出し、それによって資本家たちは恩恵を受けた。ピノチェト本人の家族と側近グループも、政権によって民営化された企業をコントロールすることで利益を得た。ピノチェトの義理の息子で、政府で民営化を担当する部署の責任者だったフリオ・ポンセ・レロウは、年収益六七〇〇万ドルの化学薬品会社を手に入れ、同じく義理の息子であるホルヘ・アラベーナは大手保険代理店を手にした[29]。

フランコのスペインでもそうだったが、経済政策を運営するテクノクラートの多くはオプス・デイと結びついていた。新自由主義を支持する弁護士でピノチェトの最高顧問だったハイメ・グスマンは、富の創造は救済への道だと考えるカトリック信者の財界エリートたちとの連絡係として活動した。政府の緊縮財政は貧困層に大きな苦難をもたらし、一九七九年時点で失業率は一二・五パーセントに達し、それとは別に五・一パーセントは最低限の雇用しか得られなかった。チリ人は時間とともに現実から目を背け、国家の敵がどうなったのかを気にしないようになっていった。実際、中には専門的な職業人でありながら、政治的理由から解雇されたり銀行からの融資を断られたりして露天商になった者もいた[30]。

どのストロングマンも国際社会でのパートナーを必要とするものであり、ピノチェトのパートナーには、イギリスとアメリカの金融機関のほか、アメリカ政府とコンドル作戦参加国が含まれていた。ピノチェトは自分の資産を、イギリスの海外領土である香港やジブラルタルなどのタックス・ヘイヴンや、アメリカのリッグス銀行に家族の名前などで作った秘密口座に隠していた。外国との武器取引でのリベートを中心に築かれた資産の総額は最終的に推計で五〇〇〇万ドルを超え、それを使ってピノチェトは膨大な蔵書をそろえた。一家は、妻ルシア・イリアルトの母親センター財団ＣＥＭＡを、利益の多い不動産事業の隠れ蓑として利用したが、これはピノチェトのクーデターが成し遂げた「道徳浄化」の好例と言えよう[31]。

カダフィは、ピノチェトやモブツのようにアメリカからの多額の援助を何ひとつ受けることなく、独力でストロングマンになった人間だった。彼は大量の石油を所有していたが、一般に石油は権威主義者が権力の座にいる期間を引き延ばし、民主化させる動機をほとんど与えない。専門家はこの現象を「資源の呪い」と呼んでいる。カダフィは、これを天の恵みと呼んだ。石油収入は、リビアの高額な社会保障給付の原資となっただけでなかった。資金力の少ない支配者は、政

権の座を追われないよう、伝統的なエリート層を寛容に扱うなど、さまざまな妥協を強いられるが、カダフィは石油収入のおかげで、そうした妥協をせずに済んだ[32]。国民ひとりあたりの所得が急激に上昇した（一九六九年の二二一六ドルから一九七九年の一万ドルへ）ことで、カダフィが権利を奪い利益供与ネットワークを築いても、彼の人気は高まった。彼は富と権力を、王制下で優遇されていた部族から、彼の出身部族であるカッザーファ族やその同盟部族であるワルファラ族など、かつて社会の周縁に追いやられていた部族に移した。カッザーファ族とワルファラ族は、陸軍と治安部隊で勢力を伸ばし、組織としての軍部は権力の多くを奪われた。カダフィは「自分の欲しいものが分かっている。その入手方法も知っている。（中略）事故に遭ったり暗殺されたりしなければ、彼はとどまり続けるだろう」と、クーデター後の数年間をアメリカ大使館首席公使としてトリポリで過ごしたハロルド・G・ジョシフが一九九九年に語っている[33]。

ほかのストロングマンたちと同様、カダフィも混乱を利用して統治した。閣僚などの指導者たちは、主要な政策決定をラジオで知り、才能がありすぎるという理由で解任されたり海外赴任を命じられたりすることも多く、カダフィが私は侮辱されたので辞職すると脅したり、腹を立てて砂漠に隠れたりするときは、その茶番に付き合わなくてはならなかった。しかしカダフィは、官僚機構全体を思いつきで作り変えたという点で、他の独裁者よりも徹底していた。巨大な省庁や、大衆組織、あるいは法的枠組み全体が突然廃止されることもあった。哲学者ハンナ・アーレントはヒトラーについて、彼の意志は「非常に不安定で、それに比べればオリエントの専制君主の気まぐれは断固とした態度の立派な手本と言えるほど」だったと書いている。同じことはカダフィにも完全に当てはまり、彼は精神的な不安定さと激変を、相手を服従させ反対派を抑えるのに利用していた[34]。

一九七九年、カダフィは国民にストロングマンらしいサプライズを与えた。政府の公的な役職すべてから辞任すると宣言したのである。表向き、彼は自身の「国家なき国家」の理論に従い、権力を国民に渡した。現実には、これ以降、彼は非公式に支配権を振るい、罰せられることなく富を盗む機会をさらに手にした。革命評議会は、腐敗行為を根絶する職務を負った準軍事的取締官という役割を担うことになった。禁じられた資産を持っているとされた人々はテレビ中継された裁判を受け、密告者が彼らを告発するために呼ばれた。「政治的に支持を失うと、それが以前なら大衆の注目を集めなかったような商取引での不正を見つけられるきっかけになる」と、アメリカ国務省職員エリザベス・フリッチュレは二〇〇六年に記している[35]。

「私たちはドバイのようになるべきだった」と、リビア人たちは祖国の石油による富を引き合いに出して嘆いていた。ドバイどころか、リビア人の多くは機能不全を起こした国家で生計を立てていくのに苦労した。生産性は低く、個人の主体性が欠けていた（カダフィは一九八〇年に弁護士業務など個人の専門職を禁止した）ため、行政組織内部では賄賂と縁故主義が横行した。政治的に結びついた一握りの一族が食料分配をコントロールしており、そのため慢性的な食料不足が起きた。カダフィ本人の家族と寵臣たちは、賄賂、強請、石油からの利益と石油関連補助金の横領によって財産を築いた。石油を盗むことは、手っ取り早く金持ちになる方法で、二〇〇八年には五億ドルに相当する五〇〇〇万バレルが行方不明になった。国営石油会社で内部告発しそうな者たちには、脅迫で黙らせた。政権で石油業界の不正行為の調査を担当していた査察・国民統制省の最後の大臣フダー「死刑執行人」ビン・アーミルは、リビアでとりわけ裕福で数多くの汚職に手を染めた女性だった[36]。

これでカダフィの資産のゴールドラッシュが止まることはなく、それは、カダフィ政権をさらに一〇年存続させた西側との「和解」の時代にも続いた。九・一一アメリカ同時多発テロ事件以降、カダフィは、二〇〇三年にアメリカを中心とする多国籍軍の侵攻を受けたイラクのサダム・フセインの二の舞は避けたいと明言していた。彼は領土外での暴力をやめ、大量破壊兵器を廃棄し、イスラーム過激派ネットワークに関する情報をＣＩＡなど外国の政府機関と共有した。経済制裁と旅行禁止が解かれると、西側の兵器製造会社と兵器販売会社が競い合うようにしてカダフィに製品を売った。二〇〇五年に開催された一五件の入札のうち、一一件でアメリカ企業が落札した。この成果の裏には、リヴィングストン・グループ、モニター・グループ、ブラウン・ロイド・ジェームズといったロビー会社や広告会社の働きがあった。二〇〇七年にはブリティッシュ・ペトロリアムが九億ドルの調査契約を結び、国外追放されてから三〇年ぶりにリビアに戻ってきた[37]。

その見返りとして、カダフィは民主主義諸国からどうしてもほしかった正当性を認められた。二〇〇八年にアフリカの「王者の王」と認められたのは心躍る経験だったが、フランス大統領ニコラ・サルコジやイギリス首相トニー・ブレアなど嘆願に来る重要人物を迎えるのは、それよりはるかに気持ちのよいものだった。フランシス・フクヤマやアンソニー・ギデンズら影響力を持つ外国人を「改革された」リビアの代弁者として利用することも、同様だった。何よりもよかったのは、外国の情報機関と協力して「彼のもの」であるリビア人たちの身柄を取り戻したことだ。多くの政府が、イスラーム原理主義を掲げてカダフィに反対する反体制派のリビア送還に同意し、送還された反体制派は投獄されて何年も拷問を受けた[38]。

そうしたことがあったものの、西側諸国に対するカダフィの憎しみが薄まることは決してなかった。二〇〇四年にブレアがリビアを訪問したとき、カダフィはイギリスの金を受け取りながら、ブレアに靴底を見せた（アラブ世界で激しい侮辱を示す行為）。二〇一一年にアラブの春がリビアにも訪れると、新たな友人たちはカダフィに背を向け、彼の軍をＮＡＴＯが攻撃するのに同意した。そのころには、文字の読めない貧しい両親のもとに産まれた男は世界で最も裕福な男になっており、彼が集めた財産は推計で二〇〇〇億ドルに達し、その額は彼を除いて地球で最も裕福な三人の男（ビル・ゲイツ、ウォーレン・バフェット、カルロス・スリム）の財産合計よりも多かった。プーチンを皮切りに新たな世代の腐敗した指導者たちが権力の座に就いているが、報じられているところによると、彼らの財産はすでにカダフィの財産を超えているという[39]。

二一世紀型の新たな権威主義者たちは、公費を使って私腹を肥やしたいという欲望を共通して持っている。一党支配と大量虐殺は今では一般的ではなくなり、二一世紀型の指導者たちは、自分たちの窃盗行為や無能ぶりを隠すためにプロパガンダと検閲にますます頼るようになっている。トランプやプーチンのように大富豪を数多く政府に登用すると、共謀者に口止め料を払って黙らせるのは以前ほど有効な手ではない。「コンプロマット」とは、物質的利益を約束するのではなく（実際の不正行為を暴露したり、不正行為があったと虚偽の告発をしたりすることで）損失を与えると脅すことで協力を得ることを指すロシア語で、このコンプロマットが今では主流になっている[40]。支配者自身が捜査を受けているときは、起訴を逃れる試みが優先され、統治は二の次となる。情報漏洩を避けるため、報道機関と司法機関を手なずけ、自分の仲間たちへの忠誠をさらに求める。自分の違法行為が許されるよう法律を変えたり、在任期間を延長して免責を維持するため憲法を改正したりすることもある。

冷戦終結により、腐敗行為を防ぐための国際的な取り組みがさらに強化された（それまで腐敗行為は、例えばモブツのように、地政学的な理由から容認されていた）。トランスペアレンシー・インターナショナル（一九九三年創設）など説明責任を追及する組織が登場した。一九九七年には経済協力開発機構（ＯＥＣＤ）が外国公務員贈賄防止条約を発表し、その後二〇〇三年の国際連合腐敗防止条約が続いた。だからと言って、新たな権威主義者の時代に腐敗行為が減ったわけではなかった。二一世紀にはふたつの傾向がストロングマンによる泥棒政治を特徴づけている。第一は、権威主義者による収益の多い企業の違法な乗っ取りで、これには国家の敵の影響を排除するという口実が使われることが多い。この種の乗っ取りの規模は驚異的だ。例えばエルドアンは、二〇一六年七月から二〇二〇年一月までのあいだに数多くの病院、財団、銀行、大企業などを奪い、その資産価値は三二二億四〇〇〇万ドル相当に上った[41]。

　第二に、指導者とその味方となったエリート層は、合法的なパートナーとの海外での不動産投資や合弁事業を通じてマネーロンダリングを行なっている。二〇一六年のパナマ文書公開は、カダフィやプーチンら指導者たちの側近グループにまで行きつくオフショア金融の広大なネットワークに光を当てた。イギリスだけでなくアメリカも、所有者が匿名の企業であってもデラウェア州やネヴァダ州などのタックス・ヘイヴンに登録できるため、マネーロンダリングは可能だ。二〇一九年の画期的なマロニー法により、アメリカでこうした行為を進めることは禁じられたが、既存の会社は禁止の対象になっていない。アメリカでは毎年推計で三〇〇〇億ドルがマネーロンダリングを受けており、その一部はロシアの資金だと考えられている[42]。

プーチンは自分のことを「人々といっしょに働くこと」に長けた「人間関係の専門家」だと好

んで言っているが、ＫＧＢのケースオフィサーとして人々に対して働きかけた過去は、その統治スタイルにもっとはっきりと現れている。人々を統制下で衝突させるという彼のシステムでは、オリガルヒたちは国の資源とプーチンの好意を求めて競争し合う立場に置かれ、それと同時に、コンプロマットや起訴によっていつでも破滅させられることを常に思い知らされている――だから大半のオリガルヒは資本と家族と財産を外国に置いている。「この特別な世界では、すべての人の財産は意図的に腐敗させられている」と、フィオナ・ヒルとクリフォード・ガディは述べている。プーチンの側近グループは、主としてサンクトペテルブルク時代の信頼できる仲間で構成されており、彼らはロシア最大級の国営企業のトップを務め、民間企業の取締役会に名を連ね、国営銀行からモブツ式の「融資」を受け、国営企業の財産を入札なしでの調達、資産剝奪、株価操作、恐喝を通して奪う許可を得ている。二〇一九年の時点で、人口の三パーセントがロシアの金融資産の八九パーセントを所有していた[43]。

プーチンのロシアでは合法的な経済活動と違法な経済活動が絡み合っているだけでなく、犯罪的な手法もビジネスを行なう手段として当たり前に使われている。略奪を目指すエリートたちの企業襲撃は、その好例だ。活動家でガスプロムの取締役だったイギリス国民ウィリアム・ブラウダーの事例は、特によく知られている。二〇〇七年、プーチンの味方がブラウダーの投資会社エルミタージュ・キャピタルを襲撃し、脱税容疑をでっち上げて従業員たちを逮捕した（ブラウダー本人は、その二年前にロシアから国外追放されていた）。その後ブラウダーの弁護士セルゲイ・

マグニツキーは勾留中に死亡したが、それでもプーチン政権は彼とブラウダーの裁判を続け、欠席のままふたりに拘禁刑を言い渡した。二〇〇〇年から二〇一〇年のあいだに、驚くべきことに国はロシア企業の三分の一を襲撃の対象にした。二〇〇二年から二〇一二年のあいだに七万人以上の事業主が些細な違反または脱税など虚偽の犯罪容疑で投獄され、彼らの二の舞を避けるため、さらに多くの事業主が亡命した。二〇一八年の時点で、ロシア人事業主の六分の一が起訴されていた——それが、ロシアの専門家カレン・ダウィシャいわく「競争相手を片付ける」手軽な方法だった[44]。

エネルギー複合企業ガスプロムは、ロシアの石油の八〇パーセントを生産している会社だが、二〇一四年に新聞バロンズによって「地球上で経営が最悪な企業」と判断された。アンデルス・オスルンドらアナリストたちはガスプロムを「組織犯罪シンジケート」と見なしている。プーチンの敵（例えばウラジーミル・グシンスキー）が所有する企業をいくつも襲撃した後、ガスプロムはロシア銀行に主要な資産の多くを奪われた。ロシア銀行はプーチンと関係の強い銀行で、二〇一〇年時点でガスプロムバンクやガスプロム・メディアなどを支配していた。二〇〇四年から二〇〇七年のあいだに、六〇〇億ドル相当という巨額の資産が流出した。資産略奪に加え、二〇〇八年の景気後退により、ガスプロムの市場価値は二〇〇八年の三六九〇億ドルから二〇一九年の六〇〇億ドルまで下落した。ズベルバンクＣＩＢのアナリスト、アレックス・ファックとアンナ・コテリニコワが共同執筆した二〇一八年の報告書は、ガスプロムは経営が杜撰なのではなく、プーチンとつながりのある契約者を裕福にするため「計画どおりに活動している」のだと示唆している。ロシア政府は、このような正直な発言を評価せず、ファックは解雇された[45]。

ロシアの富を没収し、事業主の財産を奪うため彼らを投獄することで、プーチンは自分が統治する国を、モブツがザイールを扱ったのと同じように、個人的利益のために利用する存在として扱っている。プーチンは、「グローバリスト」から国を守るナショナリズム的な守護者というポーズを採っているが、実際には自分の資金のマネーロンダリングと隠蔽のため国際金融を利用している。彼とその共謀者たちは二〇〇六年以降、推計で三二五〇億ドルをロシアから国外へ移している。トランプが大統領選挙出馬を決めたときトランプ・オーガナイゼーションの主要な収入源がロシア人投資家だったことを考えると、この違法に国外に持ち出された資産の一部は、トランプ・オーガナイゼーションの助けを借りてマネーロンダリングされた可能性がある。「私たちはアメリカの銀行を信頼していない。必要な資金はすべてロシアから受けている」と、エリック・トランプは二〇一四年に断言している[46]。

―――

二〇〇三年、自身の持ち株会社フィニンヴェストが一九九一年にローマの裁判官に五億ユーロの賄賂を支払ったとの告発を受けると、ベルルスコーニ首相は自身のテレビ・ネットワークのひとつに出演して、私は「魔女狩り」の犠牲者だと主張した。そして、国家元首が法廷で裁かれる自由民主主義国はほかに存在しないと、事実と異なることを言った。実を言えば、ベルルスコーニが二年前に首相に返り咲いたとき、彼を被告とする一〇件の裁判が進行中で、国会は、政府内で最も高い五つの地位に就いている個人に一定の免責特権を与える法律を喜んで可決していた。在職期間を通じて、彼は数十の個人向け対策により、何の影響も受けることなく法律に背くことが容易になった。ベルルスコーニは、過去の行動に対する有罪判決を繰り返し逃れ、新たな活動については引き延ばし戦術を使って時間切れを狙った[47]。

ベルルスコーニの持ち株はメディア業界など広範囲にわたるため、個人の利益とビジネス上の利益の混同を規制するのは難しかった。中道左派の人々から資産の運用を白紙委任信託すべきだと言われたとき、彼は「私に世襲財産を見ず知らずの人間に託すべきだと言う権利は誰にもない」と答えた。その代わり、彼は資産を自分の子供と長年忠誠を誓ってきた者たちに預けた。ベルルスコーニの右腕で、政界で活動中は常にフォルツァ・イタリア所属の上院議員だったマルチェッロ・デッルトリは、二〇〇四年に「マフィア関連」の犯罪で有罪となり、その判決は二〇一四年にイタリア最高裁判所で確定した。ベルルスコーニが部分的に監督していた反腐敗・透明性局は、当然と言うべきか、予算や人員はほとんどなく、権限も小さかった[48]。

ベルルスコーニが無罪の主張でメディアをあふれさせることができた結果、彼の支持基盤は、法的問題で中道右派連立政権での権威が徐々に失われたときでさえ、彼個人への忠誠を守り続けた。閣僚たちは取り巻きと堕し、彼に対する非難が高まると、司法制度や報道機関にいる彼の敵への中傷キャンペーンを開始することでベルルスコーニへの忠誠心を示すことが、フォルツァ・イタリアでは日常茶飯事になった。二〇〇六年にベルルスコーニへ投票したイタリア人の三分の一以上が、党ではなく指導者としての彼自身への忠誠心が動機になっていると言っている――これは、ストロングマンの個人主義的支配が最終的に政界での協力者たちに不利益を与える証拠である[49]。

ベルルスコーニは、汚職を常態化することで市民社会に壊滅的な影響を与えた。一九九六年、清廉潔白を求めマフィアに反対する気運がまだ残っていた当時、イタリア人有権者の三〇パーセント以上が、関心のある問題のトップに政治腐敗を挙げていた。それが二〇〇八年の時点で、政治腐敗をトップに挙げたのはわずか〇・二パーセントだった。ロンバルディア地方では、腐敗行為の起訴件数は、一九九六年の五四五件から二〇〇六年には四三件に落ちた。二〇〇八年に政治腐敗は一九八〇年代のレベルに戻っており、今では法的地位や評判への影響は以前よりもはるかに軽くなっていた[50]。

ベルルスコーニと専制的支配者との提携もイタリアの民主主義をむしばんだ。彼とカダフィの関係は、ポスト植民地時代も続いたイタリアとリビアの複雑な歴史を反映していた。イタリアはリビアにとって最大の武器供給国のひとつであり、リビアはイタリアにとって最大の石油供給国だった。さらにカダフィは、イタリア最大の銀行ウニクレディトの株式の七・二パーセントを所有していた。二〇〇四年、このふたりの指導者は、リビア沿岸からシチリア島沿岸まで届く地中海最長の海底パイプラインの建設を発表した。二〇〇九年のベンガジ条約には石油に関する条項が盛り込まれ、この取り決めは継続された。ベルルスコーニは機会を捉えてはカダフィに敬意を表し、二〇一〇年にリビアで開催されたアラブ連盟の会合ではカダフィの手に口づけさえした。メルケルやオバマなど民主主義国の指導者たちを侮辱していたことと対比すれば、こうした行動は彼の親愛をよく表していた[51]。

ベルルスコーニがプーチンに媚びへつらう内々の関係も、彼の評判を傷つけ、指導者として説明責任に欠けていることを際立たせていた。プーチンは、協力者の教育を担当するＫＧＢのケースオフィサーとしての経験を生かして親密な関係をスタートさせた。二〇〇一年、雑誌ニューズウィークのモスクワ支局長クリスチャン・カリルが、新大統領となったプーチンに、情報機関で学んだどのようなスキルが政治家として役に立つと思うかと尋ねたところ、プーチンは「対話、交際」を作り出す技術だと答え、「パートナーの中で最善なものをすべて作動させなくてはならない」と言った。二〇〇〇年代前半、ロシアが北大西洋条約機構（ＮＡＴＯ）への正式加盟を熱望し、外国の債権者に莫大な債務を帳消しにしてほしいと求めたとき、ドイツのゲアハルト・シュレーダー首相とアメリカのジョージ・Ｗ・ブッシュ大統領がプーチンのターゲットとなった[52]。

ベルルスコーニは、欧州大西洋外交政策の中でイタリアのイメージを向上させ、個人的に国際社会の陰の実力者として認められたいと思っていた。彼は、プーチンがブッシュとの親交を深めるのを喜んで助け、ロシアが国際社会に入るのを率先して支持した[53]。二〇〇二年五月、ベルルスコーニはイタリアのプラティカ・ディ・マーレ空軍基地でブッシュとプーチンの首脳会談をお膳立てし、象徴的な意味で冷戦を終わらせる文書に調印させた。この首脳会談の成果として生まれたNATOロシア理事会は、プーチンにとってのベルルスコーニの価値を証明するものとなり、双方に有益な友情関係が進展した[54]。

二〇〇八～二〇〇九年、アメリカの駐イタリア大使ロナルド・スポグリがベルルスコーニとプーチンの関係について警告を発していたころ、原動力が変わった。プーチンが対外的に帝国主義的姿勢を強め、国内に対しては弾圧を強化したことで、ベルルスコーニは彼を守るため、いっそう極端な立場を取らなくてはならなくなった。二〇〇八年、ロシアは南オセチアの分離主義者を支援するため、ジョージアの軍事施設や民間施設を爆撃した。ベルルスコーニは地域対立をあおったとして、ロシアではなくアメリカを非難した。その数か月前、共同記者会見でロシア人ジャーナリストのナタリア・メリコワが、タブーとなっていた話題を持ち出した。プーチンと、元オリンピック体操選手アリーナ・カバエワとの関係だ。怒ったプーチンは黙りこくり、カメラが回り続ける中、ベルルスコーニはメリコワを銃で撃つ真似をした。約二年前に、称賛を浴びていた調査ジャーナリストのアンナ・ポリトコフスカヤが射殺されたことを意識しての行為だった。スポグリが結論を下しているように、ベルルスコーニの「プーチンに気に入られていたいという圧倒的な願望」は「ほかの者ならあえて足を踏み入れないレベルに彼を導いて」いた[55]。権威主義者たちとパートナーになり、仲間たちと完全に協力して超法規的存在になることで、ベルルスコーニは自分の都合を優先させるためにイタリア民主主義の諸制度をゆがめた。十年後にこれを手本にしたのがトランプだった。

――

「時間がたつにつれ、病気が特徴であり、この建物に入った者は全員が少し病気になることが明らかになった」と、ジャーナリストのオリヴィア・ヌッジは二〇一八年三月に、トランプのホワイトハウスとそこで働く人々について書いている[56]。何十年も不適切な商行為でビジネスを続けてきた後で政界入りしたトランプは、他人に汚職をさせるのが非常にうまかった。彼は、トランプ・オーガナイゼーションのビジネスを進めるために大統領職を露骨に利用することで、仲間たちの進む方向を決定づけた。二〇一九年の年末まで、トランプは在任していた一〇七五日間のうち、三三一日は自身の不動産を訪問した。つまり自分の時間の三分の一を統治ではなく自分の金もうけのために費やしたのである。トランプ家の不動産を資金集めのイベントと外国人グループや国家元首との会合に使うことで、彼の個人企業は大統領就任後の最初の六か月後だけで一六〇〇万ドルを稼いだ。首都ワシントンにあるトランプ・インターナショナル・ホテルと、パームビーチにある別荘マー・ア・ラーゴは、どちらも共和党やロビイストの会合に人気の場所であり、この二か所が「連邦政府の支出傾向を作り変え、大統領を」自分のブランドを売る「商人に変えた」と、ワシントン・ポスト紙は二〇一九年に結論づけている[57]。

他国でもそうだが、アメリカで権威主義が台頭したということは、政府内で説明責任と倫理規範が消滅したことを意味している。トランプは専門家や批判者を排除するので、合計一〇万人の公務員が辞職か退職または解雇によって職を離れた。引退したナンシー・マケルダウニー大使は、この大々的な変化を「敵対的な乗っ取りと占拠」になぞらえた。トランプ時代の新たな公務員就職願書からは、所有する不動産、資産状況、および専門家による身元保証についての質問が消えた。これにより、利益相反を見つけるのは難しくなり、他人を腐敗させることができる者や行政実務に異を唱えようとしない者を雇うのが簡単になった。シド・バウディッジをエネルギー次官補に指名する動きがストップしたのは、報道機関が警戒したからにすぎない。マイニキ・カー・ケアのマネージャーだったという彼の経歴をホワイトハウスは問題なしと考えていたが、彼がイスラーム教徒を「ウジ虫」と呼んでいたことが発覚したことで指名は取りやめとなった[58]。政府職員が特定の政治活動に関与することを禁じたハッチ法を軽視する態度も、新たな非遵法ぶりを示す証拠だった。トランプ政権の当局者のうち、大統領顧問ケリーアン・コンウェイなど少なくとも一〇名はハッチ法に違反している。この不適切な行為について記者から質問を受けたときにコンウェーは「拘禁刑がいつ始まるのか教えてね」と皮肉交じりに返答した[59]。

ストロングマンの伝統に従い、トランプも自分が進める腐敗行為と法の支配の否定に加担しようとしない政府職員を排除するため、分割統治戦術といじめ戦術を利用した。彼は、司法長官代行サリー・イェイツ、ＦＢＩ長官ジェームズ・コミー、ＦＢＩ長官代行アンドルー・マッケイブなど多くの職員を、「忠誠心」（トランプの場合は「俺の命令に従う」という意味）が欠けているようだという理由で解任した。トランプ政権は、高官の離任率が六八パーセントという記録的な数字を残している。彼に仕えた匿名の職員は、トランプが採っていた指導者としてのアプローチについて「衝動的で敵対的で、狭量で効果がない」ものであり、政策決定を何度も取り消し、会合では彼を賛美する歌を歌う義務を課し、自分の意志に反する者には誰彼構わず激怒すると言っていたが、そうしたことは、個人主義的な支配者にとっては普通の行動だった。日常的に男性の部下に屈辱を与えることで、部下たちがとにかく生き残ろうというメンタリティーを身につけて互いに競い合うよう訓練するのである。「忠誠の文化が強まり、同調する者たちは栄え、異を唱える者はその場を去るか、仲間になるのを拒絶する」と、ジャーナリストのエヴァン・オスノスは論じている[60]。

トランプの司法長官ウィリアム・バーは、理想的なパートナーだった。バーは、トランプの違法行為を隠蔽し、トランプの仲間である独裁者を助けて敵を傷つけるための計画を実現させた。ロバート・モラーによる調査結果について国民に誤った情報を与え、トルコの銀行ハルクバンクがイランへの経済制裁を回避する数十億ドル規模の取り組みに参加したため起訴されそうになったときには、トランプがエルドアンから圧力を受けた後、起訴を避けられるよう手助けをした――こうしたことは、個人主義的支配者の国家で「正義をつかさどる司法部門」の長が行なう典型的な仕事だ。トランプの弁護士兼スポークスマンで、同じく忠誠を誓っていたルドルフ・ジュリアーニは、大統領の私設特使として海外を旅行し、かつてベルルスコーニの「運び屋」ヴァレンティーノ・ヴァレンティーニがやっていたように、トランプとプーチンの関係にかかわるビジネスを処理していた[61]。

トランプ政権の閣僚に任命され、長期にわたってその職にいた者たちは、プーチンの地政学的目標を推進することが政権の優先事項であることを理解していた。商務長官ウィルバー・ロスは、プーチンの義理の息子が共同オーナーを務める海運会社ナヴィゲーター・ホールディングスの株式を手放したくなかったため、承認プロセスで利益相反の投資について政府の倫理担当職員に嘘をついた[62]。二〇一九年一月、財務長官スティーヴン・ムニューシンは、プーチンの協力者オレグ・デリパスカに対する制裁を解除した。四月、デリパスカの会社ルサールは、労働長官イレーン・チャオの夫でプーチンの支持者でもある上院多数党員内総務マコネルの地元州に二億ドルの投資をした。トランプはロシアのテレビでプーチンの嘆願者だと笑い物になっていたが、それでも彼は、二〇一九年八月と二〇二〇年六月にベルルスコーニの仕事を引き継ぐ形でロシアのG7再加盟を求めた[63]。

「道徳観念のない指導者は、周りにいる者たちの性格を暴く術を持っている」と、コミー元FB

I長官はトランプのために働いた経験について書いている。二〇一六年の大統領選挙直前にヒラリー・クリントンが個人のメールサーバーを使っていたことをあえて暴露したことで、コミーはトランプが権力を掌握するのに間接的な役割を果たした。トランプの下で働くことで、彼はカリスマ性のある支配者の魅力と危険性をじかに体験した。コミーはトランプと距離を取り、トランプのため不適切な活動に関与するのを拒んだため解任された。二〇一九年にニューヨーク・タイムズ紙の論説面でコミーはプロセスとしての腐敗行為を説明した。それはまず、会合で彼の嘘が「問題視されないまま通り過ぎ」ても口を閉じたまま何も言わず、それによって自分とほかの者たちが「共謀者」になることから始まる。次に公の場での賛辞を求められ、それが、自分が仕えているものも含め、さまざまな機関や制度への攻撃へとエスカレートする。譲歩するたびに、これで彼も満足するだろうと期待するが、彼の要求はさらに高まっていく。彼が欲すること――そして、すべてのストロングマンが欲すること――は、相手を自分のものにすることだ。「あなたは、彼の言葉をそのまま繰り返し、彼の指導力を称賛し、理想への献身を褒めちぎる。しかし、その時点であなたの負けだ。彼はあなたの魂を食べてしまったのだ」[64]。

第八章　暴力

「拷問は毎日行なわれていました」と、クリスティーナ・ゴドイ＝ナバレーテは回想している。学生で反政府活動家だった彼女は、一九七四年にピノチェトの部隊に逮捕された。

私たちが目隠しをされ、ベッドに縛りつけられると、それは始まります。電気ショックが全身に流され、それからレイプされます。（中略）トイレットペーパーの代わりに使えと、作家や哲学者の書いた本のページを渡されました。秘密警察は、思想を軽蔑している姿勢を示したかったのです。

ゴドイ＝ナバレーテは、軍事暫定政権が左派、不審な外国人、および彼らと関係がある者全員をチリ社会から一掃しようとしていた時期に激しい虐待を受けた数万人のひとりだった[1]。「チリでの拷問は、特異なサディズムではなく、国としての方針だった」と、ローズ・スタイロンはアムネスティ・インターナショナルの一九七五年の報告書に記している。尋問官に肉体を支配されたときにゴドイ＝ナバレーテが耐え忍んだものは、すべてを所有したいというストロングマンの欲求と国民の意思を破壊しようとする彼の取り組みを凝縮したものだった。これより四〇年前に、抵抗運動に参加してナチ党に捕らえられたベルギー人ジャン・アメリは、この現象を身をもって経験していた。彼によれば、拷問官は「絶対君主」として振る舞い、「心と肉体に対する支配」を主張した。拷問は「この第三帝国に偶然生じた属性ではなく、その本質」であった[2]。

ストロングマン国家の歴史は、ハンナ・アーレントの「暴力は権力を破壊することがある［が］権力を作り出すことはまったくできない」という説とかみあわない。第一次世界大戦の日常的な大量殺戮から生まれた共産主義政権とファシズム政権は、暴力を中心的な手段とし、さらには政治闘争の目的とすることも多かった。制度化された暴力は、新たなヒエラルキーと権力構造、新たな英雄と殉難者、そして新たな規範と期待を生み出す。暴力は、暴力を加える者たちと、その暴力を受ける者たちの両方を変える。ストロングマンたちは、暴力をどのように使うかにかかわらず、暴力に絶対的な価値だけでなく道具としての価値も与える。彼らは、誰もが生まれながらに平等というわけではないと考え、さらに大半のストロングマンは、誰もが生きる権利を持っているわけではないとも思っている。国のために犠牲にならなくてはならない人間もいれば、単に邪魔な人間もいると考えるのだ[3]。

権威主義的支配者は、手持ちのあらゆる道具を使って、国民に同胞を監視・監禁・虐殺するよう説得する。プロパガンダが国中の全員に、暴力の見方を変えるように促し、暴力は国民・市民としての義務であり、国を偉大にするための代償だと思わせようとする。フリードリヒ・トゥーバッハは、若者たちが「民族的連帯に基づくユートピア」を築くため「本能に身をゆだねて行動する」よう励まされたときに感じた「感情の高ぶり」について回想している。効果を最大限に挙げるためには、カダフィがテレビ中継させた処刑のように、暴力とプロパガンダを相互依存させて機能させるべきである。男性的な力に対する崇拝は、国営メディアや指導者の手本によって広められ、犯罪者たちが取るべき行動のあり方を決定する。「ここは独裁国家だ！　人権なんてものはない！（中略）ピノチェトと我々しかいないのだ！」と、チリの拷問官は犠牲者に向かって怒鳴りつけた[4]。

　腐敗行為は、国家による迫害を実現させる者やその共犯者を集める助けになり、それによって街頭で活動する警察や軍の実働部隊や、会議室や会員制クラブで話し合うエリートたちが集められる。この両者の中間に、迫害のイデオロギー・兵站・資金調達を担当する官僚・科学者・プロパガンダ活動家が存在する。権威主義的国家は、国を作り変える方法として弾圧を実験的に利用しようとする人々を常に後押ししてきた。例えば、ファシズム時代に大量殺戮を実行したＳＳ隊員アドルフ・アイヒマン、冷戦時代に拷問を推進したＤＩＮＡ長官マヌエル・コントレラス、新たな権威主義者の時代に大量拘束を主張したエルドアンの法務大臣アブドゥルハミト・ギュルとトランプの大統領上級顧問スティーヴン・ミラーが、それに当たる。

協力者の多くは熱狂的な支持者だが、ストロングマンは、迫害に加わる者に物資的なものを含む各種の報酬を約束することで、国家と働く決心をするよう誘導する。アミンは三〇万人以上を殺害したが、彼はこの殺害を監督した将校たちが家賃なしで暮らし、贈り物としてロンドンから空路で持ち込んだウイスキーや贅沢品を定期的に受け取るように手配していた。暴力は、指導者と、経済的利益や権力と引き換えに諸権利を放棄する支持者たちとのあいだで行なわれる権威主義的取引の核心部分である[5]。

ストロングマンの暴力は、支配対象となる肉体と精神への貪欲さを暴き出す――対象が多ければ多いほどいいのだ。さまざまな危害のうち一方の端に位置するのが、監視と脅迫の文化によって形作られる心理的ダメージで、これが人々に服従と自己規制を促す。密告者が至る所にいるため、何の気なしに口にした発言や冗談が原因で投獄される可能性がある。あるイタリア人は、一九三〇年代後半にムッソリーニと名づけたペットのウサギをレストランでこき使っており、そのため一年間服役した。フランコのスペインでは、哲学者ホセ・オルテガ・イ・ガセットが「私が心の中に抱いている、いずれほかの人々から行使されることになる暴力、強要、拘束の脅威」が服従する態度を生み出す様子について考察した。歴史家ジョージ・モッセは、ナチ・ドイツでユダヤ人青年として感じた低レベルの「テロ」と極度の警戒心を決して忘れなかった。また、ドイツの左派オイゲン・ネルディンガーは、「ベッドに座り、夜に耳を澄ます／（中略）奴らは今日私を捕まえに来るのだろうか？」という悲痛な詩を書いた。世界各地の権威主義的国家に住む数多くの人々は、同様の恐怖に襲われ、いつドアがノックされるかと不安に感じながら眠れぬ夜を過ごしている[6]。

迫害に関する一般的な法律は、ストロングマンが標的とする集団への罰を当たり前のこととし、不安のざわめきを維持するのに役立っている。そうした法律には、例えばヒトラーユーゲントが街頭で「人種的冒瀆者」（ユダヤ人と関係を持ったアーリア人）を追い回したときなどのように、反抗的な者を罰するものがある。また、ピノチェトの命で軍が貧困地区を一掃したように、敵はまだ数が多く活動も活発だと示すことで弾圧の継続を正当化する場合もある[7]。主要な敵男性を公の場で侮辱することで、男らしさ崇拝を強化する。ナチ・ドイツとの併合後のオーストリアでは、ユダヤ人の医師と弁護士がSAの開く「ごしごしパーティー」の来賓かつ余興となり、野次を飛ばす群衆に囲まれながら、四つんばいになって道路の清掃を行なった。ギリシアのカストリアでは、ファシズム体制下のイタリアによるギリシア占領中（一九四一～一九四三）、イタリア軍兵士が聖職者にギリシア国民の面前で自慰行為をするよう強制し、ギリシア兵の直腸に空気を入れて膨らませた[8]。

権威主義者の暴力といってすぐに思いつくのは、敵を流刑地・刑務所・収容所に監禁することである。モブツが人権侵害を批判する欧米人に気づかせたように、そうした行為の雛型を提供したのは帝国主義時代のヨーロッパ列強だった。ベルギー領コンゴ、ドイツ領南西アフリカ、およびイタリア領リビアには、いずれにも反乱者を収容する強制収容所があった――ナチ党員たちは、これらの実験すべてから学んでいた。収容所の世界史からは、被収容者の大半は死因が処刑ではなく病気、過労、または飢餓であったことが分かる。ナチ党のトレブリンカなど、人々を収容するのではなく殺害するのを目的とした絶滅収容所は、例外的なものである[9]。

ストロングマン国家が用いた拷問方法にも、同様に複雑な歴史がある。長期の睡眠剝奪を伴う「コンベア」テクニックは、ソ連が開発したものだ。しかし、拷問の発達でより大きな役割を果たしたのはフランスで、一九三〇年代にはフランス領ベトナムで電気ショックを用い、アルジェリア戦争では残虐行為を行なった。民主主義国であるフランスとナチ・ドイツ出身の拷問官は、その専門知識をラテンアメリカの軍事暫定政権に伝えた。ゲシュタポの拷問官だったフランス人クリスティアン・マスイは、広く使われている「バスタブ」テクニックを考案したのは自分だと主張した。これは、顔を繰り返し水に浸ける拷問で、スペインとチリでは「スブマリーノ」（潜水艦）と呼ばれるものだ。このテクニックは、囚人の報告によるとプーチンの刑務所でも使われており、そこでは合わせて「無水」バージョンであるスブマリーノ・セコ、すなわちビニール袋を犠牲者の頭にかぶせて擬似的に窒息させる拷問も行なわれているという。アメリカはかつて国内の取り締まりに拷問を用いていた（「電気椅子」はその名残）。一九四六年にアメリカ領パナマ運河地帯に創設されたアメリカ陸軍米州学校は、世界各地から集まった右派の戦闘員たちに拷問テクニックを教えていた[10]。

「生まれながらの拷問官などいない」と、元拷問官は述べている。この一〇〇年間ストロングマンは、他者を害することを正当化する文化と道徳の変容を通して自分の支配する社会を導いてきた。命令に従うことの満足感は協力者にとって魅力のひとつだが、権威主義的国家は、禁止されている事柄が解放されるような状況で成功できる人間も引きつける。「秩序か無秩序か？」と、ムッソリーニは一九二二年にイタリア・ファシズムについて問いかけた。権威主義者とその支持者たちが活躍した一〇〇年のあいだ、その答えは「両方」だった。指導者が解放した破壊的エネルギーが自分たちに向けられるかもしれないと気づいたときには、すでに手遅れになっている。ストロングマンの世界では、拷問官も含め全員が、役に立たなくなった途端に捨てられるかもしれないのだ[11]。

―

「ファシズム国家は完全に目を覚まし、自分の意志を持っている」とムッソリーニは一九三二年に警告した。この彼の言葉は、身体への攻撃と脅迫が当たり前になっていた数百万のイタリア人に響き渡ったことだろう[12]。彼の内閣は閣僚の入れ替わりが激しかったが、ムッソリーニはアルトゥーロ・ボッキーニを政治警察と秘密警察ＯＶＲＡのトップの地位と、セックス相手の調達作戦担当者という立場にとどめ続けた。一九二六年からボッキーニが死ぬ一九四〇年まで、ムッソリーニは彼と毎日会っていた。ファシスト行動隊が活動していた時期に数多くのイタリア人を虐殺した後、ムッソリーニはイタリア・ファシズムをナチズムや共産主義に代わる、より人道的なものとして売り込むため、国内での大量殺戮を最小限にしようとした。ファシスト党のプロパガンダは、政権が「国家の敵」を裁くため一九二六年に設置した特別法廷は、スラヴ系を中心に数十人のイタリア人「しか」処刑していない点を強調した。ただしこの数字には、ほかの形で殺された数千から数万のイタリア人や、第二次世界大戦が始まる前に殺害されたリビア人、エリトリア人、ソマリア人、エチオピア人、合わせて七〇万人以上は含まれていなかった。おもにイタリア国外の非白人を標的とし、一九三八年まではユダヤ人を迫害しなかったことで、ムッソリーニは善意あふれるイタリア・ファシストだというイメージを育てた――これが、ベルルスコーニと彼の中道右派政権が定着させた印象だった[13]。

ムッソリーニの最も暴力的な行動の一部は今もほとんど知られていない。そのひとつが、一九三〇〜一九三一年にリビア東部のキレナイカ地方で実施されたベドウィンと半遊牧諸民族の大量虐殺だ。ピエトロ・バドリオ元帥とロドルフォ・グラツィアーニ将軍は、イタリアによる占領に抵抗する者への民生支援を遮断すると宣言し、バドリオいわく「たとえキレナイカの全住民が死ななくてはならないとしても」、その決意は変わらないと述べた。そのうち約三分の一が命を落とし、彼ンと半遊牧民を砂漠に設けた一六の強制収容所へ送った。そのうち約三分の一が命を落とし、彼らの家畜も八〇〜九〇パーセントが死んだ。「私たちは、絶え間ない恐怖と、飢えと渇き・病気・絞首刑による死とに囲まれて暮らしていました」と、ジャミラ・サイード・スライマーンは回想している。デンマーク人ジャーナリストのクヌード・ホルンボエは、「大地は血まみれになっていた」とキレナイカから報じた。彼は収容されていたベドウィンに、ファシスト党の目的は何だと思うかと尋ねた。「アッラーのみがご存じです。私は、彼らは私たちに死んでもらいたがっているのだと思います」とそのベドウィンは答えた[14]。

ファシスト政権によるエチオピア占領（一九三五〜一九四一）の特徴だった大規模な暴力も、いまだに知らない人が多い。「足りないと批判されるよりは多すぎると批判されたい」とムッソリーニは、イタリア軍がエチオピア軍に敗北した一八九六年のアドワの戦いを念頭に、エミリオ・デ・ボーノ将軍に言った。彼は、第一次世界大戦以降で最大の軍事作戦を国際連盟加盟国であるエチオピアに対して実行するよう命じた。投入されたのは、一〇個師団、三〇万の将兵と、違法な化学兵器数百トン分の空中投下弾で、これらによって戦争中と戦争後に推計で二五万人のエチオピア人が死亡した[15]。エチオピア人は大規模かつ頑強に抵抗したため多くがアフリカから脱出し、亡命したエチオピア皇帝ハイレ・セラシエ一世は、国際連盟で「航空機から落ちてきた死の雨」を非難して新聞の第一面を飾った。それでも、エチオピアの苦境はヒトラーの台頭に注目する白人ヨーロッパ人の関心をつないでおくことはできなかった。一九三五年、亡命中のドイツ人作家トーマス・マンは、ナチ党の反ユダヤ主義を「ムッソリーニの軍事作戦よりもはるかに恐ろしい。ムッソリーニの場合は必要に迫られてのことかもしれないからだ」と判断した[16]。

イタリア国内では、ランペドゥーザ島からトリエステまでに広がる数百の流刑地・刑務所・収容所から成るネットワークにイタリア・ファシズムの敵一〇万人が監禁され、その一部は監禁状態で一五年以上を過ごした。一九二六年、共産党の指導者アントニオ・グラムシと数百人のイタリア・ファシズム反対派が、手錠をかけられたまま悪臭のする船体に入れられ、パレルモから海を越えてウスティカ島の収容所に送られた。グラムシは、島に六週間弱いたが、その後、本土の刑務所へ移され、そこで介護放棄と健康障害が原因で一九三七年に死亡した。ウスティカ島に残った者たちは、ときどき拷問や物資不足に悩まされた。島へ流刑にされた者には、アルコール依存症患者などイタリア・ファシズムの社会衛生捜査網で捕まったイタリア人や、反体制派のリビア人貴族——これには、後の国王イドリース一世の弟や甥も含まれていた——がいた[17]。

イタリア人政治犯の数は、海外への拡張が国内での弾圧をもたらしたことで、一九三五年から四倍になった。収容所と流刑地が過密状態になったため、政権は遠く離れた南部の町に送って監禁させるファシズム反対派の数を増やした。ファシスト党の役人たちはダッハウやザクセンハウゼンなどのナチの収容所を訪問して、国家による弾圧の規模を拡大させる方法を探った[18]。イタリアの同性愛者たちは変化を実感していた。民主主義体制下でさえ、社会的に保守的なイタリアにはワイマール時代のベルリンのようにゲイ・ライフを容認する空気はみじんもなかった。ファシスト党は、政権を奪取すると、同性愛が存在するのを認めようとせず、一九三〇年の刑法では同性愛について一言も触れなかった。それ以前、国家はゲイを男色などの罪で短期の拘禁刑にしていた。それがこれからは、彼らを収容して社会全体から隔離することになった。フィレンツェ出身の男性グリェルモは、一三年間に一三回逮捕され、一九三九年にサルデーニャ島の労働流刑地に送られた。同性愛者の多くは、一九三八年から一九四〇年のあいだ、トレーミティ諸島にあるサン・ドミーノ島に閉じ込められた。上水道も電気もトイレもなかったが、この島で逆説的な自由を見つけた者もいて、「特にフェンメネッラである場合は家を出ることさえできない」時代におおっぴらにゲイでいることができたと元収容者は回想している、ちなみに「フェンメネッラfemmenella」とは、女らしい男、つまり女性と識別される男性のことである[19]。

自分の敵に対する国家の迫害を容易にするよう集団行動を形成したいというムッソリーニの意欲は、一九三八年の反ユダヤ人法で具体的になった。外務大臣ガレアッツォ・チャーノが日記に記したように、ムッソリーニはイタリア人が「同情心を弱めて、より強情で、無慈悲で憎らしくなれる」ようになってほしいと思っていた。イタリアには、伝統的にカトリック信仰による反ユダヤ感情があったが、歴史上、東ヨーロッパのようなポグロム（ユダヤ人大虐殺）はなかった。ムッソリーニは、国民がユダヤ人を自分たちの幸福に対する脅威と見なすよう徹底したプロパガンダ作戦を開始した。「恥を知れ！」と、トリエステのディーナ・Mは一九三八年一二月にムッソリーニに宛てた手紙に記し、彼がナチ党を「模倣」したことを非難した。プロパガンダ活動家たちは、ユダヤ人を学校・出版業・公職から追放したことを、ある公的出版物が説明している言葉を借りれば、イタリアから「国も理想も伝統もない（中略）ユダヤ人やユダヤ人への共鳴者によって先導されていた」文化を一掃するものだと言って称賛した。国家教育省には、それまでユダヤ人がしていた仕事への就職を求めるイタリア人の要望が殺到した[20]。

ユダヤ人を国家の敵とすることでムッソリーニは放縦になった。それまで彼は、ユダヤ人の支援を必要とし、自分をヒトラーと区別する必要があったため、ユダヤ人に寛容であった。しかしそれは枢軸同盟によって無意味になった。「ユダヤ人のブタどもめ、私は彼らを全員殺してやる」あるいは、少なくとも投獄するつもりだと、彼は一九三八年一〇月に愛人クラーラ・ペタッチに打ち明けた。「七万のアラブ人を閉じ込めたんだから、五万人のユダヤ人など簡単に監禁できる。小さな島を作って、そこに全員を送ろう」。その島が完成することはなく、ユダヤ人をマダガスカル島へ追放するというナチ党の計画が実現することもなかった。しかし戦争が始まると、ムッソリーニはイタリア系ユダヤ人をイタリア内外の強制収容所へ送った[21]。

―

弾圧という分野において、ヒトラーはその取り組みのスピードと激しさでムッソリーニよりも際立っていた。一九三四年にＳＡが粛清され、ＳＡの指導者レームなど数百人が死亡し、一〇〇〇人以上が投獄された後、ムッソリーニがベルリンに派遣していたジュゼッペ・レンゼッティ少佐は、ナチ党が敵に対して収容所を無差別に利用することに不満を表明している。一九三三年三月に開設されて数千人を収容していたダッハウ収容所は、ミュンヘンから一五キロメートルほどしか離れていなかった。レンゼッティは、「危険分子」を「共同体から排除」できるウスティカ島などの流刑地を念頭に、ドイツにイタリアのような島がないのは残念だとムッソリーニに報告した[22]。

ナチの強制収容所の門をくぐった者たちは、社会から切り離されたと感じたに違いない。彼らが足を踏み入れたのは、他者との連帯などの人道的価値観が邪魔者とされる世界だった。アーレントは、収容所で生き残る可能性が最も高いのは殺人犯だと主張したが、それは特に、ナチ党が同じ被収容者たちを統制する責任者カポ（班長）に犯罪者を充てていたからだった。犯罪者は、ナチ党でもとりわけ優秀な拷問官になった。犯罪者は、政治学者ダリウス・レジャリいわく「痛みについては非常に創造力が豊か」だからだ。一九三三年から一九四五年までのあいだに一五〇〇万から二〇〇〇万人が門をくぐった収容所などの監禁施設は四万か所以上あったが、そのうち絶滅収容所はヘウムノやベウジェッツなど六つしかなかった[23]。

ダッハウは、ドイツで最初の強制収容所であり、絶滅収容所以外の収容所の原型となった。はじめは政敵を収容していたが、やがて収容対象を、エホバの証人やユダヤ人のほか、路上生活者、売春婦、アルコール依存症患者、同性愛者、犯罪者など、「反社会的」で「労働を嫌う」人々にまで拡大させた。ダッハウは、被収容者の自己意識を崩壊させるために精神的屈辱、労働、身体的残虐行為を利用した先駆的存在だった。ホロコーストを立案したアドルフ・アイヒマンは、ダッハウからキャリアをスタートさせた。共産主義者のハンス・バイムラーが一九三三年四月にダッハウへ収容されたとき、身に付けるよう強制された看板（「心から歓迎！」）は、これから向けられる邪悪さの前兆だった。ＳＳの係官たちから激しい暴行を受け、そのため皮膚の一部が剝がれて拷問官の鞭にぶら下がるほどだった。独房の都合のいい場所に輪縄をつるされ、首つり自殺するよう何度も促された。バイムラーは脱走して拷問官にモスクワから絵はがきを送ったが、多くの被収容者はその後の一二年間、彼と同じ目に遭った[24]。

多くのドイツ系ユダヤ人は、独裁政権によって公の場で屈辱と暴行を受けるようになるとドイツを出国しようと、むなしい努力を続けた。中には言語学者ヴィクトール・クレンペラーのように、外国では生計を立てられるだけの就職口のない者もいた。クレンペラーの著名ないとこオットー・クレンペラーは、ロサンゼルス交響楽団の指揮者になったが、彼は運がいい方だった。ユダヤ人の中には、新たな迫害手段が登場するたび、これ以上ひどくはならないだろうと思う者もいた。多くの国が厳格な移民割当制を導入していたため、一九三八年一一月のポグロム「水晶の夜」が始まった時点で三〇万のユダヤ人がまだドイツ国内にいた[25]。

「一度くらいユダヤ人は国民の怒りを感じるべきだ」と、ゲッベルスは当時の日記に記している。パリのドイツ大使館員エルンスト・フォム・ラート射殺のニュースは、ナチ党指導部が促していた大衆の暴力を誘発し、シナゴーグと礼拝所一〇〇〇か所と、商店と個人宅七五〇〇軒が襲撃・放火・略奪された。ユダヤ人以外にとって、毎日はいつもどおりに過ぎていった。ある学校の生徒は、近所のシナゴーグが燃えていて、その周囲にＳＡが人間の鎖を作って消防隊が近づけないようにしているのを目撃した。「では、授業に戻りましょう」と、数分後に教師は言い、古代史の授業を再開した[26]。

――

一九三八年、第三の支配者フランコは、ファシズムの暴力の歴史に独自の貢献をしようとしていた。スペイン内戦中、フランコは敵対するヨーロッパ人に対して初めて植民地戦争での手法を採用した。ヒトラーもムッソリーニもフランコのナショナリスト派を支援するためスペインへ軍隊を送った。フランコは、イタリア軍がエチオピア軍に対して行なったように、スペイン軍が共和国側の兵士を一度に大量に殺せるよう、ムッソリーニに化学兵器の提供を求めたが、断られた。そこでフランコは自身の率いるアフリカ軍団をモロッコからスペインに連れてきて、進軍前に共和国側が確保していた地域から反乱分子を徹底的に排除する「徹底的浄化」の実施を手伝わせた。一九四〇年までに二五万のスペイン人が死に、三〇万人が亡命し、六〇万人が強制収容所に入れられた。またナショナリスト派は、ナチ・ドイツが第二次世界大戦中に東部戦線で行なっていた、例えば処刑した死体を最大で一〇〇〇体が入る巨大な穴に放り投げるといった手法も、事前に検討していた[27]。

スペインは第二次世界大戦に参戦しなかったが、それは主として、フランコのモロッコに対する領土要求をヒトラーが非現実的と見なしたからだった。フランコは、義勇兵である「青師団」を派遣してソ連での戦闘に参加させたが、国内では自分の権力強化に集中した。一九四〇年から一九四五年までのあいだに、彼は左派スペイン人のうち五万人を処刑し、数十万人を拘禁した。さらに、農村部では二〇万のスペイン人が餓死した。フランコがスペイン内戦で焦土作戦を実施したため、農業と環境に壊滅的な打撃を与えていたせいだった[28]。

ヨーロッパの他の地域では、フランコの仲間であるファシストたちは大量殺戮の方針を採用した。ユーゴスラヴィアは、一九四一年にイタリアとドイツによって分割され、多くの住民が殺された。イタリア占領地区では、二〇年に及んだ反スラヴ的なプロパガンダと迫害によって処刑と拘禁がさかんに実施され、一九四一年から一九四三年のあいだに推計で二五万人が命を落とした。リビア人の大量強制移送と大量殺戮を実施したのと同じように、イタリア軍はスロヴェニア人、クロアチア人、セルビア人の全住民を強制収容所へ移送した。そのひとつでラブ島にあった収容所では、数千人のスロヴェニア人被収容者が飢え死にした。イタリア国内の収容所へ連れていかれた者たちも、たいていは同様だった。トレヴィーゾ郊外にあるモニゴ強制収容所を訪問した人物は、そこで目にした被収容者たちについて、「私は、彼らが自暴自棄になって地面にじかに横たわり（中略）顔には死相が出ているのに気がついた」と語っている[29]。

東ヨーロッパでは、ヒトラーが弾圧の帝国主義的手法を独自に応用しようと試行を重ねていた。一九二〇年代以降、彼はヨーロッパ大陸東方への拡大はドイツの運命だと信じていた。一九四一年、ナチ・ドイツがソヴィエト連邦に侵攻すると、法学者カール・シュミットは、「主人がおらず、まったく文明化されていない、または半ばまでしか文明化されていない」地域にドイツが入植するのは、ドイツが必要とする食料と資源を手に入れる手段だと言って、これを正当化した。ナチ・ドイツにとって、これは通常の紛争ではなく、白人ヨーロッパ文明の生き残りを賭けた戦いだった。数千万のユダヤ人とスラヴ人を、戦闘員か民間人かを問わず殺害することは、この計画に組み込まれていたことだった[30]。

それは一九三九年九月、ナチ・ドイツによるポーランド占領で始まった。長年のプロパガンダにより、ポーランドに駐留したドイツ軍兵士たちは「哀れみに対して心を閉ざせ」というヒトラーの命令に従った。兵士のひとりフリードリヒ・Mは妻宛ての手紙で、自分が見かけたユダヤ人について、反ユダヤ主義的な大衆新聞デア・シュテュルマーを引き合いに出して「彼らの大半はデア・シュテュルマーからそのまま出てきたかのようだった」と書いている。ときには民間人がドイツ軍の仕事を代わりにすることもあった。一九四一年七月一〇日、イェドヴァブネという町に住むキリスト教徒たちが、鉄の棒や斧を持って、乳飲み子を含むユダヤ人住民の半数を殺害した。ユダヤ人でないポーランド人の多くは、ドイツ軍のために働くことで生き延びた。後にローマ教皇ヨハネ・パウロ二世となるカロル・ヴォイティワも、化学工場と採石場で働いていた[31]。

一九四一年六月、ナチ・ドイツは二年前に結んだ独ソ不可侵条約を破ってソ連に侵攻し、それによって当時の最も暴力的なふたつの政権が対決することになった。赤軍がソ連軍兵士に与えた小冊子には、「日数を数えるな。（中略）君が殺したドイツ人の数だけを数えよ」と書かれていた。ドイツ軍最高司令部は自軍の兵士に、ソ連軍兵士とユダヤ人を殺害・追放するときは「精力的に戦い」容赦するなと命じた。一九四一年一一月までに、SSの特殊部隊「アインザッツグルッペン」はユダヤ人の民間人を五〇万人殺害した。その殺害規模に、あるドイツ人官吏は、講和後に労働力として使える人間が生きて残っているのだろうかと考えた——実際、三〇〇万のソ連軍捕虜が一九四五年までにナチの収容所で餓死することになる[32]。

常にナチズムは、国家の敵に対する迫害に参加するためのインセンティブとして、物質的な利益を得られる見込みを提示してきた。これは、目標が殲滅である場合はいっそう重要になる。ポーランドなどドイツの他の領域では、資産没収が不当利得のチャンスをもたらした。一九四一年六月までにナチ・ドイツは、ポーランドの企業の半数と、大きな不動産の三分の一を奪い、教会と美術館・博物館から貴重品を奪っていた。ヒトラーの弁護士ハンス・フランクは、ポーランド総督に任命されると、共犯の報酬を作り出した。彼は、クシェショヴィツェにあるアルフレト・ポトツキ伯爵の夏の別荘を奪い、これを含め自分のものだと主張する複数の屋敷を、略奪したレオナルド・ダ・ヴィンチやカナレットの作品で飾り立てたのである[33]。

芸術ではなく死体に誘惑されたのは、ポーゼン帝国大学医学部の学部長で解剖学者のヘルマン・フォスだった［ポーゼンは現ポーランド領のポズナンで、当時はドイツ領だった］。一九四一年七月にゲシュタポは、ポーランド人レジスタンス戦士の死体を彼に提供することに同意した。「三つの大学すべてに十分行き渡るほど多くの人々が処刑されている」と、彼は日記に書いている。頭蓋骨や骨格を売るというフォスの副業も繁盛し、一九四二年四月のある日は上機嫌で「『骨の漂白剤』を前に屋根の下で日光浴をしながら」座っていたと記している。そのとき「私の左右ではポーランド人の骨が漂白中で、ときどき小さくパキッという音を立てていた」そうだ[34]。

ヒトラーのウクライナでの秘書クリスタ・シュレーダーも、東方を「発展の大きな機会」に恵まれた場所と見なしていた。彼女は、ナチ帝国で軍支援スタッフ、看護師、教師としての仕事を見つけた多くのドイツ人女性のひとりだった。それとは別に、犯罪歴を持つ者も含む三五〇〇人の女性が、高給と権力を持てるという魅力に引かれて、アウシュヴィッツ＝ビルケナウなどの収容所で看守として勤務した。見た目がアーリア人のようだという理由で誘拐されてきたポーランド人やウクライナ人の子供をドイツ人家族の養子としてよいか評価する女性もいた。ドイツ人は男性も女性も、ナチ・ドイツの民族衛生政策と戦争機構に参加することで利益を得ていたのである[35]。

ホロコーストの絶滅収容所を特徴とする暴力の機械化は、ストロングマンが抱えていた、いかにして大量の人間を迅速に殺害して処理するかという問題に対する長年の実験結果を反映するものだった。ブーヘンヴァルトには、八五〇〇人の被収容者を頸部に一回注射を打つことで死なせることのできる、特別に建設された施設があったが、これは、歴史学者ラウル・ヒルバーグいわく、「最終的解決」を推進した「発明する許可」の成果のひとつだった[36]。ナチ・ドイツの犠牲者は射殺や飢餓で死んだ者の方がガスで死んだ者よりはるかに多かったが、ガス室と火葬場は、収容所、処刑、化学兵器の空中散布などが含まれる権威主義者の集団暴力リストにヒトラーが加えたものである。一九四一年、ソ連軍捕虜とポーランド人合わせて八五〇名が、毒ガス「ツィクロンB」の効果を試す被験者となった。火葬場の建設中は、ヘウムノ収容所所属の運送用バンが死体処分場へ移動中にユダヤ人を毒ガスで殺害し、効率をさらに高めた。バンの担当者だったSS隊員ヴァルター・ラウフは、一九四二年の一月から六月のあいだに九万七〇〇〇人が「処理」されたと記している。一九四二年時点でアウシュヴィッツ＝ビルケナウで稼働していた四つのガス室は、一度に二〇〇〇人、一年だと一六〇〇万人を殺すことができた[37]。

どのような方法を使うにせよ、ナチ・ドイツは暴力を防御的な性質のものだとして正当化した。「私たちは彼らを抹殺しなくてはならない。さもなければ彼らが私たちを抹殺するだろう」と、フォスは必要とする骨の出所であるポーランド人について書いている。価値のない生命が生まれるのを防ぐため、人種間混血のドイツ人に対する不妊措置が大戦中も継続して採られた。プロイセン出身の母親とカメルーン出身の父親のあいだに生まれたドリス・ライプリヒは、一九四三年に診療所での診察に行く途中、大声で泣きわめいたため、護衛に帰宅を許され、後に子供をふたり産んだ。ナチ・ドイツは、精神障害者・身体障害者と末期患者にはそうした慈悲は示さず、安楽死の対象とした。大戦中に約二五万人が、その大半がドイツ人キリスト教徒だったにもかかわらず、致死注射や飲食中止、毒ガスによって殺された。安楽死はT4作戦とも呼ばれ、ホロコーストのため殺害方法の実験や人員の訓練のために利用された。例えばSS隊員フランツ・ズーホメルは、ベルリンのT4センターで勤務した後、トレブリンカへ異動になった[38]。

ラブ島であれマウトハウゼンであれ、ファシズムの収容所は被収容者の希望と連帯を奪い、人間性を完全に破壊することを目的としていた。イタリア系ユダヤ人で化学者のプリーモ・レーヴィは、アウシュヴィッツ＝ビルケナウにいるとき「ここには『なぜ』がない」ことに気づいた。「ここでは、生存競争は休みなく続く。なぜなら、誰もが絶望的に猛烈に孤独だからだ」。ガス室は一九四五年に稼働を停止したが、ファシズムの暴力は生き続け、生存者の心と体に痕を残した。イタリアとドイツの犯罪人たちは、そのテクニックを保持し、軍事クーデターの時代にフランコのスペイン、中東、およびラテンアメリカで仕事に励んだ[39]。

―

国立競技場、ロンドレス通り三八番地、テハス・ベルデス、トレス・アラモス。これらは、ニエベス・アイレス・モレーノがチリの独裁政権の手で監禁された場所である。アイレスは左派の家庭で育った二三歳の女子大学生で、一九七三年九月のクーデター後に逮捕され、サンティアゴの国立競技場に勾留された数千人のひとりだった。一週間にわたって彼女が受けた殴打と電気ショックは、一九七四年一月に始まった四〇か月にわたる監禁生活の前触れにすぎなかった。彼女の体験は、軍事暫定政権が使う暴力の方法が、より大きな社会的・政治的目標と関連していることを明らかにしている。その目標とは、チリ社会から左派の影響を一掃し、チリをマルクス主義に対する国際的な戦いの中心地にすることだ――つまり、ファシズムの戦いが冷戦によって新たな命を与えられたのである。

「こうやっておまえは帝国を感じているのだ」とアイレスの拷問官たちは、彼女を棍棒とコカコーラのボトルで暴行しつつ、国家の力に言及して自分は全能だと感じながら叫んだ。サンティアゴのロンドレス通り三八番地では独房に監禁され、それ以外の時間は殴打され、膣と目に電気ショックを流され、レイプされた。これ以外の、父親と兄弟が拷問される現場を見させられるといった経験は、彼女を精神的に破壊するのが目的だった。一九七四年二月、アイレスは沿岸部にあるテハス・ベルデス収容所へ移された。そこは、後に秘密警察ＤＩＮＡのトップとなるマヌエル・コントレラスが拷問訓練場として設立した施設だった。ここではチリ人たちによって膣にネズミやクモを入れられたが、ときには室内でブラジル人やアルゼンチン人など外国人の話し声が聞こえることがあった。一度、目隠しが緩んだときに「ドイツ人女性」の姿が目に入ったが、そのとき彼女は犬にアイレスを暴行させようとしていた。兵士たちにレイプされたため妊娠したときは、産婦人科医から、「祖国の息子」を妊娠したことを誇りに思うべきだと言われた。彼女は子宮を殴られていたため、すぐに自然に流産した。「人はもはや単なる体にすぎず、肉体の袋、肉片でしかなかった」と後にアイレスは書いている[40]。

いくつかのベクトルが集中して、ピノチェト政権の特徴である恐怖の風潮が作られた。冷戦期のラテンアメリカにおける暴力の文化が、チリでの出来事を形作った。冷戦時代の国家安全保障ドクトリンは、共産主義と戦うことを、国の枠を超えた努力と見なしていた。一九七〇年代半ばにピノチェトが設立し、パラグアイ、ウルグアイ、ブラジル、アルゼンチン、ボリビア、チリが参加した情報活動・取り締まり・テロの共同体「コンドル作戦」は、この見方を実践に移したものである。アイレスの拷問に同席していた外国人は、コンドル作戦参加国から来ていた。国立競技場でチリの当局者たちを訓練したブラジル人たちも、そうである。右派の軍事暫定政権から来た国際的な兵士・学生グループは、コントレラスも含め、米州学校でも拷問と心理戦を学んだ[41]。

米州学校で訓練を受けた者のひとりに、チリ軍の高官でＤＩＮＡの工作員だったミゲル・クラスノフ・マルチェンコがいた。後に彼は、ビリャ・グリマルディ収容所の尋問官になった。一九七三年、彼は二三歳の左派学生Ｓを逮捕し、拷問した。礼儀正しさと狂暴さの混じったクラスノフの態度は、その後何年もＳの心に残った。彼を連行するときクラスノフはＳの母にきわめて丁寧な態度を取り、事務手続きには細心の注意を払い、そして拷問の場では心と体を激しく攻撃してＳが自分を徹底的に卑下するように仕向けた。クラスノフはＳに、「例外状態は人々の中で常態になりえる」ことを示し、自分に加えられている暴力は当然のもので自分の身を清めるためだと考える人間を作り出した[42]。

一九七四年六月に秘密警察として創設されたDINAの文化が、こうした自己変革を促した。ムッソリーニがボッキーニと毎日会っていたように、ピノチェトはDINAのトップであるコントレラスと毎日会っており、そのコントレラスは、命令を正しく理解するが犯罪行為も辞さない軍人・警官・民間人を雇用した。チリの大きなドイツ人コミュニティーで暮らすネオナチたちは、こうした法律および命令と無法状態の混合を理解しており、チリ軍部とドイツ軍部の長年にわたる関係は人材の採用に役立った。元SS隊員でガス使用の専門家ヴァルター・ラウフはDINAの顧問になった。パウル・シェーファーが設立したドイツ人入植地コロニア・ディグニダードは、DINAの拷問センターとなり、ネオナチが重要な会合を開く場所になった[43]。

アイレスを拷問した「ドイツ人女性」イングリッド・オルデロクは、こうした環境から生まれた。チリでドイツ人移民を両親に生まれた彼女は女性警官で、ラテンアメリカで初の女性スカイダイバーであり、アウシュヴィッツ＝ビルケナウの看守イルマ・グレーゼを尊敬する誇り高いナチズム支持者だった。彼女は、DINAの女性工作員部門のトップになると、受賞歴のあるドッグトレーナーとしての才能を利用した。「私は冒険家です」と彼女はチリの雑誌に語り、一九七〇年代半ばには暫定政権の拷問室で犬を用いる実験を行なった。「私には起こった事柄への覚悟ができていませんでした」と、革命左翼運動（MIR）のメンバーで、ベンダ・セクシー収容所でオルデロクの拷問を受けたアレハンドラ・ホルツアプフェルは語っている。ベンダ・セクシーは性的暴行を専門に行なう収容所で、犠牲者の叫び声を隠すため音楽が大音量で流されていた[44]。

外国人テロリストもＤＩＮＡのために働いており、その中にはステファノ・デッレ・キアイエのようなイタリア人ネオ・ファシストや、アメリカ人マイケル・タウンリーなどがいた。タウンリーは、父親がフォード・モーター・カンパニーのチリ事業の責任者で、本人はサンティアゴで少年時代を過ごした。タウンリーと、妻でやはりＤＩＮＡの工作員だったチリ人マリアナ・カリェーハスは、サンティアゴの邸宅で子供たちを育てていた。夫妻の文学サロンに出席した客たちは、タウンリーと化学者が敷地内にあるＤＩＮＡの研究所で政権の敵に対して使うサリン・ガスを作っているとは、夢にも思っていなかった[45]。一九七四年九月、ピノチェトはＤＩＮＡ初の国外活動の担当者にタウンリーを選んだ。タウンリーはアルゼンチンへ向かい、ピノチェトの元上官で、亡命先のブエノスアイレスからピノチェトを批判していたカルロス・プラッツ将軍の自動車の下に爆弾を仕掛けた。爆弾が爆発し、プラッツとその妻ソフィア・カスバートは即死した[46]。

一九七六年、ピノチェトは国内で絶対的な権力を振るい、アメリカから確かな支援を受け、コンドル作戦は本格的に活動しており、自分は無敵だと感じていた。次に彼とコントレラスは、亡命中の社会主義経済学者で政治家のオルランド・レテリエルを暗殺したいと考えた。アジェンデ政権で大臣を務めたレテリエルは、アメリカの首都ワシントンから軍事暫定政権に反対する国際世論を喚起していた。ピノチェトは、キッシンジャーが一九七六年六月にサンティアゴを訪問したとき、レテリエルについて彼に不満を伝えた。二週間後、ＤＩＮＡは計画を策定せよとの命令を受けた。タウンリーはサリン・ガスのスプレーを使いたがったが、いつも使っている実験台――ペルー人収監者二名――で試したところ、危うく自分もふたりといっしょに死にそうになった。一九七六年九月二一日、ワシントンで自動車爆弾が爆発し、レテリエルとその同僚ロニ・カルペン・モフィットが死亡し、モフィットの夫が負傷した[47]。

ピノチェトがアメリカ人支持者たちの権力中枢の地で事件を起こしたことは、思わぬ反発を招いた。ジミー・カーター大統領は軍事支援を含む各種支援を打ち切り、一九七八年のCIAの報告書は「ピノチェト大統領が自ら情報機関トップに殺害を実行するよう命じた」と認めた。ピノチェトは身を守るためコントレラスを辞任させ、コントレラスのライバルだったオドラニエル・メナを、DINAに代えて設立された国立情報センターのトップに選んだ。イングリッド・オルデロクは事務仕事へ配置換えになり、ミゲル・クラスノフは情報機関に配属された。一九七八年までに、ビリャ・グリマルディなどの拷問施設は閉鎖されるか、他の施設に転換された[48]。

こうした変更は、大半が表面的なものだった。レーガン大統領は、就任後にチリへの支援を再開し、非暴力的なデモと左派による武装攻撃がさかんになると、暫定政権の暴力も増えた。この時期、オルデロクは政府のため個人的に拷問業務を行なっていた。犬に関する彼女の専門知識が、人権調査機関に分かりにくい拷問手段を選ぶのに都合がよかったのである。暫定政権は、人権侵害の記憶を消そうと常に努力してきた。一九七五年には催眠術師を雇って、イギリス人医師シーラ・キャシディーに、左派に医療支援を行なったことを理由に拷問を受けた事実を忘れさせようとした。一九七八年の恩赦で、クーデター以降に起きた犯罪の「立案者」と「共犯者」のほか「隠蔽者」も赦免された。これにより、軍と警察の記録から人権侵害に関する記載を削除することが認められた。しかし、死者は生者を苦しめる術を知っていた。「行方不明者たちのせいで頭がどうにかなりそうだ。彼らは生存していないと思う」と、最高裁判所長官イスラエル・ボルケスは言った。ちなみにボルケスは、レテリエル殺害の罪でコントレラスを引き渡せというアメリカの要請を断った人物である[49]。

暫定政権の暴力を生き延びた人々は、暫定政権が葬り去ろうとした記憶の保持者になった。ニエベス・アイレスの場合もそうで、彼女は母親のビルヒニア・モレーノが問題を国際社会に訴えると一九七六年に解放された。チリから追放されたアイレスは、アムネスティ・インターナショナルなどの組織に経験を話し、キューバに行って医師たちに子宮を再建してもらい、心理療法を受けた。一九八〇年代半ばにニューヨークに居を定めた後も傷跡と痛みは残ったが、同じく拷問の犠牲者だったチリ人ビクトル・トロと結婚し、夫とのあいだに娘ロシータをもうけた。アイレスの証言は、個人の記憶の力の方が、忘却させようとする暫定政権の政治手段よりも強いことを物語っていた。それにロシータの誕生は、もっと個人的なことの記念になった。国家は、彼女の肉体を破壊して新たな命を産めないようにすることに失敗したのである。「私はここにいて、娘もここにいます」というのが、ピノチェト政権が続く中、彼女がアメリカからかつての迫害者たちに伝えたメッセージだった[50]。

軍事クーデターの時代は過激主義の時代であり、カダフィは、ピノチェトと同様、亡命したリビア人反体制派を排除するため一九八〇年代前半にテロリストの手法を採用した。弁護士マフムード・ナファとBBCのジャーナリスト、モハンメド・ムスタファ・ラマダーンがロンドンで殺害され、実業家モハメド・サレム・ルテミがローマで射殺され、コロラド州立大学の大学院生ファイサル・ザガッライが自宅で銃撃された（一命は取り留めた）。反体制派指導者ジャバッラ・マタルの息子ヒシャーム・マタルは、偽名でイギリスの寄宿学校に通い、兄のジアドは、カダフィの殺し屋から逃れるためスイスの学校から逃げ出さなくてはならなかった[51]。

カダフィは、リビアの革命は「動いている列車」であり、「その前途に立ち塞がる者は誰であっても押し潰される」と言っていた。革命評議会が、そのエンジンだった。一九八〇年代、評議会は三〇〇〇～五〇〇〇人を抱える準軍事組織に拡大した。国家機関や企業に潜入し、メディアをコントロールし、革命法を施行する独自の法廷を持っていた。彼らは人々を刑務所やカダフィのセックス用地下室へ連れていき、尋問の様子をテレビ放映した。大学のゲートや、イタリア・ファシストたちが建てたベンガジ大聖堂の前で学生たちを絞首刑にして、一部のリビア人にムッソリーニの手法を思い出させた。海外にいる暗殺対象者に接近できるよう、「人民事務所」と改称したリビアの大使館に人員を派遣した。一九八四年、そのひとりがロンドンのリビア大使館から、抗議デモ中のリビア人の集団に向かって発砲し、イギリス人警官イヴォンヌ・フレッチャーが銃弾を受けて死亡した[52]。

ピノチェトがコンドル作戦を、左派を絶滅させることで文明を救う、国の枠を超えた努力だと考えていたように、カダフィもテロリズムを、反帝国主義・反シオニズムの世界を作る手段と見なしていた。彼は目がくらむほど多くの運動に資金を提供しており、具体的には、日本赤軍、イタリアの赤い旅団、ニカラグアのサンディニスタ民族解放戦線、アブ・ニダル組織、モブツやピノチェト打倒を目指す革命家など、多種多様だった。一九八五〜一九八六年に起きたテロ攻撃のうち、ローマとウィーンの空港での事件、西ベルリンのナイトクラブでの事件、クルーズ船アキッレ・ラウロ号乗っ取り事件には彼が関与していたことが分かっている。そうした活動のため数千人の戦闘員をリビア国内で訓練するキャンプにも資金を出した。彼が創設した世界革命センターは、カダフィ版の米州学校だった[53]。

ピノチェトと同じくカダフィも自分を無敵だと思うようになった。しかしピノチェトとは異なり、カダフィの国はアメリカのテロ支援国家リストに挙がっていた。一九八六年、アメリカはバーブ・アル＝アズィーズィーヤなど複数の施設を爆撃してカダフィを驚かせた。その後に続いた取引禁止、経済制裁、リビア人の資産凍結は、被害者意識の政治手法をあおり、それに加えて、スコットランドのロッカビー上空で一九八八年に起きたパンナム機爆破事件はリビアに責任があるとされると、その傾向はさらに増した。国内で反対の声が高まるのを恐れたカダフィは、革命評議会のせいにし、過度の暴力を振るっているとして評議会を攻撃してその権限を縮小した。以後、評議会はイスラーム主義者の弾圧に注力したが、このイスラーム主義者というのは、ひげを生やし、イスラームの教えを公然と実践する者なら誰でも分類されそうなカテゴリーだった。イスラーム主義抵抗運動のメンバーで一九九〇年に亡命したアブー・ファルサンは「モスクへ行くのは刑務所への道だった」と語っている[54]。

反体制派リビア人の大半にとって刑務所と言えば、トリポリにある不気味な要塞アブ・サリム刑務所だった。友人か家族がこの刑務所に勾留されたというリビア人は多い。ヒシャーム・マタルのいとこアリーは、アブ・サリムで二一年を過ごした。彼の独房にあるスピーカーがプロパガンダ用の歌やスピーチを朝の六時から夜の一二時まで流し、その音量のあまりの大きさに「自分の筋肉が振動するのを感じることができた」ほどだった。アンワル・ハラガは、イギリスで数年間コンピューター工学を学んだ後、一九八九年に帰国したところに治安部隊がやってきた。彼のひげと伝統的な衣装は、外国では容認されたが、リビアでは異端の証拠だった。ハラガがまだアブ・サリムにいた一九九六年、劣悪な環境に対して囚人たちが暴動を起こし、一六〇〇〜一七〇〇人いた被収容者のうち一二〇〇人が虐殺された。暴動を起こした者たちが看守から取り上げた鍵ではハラガの独房は開かなかったため、彼は死なずに済んだが、ほかの囚人たちが処刑される音は聞こえた。政権は、殺した囚人についての情報を公開するのを拒否し、アブ・サリムの行方不明者は、カダフィの支配が二一世紀に入った後も、彼に対する国民のさらなる怒りを引き出していた[55]。

「私の目の前に、愛する者たちの姿が見えました――私は殺されるのだと思いました」。トルガ（仮名）は、二〇一七年に彼をアンカラで誘拐し、拷問を加え、レイプすると脅したトルコの秘密警察について、そう語った。トルガは、トルコのある機関で働いていたが、そこはアメリカ・ペンシルヴェニア州に亡命中で、二〇一六年のクーデターを計画したとしてエルドアンから非難されている聖職者ギュレンと関係のある組織だった。トルガは、釈放されるとトルコを出国したが、海外生活は身の安全を保証するものではなかった。エルドアンは、敵を追うときのカダフィのひたすらな態度を彷彿とさせる。彼ら反体制派トルコ人は、取り戻すべき彼の所有物なのだ。「どこへ逃げても、どれだけ逃げても、我々は必ず追っていく」と、エルドアンは二〇一八年にギュレンの支持者について語っている。この数年で、少なくとも八〇名のトルコ国民が一八を超える国々から拉致されている[56]。

カダフィの工作員たちは「迷い犬」を見つけ次第殺したが、エルドアンの工作員たちは相手を投獄することが多く、暗殺した数は比較的少なかった。ソーシャルメディアの時代に大量殺戮は悪評を生みやすい。エルドアンのような新たな権威主義者たちは、敵を収容して大衆から見えないようにする傾向がある。彼らは反体制派を無力化するため、標的を絞った暴力、情報操作、および法的嫌がらせを用いる。また、反体制派やその親族が所有しているかもしれない企業を没収して、経済力を奪おうともする。どの支配者も、独自の手法を使ってエリート層と大衆の暴力に対する許容度を測っている。各国の拘禁の伝統と弾圧の歴史も、それに関わってくる[57]。

—

「人に影響を及ぼす方法は三つある。恐喝、ウォッカ、殺害の脅迫だ」と、プーチンは二〇〇〇年に語り、ロシア人に彼がかつてはKGBのケースオフィサーであり元FSB長官だったことを思い出させた。この三つの方法は、どれも彼の支配スタイルの特徴である。ただし彼の政権は、脅迫から行動へと移ることが多く、彼の犯罪を暴く者に対しては、ソヴィエト式の政治的殺人と拷問、投獄、毒殺を用いてきた。ジャーナリストのアンナ・ポリトコフスカヤも、プーチンの犯罪を暴こうとしたひとりだ。彼女はチェチェンに五〇回足を運び、現地でプーチンが「汚い戦争」を進めたあいだに起こった人権侵害を取材した。FSBが彼女を飛行機内で毒殺しようとして失敗すると、二〇〇六年、彼女は自宅アパートのエレベーター内で撃たれ、プーチンが隠したがっていた情報を暴露して殺された数十人の記者のひとりとなった[58]。

一九二四年にファシズムに反対したジャコモ・マッテオッティが殺されて以降、ストロングマンの腐敗行為を暴くことはきわめて危険になっている。二〇一一年、人民自由党のボリス・ネムツォフと、ロシアの政治組織「連帯」のオリガ・ショリナらが、「プーチン。腐敗行為」と題する報告書を公表し、プーチンとメドヴェージェフがいかにしてロシアから資産を盗んだかを詳細に説明した。二〇一三年にネムツォフは、アメリカ上院外交委員会で証言を行なった。二〇一四年、彼は同年のソチ・オリンピックのため承認された資金をめぐって詐欺を働いたとして訴えられ、資金のうち五〇〇億ドルを着服したと告発された。二〇一五年、彼はクレムリン近くのボリショイ・モスクヴォレツキー橋で暗殺された。橋を渡っていたとき、犯人には好都合なことに、監視カメラは作動しておらず、パトロールも行なわれていなかった[59]。

共産主義時代の弾圧の亡霊がプーチンの牢獄システムに取りついている。流刑地が少なくとも八六九か所、刑務所が八つ、再勾留所が三一五あり、作家・歴史家のアレクサンドル・ソルジェニーツィンが描いた「収容所列島」を二一世紀に持ち越している。二〇一二年、フェミニストのパフォーマンス集団プッシー・ライオットのメンバー、ナジェージダ・トロコンニコワが「フーリガン行為」により二年の懲役刑を言い渡された。モルドヴィアにあるソ連時代の収容所に送られた彼女は、毎日一六～一七時間労働を課せられた。この強制労働をひそかに出した手紙で世間に公表すると、彼女は二〇一三年にシベリアの流刑地へ送られた。同じく囚人であるイリダール・ダジンは、抗議の看板を持ってひとり何度も立っていたため二〇一五年から刑務所に入れられており、彼も拷問を受けた。政治犯は、ナチ・ドイツの伝統に従いエホバの証人も含んでいるが、それも合わせた政治犯の数は今も増え続けている。二〇一五年には四六人だったのが二〇一九年には二四六人になっている。ただし、この数字はどちらも実際はもっと多いだろう。プーチンのロシアで国家の敵であるということは、刑務所に出たり入ったりを繰り返し、家畜用貨車のような環境で最大一か月の移動に耐えて遠く離れた監禁施設に到着し、いま口にしたお茶が最後の一杯になるかもしれないと常に意識させられるということである[60]。

毒殺は、プーチンの代名詞的な暴力行為だ。プーチンは、この流血を伴わず、しばしば時間を遅らせて相手を殺す方法に頼ってきた。プーチンにとって外国での毒殺は、カダフィにとっての射殺と同じで、ロシアには敵がどこにいようと捕まえる能力があることを広く知らしめる手法であった。元ＦＳＢ工作員で内部告発者になったアレクサンドル・リトヴィネンコは、二〇〇六年にロンドンで放射性物質ポロニウム２１０の入った紅茶を飲んで死亡した。二〇一八年には、かつてロシアとイギリスの二重スパイだったセルゲイ・スクリパルと彼の娘ユリアが、ソールズベリーで神経剤による毒殺未遂に遭った。プーチンはロシア国内にいる敵にも、海外での彼の評判を傷つける者を中心に、毒殺を用いている。ウラジーミル・カラ＝ムルザは、アメリカ連邦議会で二〇一二年と二〇一五年に証言を行ない、二〇一七年には上院でプーチンの人権侵害と腐敗行為について証言した。その彼は、二〇一五年と二〇一七年の二度、致死毒を盛られたが生き延びた。反汚職活動家で政治家のアレクセイ・ナワリヌイは、二〇一九年の反政府デモ中、獄中で「警告」

となる毒薬を受け取った。すでに彼は、捏造された金融犯罪の容疑で二〇一七年から二〇一八年にかけて、刑務所と流刑地で合計三か月以上を過ごしていた。「プーチンは連続殺人犯だ。西側の指導者たちは、プーチンと握手するときは殺人者と握手しているのだと知るべきだ」というのが、ロシア人活動家レオニート・マルティニュークの見解である[61]。

これを問題視しない人物のひとりがトランプである。大統領に就任して二週間後、カラ＝ムルザが二度目の毒殺未遂に遭った数日後、トランプはFOXニュースでプーチンに対する敬意を表明した。司会者ビル・オライリーがプーチンは「殺し屋」だと指摘すると、トランプはこう答えた。「殺し屋なんかいくらでもいる。ねえ、我が国がそんなに世間知らずだと思うのかい？」。このように相対化する推論過程は、トランプ自身による権威主義的戦術の活用の先駆けであり、その戦術では、指導者が敵に対して採る措置は必要かつ正当なものだとされている[62]。

――

「あいつの顔面にパンチを食らわせてやりたい」と、トランプは二〇一六年二月にラスヴェガスで開いた選挙集会で野次を飛ばした男について語った。トランプはさらに続けて、「昔なら」抗議者たちは「ストレッチャーで運び出された」だろうが、「いまの私たちはもう押し戻すことはできない」と言った。ファシストたちの伝統に従い、トランプは集会を、暴力の肯定的な面を見るよう支持者たちを訓練する場として利用した。ラスヴェガスでのスピーチは、アメリカを報道機関が活動を制限され、指導者を批判する者は殴られて当然と見なされる国に変えた。ヘイトクライム（憎悪犯罪）は、トランプが政界に登場して以来、年々増え続けており、二〇一六年から二〇一七年にかけて一七パーセント急増した。ある政治学者たちの調査によると、二〇一六年にトランプの集会を開いた郡ではヘイトクライムが二二六パーセント増加したという[63]。

過去のストロングマンたちと同様、トランプはプロパガンダと腐敗行為と男性的な力への崇拝とを利用して、迫害に好意的な風潮を作り出した。主たる敵とされたラティーノ移民は、アメリカの純血に対する人口的・人種的な脅威だとのレッテルを貼られている。トランプの大量拘禁政策は、アメリカの伝統に沿うものであり――アメリカは世界最大の拘禁国家だ――かつての諸政権から引き継がれた慣行を参考にしている。しかし、トランプの反移民運動は度を超している。二〇一八年に移民・関税執行局（ＩＣＥ）に勾留された約四〇万人のうち、七〇パーセントは犯罪歴がなかった（この点は、過去の諸政権の政策からの変化である）。犯罪防止ではなく人種差別が、彼の政策を突き動かしている。「トランプは国外追放装置を作っている」と、連邦議会のヒスパニック会派は二〇一九年八月に非難した[64]。

トランプは、反復などのプロパガンダ手法を用いて、入移民に対する彼の処遇は国家の安全に必要なものだと大衆が思うように誘導した。二〇一七年二月から二〇一九年八月までに開かれた六四の集会で、彼は入移民について五〇〇回以上言及し、彼らに犯罪者（一八九回）、殺人者（三二回）、略奪者（三二回）というレッテルを貼った。二〇一九年一月から八月のあいだに、移民による「侵略」の結果を警告する広告がフェイスブックに二一九九件掲載された。このメッセージに共感したと思われるのが白人ナショナリストのパトリック・クルージウスで、彼のフェイスブックのページにはトランプの反移民スローガンが記されていた。二〇一九年八月二日、クルージウスはラティーノが数多く訪れるエルパソのウォルマートで銃を乱射し、その結果、二一名が死亡し、数十名が負傷した。彼の声明文には「これは、ヒスパニックの侵略に対する返答だ」と記されていた[65]。

移民政策を監督する国土安全保障省は、トランプの顧問スティーヴン・ミラーに倣ったイデオローグたちの隠れ場になった。ミラーは、舞台裏で活動する物言わぬ過激主義者――最も危険な過激主義者――だ。彼は二〇一八年に「ゼロ・トレランス」政策を六か月にわたって推進し、その後も非公式に継続させ、それにより国境での家族分離が国家の政策となった。また、ファシストによるユダヤ人への待遇を繰り返すかのように、移民の子供たちを学校から排除しようとしている。税関・国境取締局（ＣＢＰ）の係官は、ナチ・ドイツの収容所での手続きを模倣して、親には子供を「風呂」に入れるため連れていくと告げ、その後に親を収監したり国外追放にしたりしている[66]。入浴することのなかった子供たちは、勾留センターに入れられる可能性がある。あるいは、福音派キリスト教徒が運営する養子斡旋所に引き渡されるかもしれない。ちなみに、そうした斡旋所のひとつベサニー・チャイルド・サーヴィスィズは、トランプの教育長官ベッツィ・

デヴォスの家族が長年支援してきた会社である。養子斡旋所の中には、子供を親と再会させようと努力している所もある。それでも、こうした強制分離の規模――二〇一九年には七万件弱――を考えると、トランプがやっていることは、ヒトラーのドイツやピノチェトのチリのように、ユダヤ人や左派、先住民の親から子供を奪い、より「適切な」人物に育てさせた国々と変わりがない[67]。

移民を取り締まるICEの係官たちは、SWATチームの隊形を組み、完全武装して住宅地に現れることが増えている。国境から半径一〇〇マイル（約一六〇キロメートル）の範囲で活動するCBPの係官も、兵士のような服装をし、中には移民を「戦争捕虜」と呼ぶ者もいる。自分たちの施設を、職業規範や倫理規範が適用されない場所として扱っている者も多い。CBP係官による麻薬の密売はブッシュ政権時代とオバマ政権時代でも珍しくはなかったが、トランプとその政権による移民の悪魔化は、性行為目的の人身売買の被害者にビザを発給しないなど、残虐性を新たなレベルに押し上げている。「国境警備隊は、ドナルド・トランプのような人物のために考案され、作られたものだ」と、CBPの元幹部ジェン・バッドは語っており、しかも彼の仲間たちは、ホワイトハウスが二〇一六年以降支持している過激思想を奉じている。アメリカでも多くの人が、国家の執行官が家のドアをたたくのではないかと心配しながら眠れぬ夜を過ごしている[68]。

トランプの勾留施設を他のストロングマン政権の施設と比較するのはやり過ぎと思えるかもし

れないが、共通点と相違点からは、さまざまなことが見えてくる。モーリンゲンなどナチ・ドイツの強制収容所の被収容者たちには、マットレスや仮設小屋があり、洗面所を使うことができた。トランプの勾留施設の被収容者たちは、例えば民間の営利企業カリバーンが国土安全保障省に代わって運営しているフロリダ州ホームステッドの施設のように、体を洗うことができず、地面に横たわって眠るケースが多い。ドリー・ルシオ・セヴィア博士は、凍えるような低温と、二四時間点灯している照明と、衛生・医療ケアが不足している点を挙げ、テキサス州のクリントとマッカレンにある収容所の状況を、「拷問施設」の状況になぞらえた。病気（被収容者はインフルエンザ・ワクチンの接種を認められていない）、食料と水の不足、身体的・性的虐待の複合的な影響により、二〇一九年の最初の五か月間で少なくとも七人の子供が死亡した[69]。強制収容所の主要な虐待である極度の過密状態は、テキサス州のリオ・グランデとエル・パソ・デル・ノルテに関する監察官の報告書で取り上げられた。同地の移民処理センターでは、成人は「立ち見席のみの状態で一週間」勾留され、独房は混雑していて「成人は呼吸するためトイレの上に立たなくてはならなかった」ほどだった。当然というべきか、この報告書が公表された直後に政府はセンターへの訪問を禁止した[70]。

アメリカの広告会社とロビー会社は、これまで海外でいくつものストロングマン国家のためにしてきたように、いつでも弾圧を実態よりも軽く見せる用意ができている。サウジアラビアを顧客とする会社コルヴィスはカリバーンに、被収容者が「清潔で暖かく安全な」環境を楽しんでいる様子を描いた映画を売り込んだ。時代が進むにつれ、こうした情報操作は不要になるかもしれない。「この連中［が国境を越えるの］を食い止めるにはどうすればいい？」と、トランプは二〇一九年にフロリダでの集会で群衆に問いかけた。「撃ち殺せ！」と誰かが叫んだ。政府の徹底したプロパガンダ作戦が、共和党と右派メディアの支援を受けて継続すれば、さらに多くのアメリカ人が、移民に危害を加えることは国を守るために必要なことだと認めるようになるかもしれない[71]。

第三部　権力喪失

第九章　抵抗運動

一九三八年、シュヴァーベン地方の小さな町に住む三五歳のドイツ人ゲオルク・エルザーは、ヒトラーを殺す決心をした。共産主義者である彼は、総統が始めようとしているような国際戦争には反対だった。大工で建具職人であり、火薬も使える（軍需工場と採石場で働いていた）エルザーには、自分の計画を実行できるだけのスキルと手段があった。毎年一一月八日の午後九時に、ヒトラーは一九二三年のミュンヘン一揆の発端となったミュンヘンのビアホールで演説を行なう。エルザーは、ヒトラーの演説中に爆発するよう爆弾を設計して仕掛けることにした。仕掛けてから一四四時間後に爆発するようにすれば、エルザーが犯行と結びつけられる可能性はきわめて低くなるだろう。自宅周辺の畑で実験した後、一九三九年八月、彼はミュンヘンに宿を取った。毎晩、ビアホールで遅い夕食を取り、閉店後もひそかに店内に残って、何時間もかけて舞台近くの柱をくりぬいて爆弾を仕掛ける穴を作った。一一月三日、ビアホールが営業を始めると、爆弾は柱の中に置かれ、タイマーが作動し、コルクの箱がその音を消した。

一一月八日、ヒトラーは舞台に上がり、激しい演説を始めた。九時二〇分、爆弾は計画どおり爆発し、舞台の天井は崩れ落ち、五人が死亡、六七人が負傷した。負傷者の中にヒトラーはいなかった。それどころか、現場にすらいなかった。演説の時間を繰り上げて九時七分にビアホールを出たため、一三分の差で死なずに済んだのである。エルザーは、導火線、爆弾の設計図、ビアホールの絵葉書、共産党のバッジを持ってスイス国境を越えようとしたところを、ドイツの国境警備隊に拘束された。ミュンヘンに戻されたエルザーは、ゲシュタポに尋問された。ゲシュタポは、一個人がこのような大胆で巧妙な計画を立てたとは信じられなかった。ヒトラーはエルザーの調書を熱心に読んだ。彼をどう処分したらいいのか誰にも分からず、結局彼はザクセンハウゼン強制収容所で五年間「特別囚」として隔離され、自分専用の作業場を与えられた。一九四五年二月にダッハウへ移送され、ドイツが崩壊した四月にSSによって銃殺された。「自分の行為によって、これ以上の流血を防ぎたかった」と、エルザーは逮捕時に尋問官に語っている[1]。

ストロングマンの歴史は、敵対する者たちが彼らを権力の座から引きずり降ろそうとした歴史でもある。暗殺はすべての政治指導者に付きものだが、権威主義者は自ら国家権力組織の中心に据えているため、最大限の効率で政権を倒そうとする人々にとって魅力的なターゲットとなる。これまで何百件もの暗殺計画がストロングマンに向けられてきた。一九二五年にムッソリーニに向けられたライフル、一九八五年にピノチェトに向けられたバズーカ、二〇〇八年にプーチンに向けられたスナイパーライフルとカラシニコフなど、多くの人々が指導者に照準を合わせるためにホテルの部屋やアパートを借りてきた。「弾丸は通り過ぎ、ムッソリーニは残った」と、ムッソリーニは一九二五年から一九二六年にかけて起こった四回の暗殺未遂事件について書いている[2]。

「抵抗」という言葉は、第二次世界大戦中のイタリア・ファシスト党やナチ党に対する武装反乱を連想させるかもしれない。確かに、抵抗の歴史に暴力は付きものだ。世界各地で、武器をもって政権に対抗する非合法な運動や政党の抵抗者たちは、家族や友人から離れ、地下で暮らしてきた。チリの極左政党ＭＩＲのメンバーであるマリア・カストロは、一四年間を「国内亡命」で過ごした。「このあいだ、私たちを支え続けたのは、独裁は国民にとってあまりにも大きな悪であり、（中略）私たちは抵抗しなければならず、ひとりひとりにはやるべきことがあるという非常に強い確信でした」と彼女は回想している[3]。

しかし、ストロングマン的国家における抵抗のほとんどは非暴力的なものであり、非武装の抗議行動がとりわけ効果的であった。それは、個人または少人数グループによる抗議行動から始まることがある。例えば、一九四三年のミュンヘンで白バラ抵抗運動のグループが政府の建物の壁に残した「ヒトラーを倒せ」の落書きがそうだ。パブリックアートや大衆向けのメッセージ発信は、チリのグラフィック・アーティストであるギージョいわく、「偽情報や嘘を受け入れることを拒否し、（中略）異常なものを正常なものとして受け入れることを拒否している」人間が存在することを明示している。一九八七年にギージョが雑誌「アプシ」の表紙に、ピノチェトをルイ一四世に模したカリカチュアを描くと、同誌の編集者たちは「過激主義」を理由に投獄された。笑われることは、ストロングマンたちがひどく恐れることである[4]。

大衆の目に触れることを目的とした個人の行動は、公式メディアの網目をかいくぐって、変容可能な抵抗運動の模範を示す。こうした行動が大規模な非暴力抗議活動の素地となり、国家の弾圧に対抗するときや、戦争がうまく行かなかったり選挙に不正が疑われたり経済的な苦境に立たされたりして指導者の権威が低下したときに、抗議活動が大きく育つ。目に見える形で抗議活動をする人々が決定的に多くなれば、ストロングマンに外国から資金を提供する者や国内で支持する者たちに、ストロングマンを支援すると重大な結果を招きかねないと気づかせることができる[5]。

ストロングマンたちは、公共の場を利用して、体と心を統御する力を誇示する。抵抗運動は、その空間を国家から取り戻し、政府の暴力、腐敗行為、搾取に反撃するものである。このような抗議活動は、みんなが集う楽しいひとときになることがある。二〇一一〜二〇一二年の冬に開かれた反プーチン集会が、そうだった。このときの集会は、寒かったにもかかわらず、暖かさと連帯を示す空間となった。また抗議活動は、国民の体と心は自分のものだという指導者の主張に対する厳しい反論となる場合もある。抗議の意味での焼身自殺がその好例で、そうした抗議活動は不正に人々の目を向けさせ、行動を起こすよう呼びかけるものとなる。チリ人セバスティアン・アセベドは、一九八三年にコンセプシオンの大聖堂の前で、暫定政権に自分の子供たちが逮捕されたことに抗議して焼身自殺した。二〇一〇年には、露天商のモハメド・ブアジジが政府庁舎前で焼身自殺し、「アラブの春」の引き金となった[6]。「独裁政治は人々を眠らせる。独裁と戦う勇気を持つのは若者だけだ」と、サンティアゴで何年もチリ人の抗議活動を目撃してきたタクシー運転手レナート・ゴメスは語っている。他の政治的現実をほとんど知らない若者たちは、プロパガンダを容易に吸収し、権威主義的な支配に順応するかもしれない。しかし彼らは、自分たちを子作りの機械や兵士という消耗品として利用する指導者と暮らすことで失うものが最も多い者たちでもあり、そのためいち早く集団を作って行動を起こすことが多い。どのストロングマンも、大学に情報提供者を潜入させ、学生や教職員について報告させようとする[7]。

抵抗運動の歴史は、あらゆる年齢層の人々が何をしないかという歴史でもある。服従を前提とする社会では、行動を拒否することは強力なメッセージとなる。指導者が演説しているラジオを聞かないことや、ヒトラー式の敬礼をしないこと（エルザーはこのふたつの習慣をどちらも守っていた）、国家の青少年活動に自分の子供を参加させないことは、どれも影響力があった。ファシズム下のイタリアで少年時代を過ごしたアルトゥーロ・グネッティは、左派の父親の希望によりクラスの男子生徒でただひとり地元の少年団バリッラに入らず、成績優秀にもかかわらず教師によって落第させられた唯一の生徒であった。やがてアルトゥーロはバリッラに入り、教師は落第を取り消したが、父親はアルトゥーロが帰宅するとすぐに制服を脱がせた――少なくとも彼の家の中は反ファシスト地帯だったのだろう。ムッソリーニ以降、女性は国家の人口増加計画の道具になることを拒否してきた。彼女たちは国家のために子孫を残すことを拒み、その代わりに、刑務所に入る危険を冒して避妊具を入手し、妊娠中絶を行なった[8]。

最も感動的な抵抗活動のいくつかは、私的なものにとどまっている。個人が、国家による犯罪の抹殺に反対する方法として、目撃した死をひそかに記録してきた。リビアのアブ・サリム刑務所で調理師をしていたフセイン・アル・シャファイは、一九九六年の暴動で虐殺された男たちの腕時計についた血を洗い流した。カダフィが死んで声を上げられるようになるまでの一五年間、彼は犠牲者の数を心に刻み続けた。スペインのテルエル県に住む農民は、スペイン内戦中、周りの畑で聞いた処刑の数を毎晩書き留めた。彼は、一〇〇〇人以上の死を記録したそのノートを四〇年間隠し続け、フランコが死んでわずか八年後に調査官に見せた。ストロングマンに対抗して殺された者たちに人々が示す献身は、忘却させようとする国家の政治手段に抵抗するものである。イタリア人作家レオナルド・シャーシャのおばは、ムッソリーニによる独裁政権時代、ファシズムに反対していたジャコモ・マッテオッティの写真を裁縫かごの中に隠していた。チリ人の大工カルロスは、ピノチェトによるクーデター後、アジェンデ大統領の写真を家の壁の中に隠して封をしていた[9]。

亡命は、国家に狙われた多くの政治的活動家の運命である。亡命者の大半は民主主義国に再定住するが、移民や雇用の状況によっては、抵抗運動家は一時的にある政権から別の政権に移ることがある。反ナチズムのカトリック哲学者ディートリヒ・フォン・ヒルデブラントは、ヒトラーから逃れると、当初はファシズム国家であるイタリアの実家に身を寄せていた。ブラジルの軍事独裁政権下では、二万五〇〇〇人ものチリ人亡命者が生活し、南部のポルト・アレグレを拠点とする抵抗運動グループに参加する者も少なくなかった。どこに移住しようとも、外国から権威主義国家に反対する発言をする者は暗殺の標的となることがある。特に、その発言者が有名で、反体制派を動員できる場合はなおさらだ。実際、チリ人のオルランド・レテリエルはこのような運命をたどった。二〇一八年にイスタンブールのサウジアラビア領事館で起きたサウジアラビア人ジャーナリスト、ジャマル・カショギの殺害事件は、この伝統に沿うものだった[10]。

「しかし、私たちが身を隠すのに長年使ってきた闇とベールから、どうすれば抜け出せるのでしょうか？　どうすれば自分たちを再び見つけ出すことができるのでしょうか？」。一九四四年、イタリアのパルチザンがイタリア・ファシストやナチ・ドイツと戦っていたとき、イタリア人作家ナタリア・ギンズブルグはそう問いかけた。何百万人もの人々にとって、抵抗活動は自己を回復し、尊厳と共感と連帯——どれも国民の心の中にあってストロングマンが破壊しようとする資質だ——を再確認するための道であった[11]。

「監禁は壁のない独房であり、あるのは空と海だけだ。民兵のパトロールが壁となる。（中略）その壁を乗り越えたいという欲望は、強迫観念となる」。一九二八年六月にそう書いたイタリア人社会主義者カルロ・ロッセッリは、九〇〇人の囚人を五〇〇人で警護するリパリ島に監禁されて六か月が経過していた。一年後、ロッセッリと、同じく反体制派であるエミリオ・ルッスとフランチェスコ・ファウスト・ニッティは、自分たちの運命は自分たちで決めようと考え、モーターボートまで泳いでいくと、それに乗り込んでチュニジアに向かった。ロッセッリは、「イタリアでの刑務所暮らしと引き換えに、亡命先での自由を手にした」と嬉しそうに語り、その後パリへ向かった。イタリア秘密警察のトップ、ボッキーニは、ロッセッリの弟ネッロをウスティカに送り、ロッセッリのイギリス人の妻マリオン・ケーヴ・ロッセッリを自宅軟禁にした。彼女がモーターボートの調達に協力し、島の地図を子供のおむつに隠してひそかに持ち出したためだった。さらにボッキーニは、リパリ流刑地の責任者フランチェスコ・カンナータを解任した。脱走直前にカンナータがローマに電報を送り、ロッセッリを「模範的な囚人だ。全員が彼のようであればいい」と報告していたからである[12]。

一九二一年に結成されたイタリア共産党（ＰＣＩ）は、初期の地下ネットワークを維持するための資源を持つ唯一の反ファシスト勢力だった。共産党の出版物は広く行き渡り、一九三〇年五月一日だけで一五万枚のビラと一万二〇〇〇部の新聞が配布された。しかし、スターリン時代のコミンテルンからＰＣＩに与えられた指示は、非共産主義左派との協力禁止など、しばしば逆効果になることがあった。ファシズムに反対する者の中には、抗議のメッセージを空から飛行機で撒く者もいた。ジョバンニ・バッサネージは一九三〇年にミラノで一五万枚のビラを撒き、ラウロ・デ・ボシスは一九三一年にムッソリーニの拠点であるヴェネツィア広場を含むローマ全域で数千枚の反ファシストのビラを撒いた。このような活動は危険を伴うものであった。デ・ボシスは飛行機が海に墜落して死亡した。一九三〇年代半ばまでに、イタリア国内の組織的な反ファシズム運動は、ほぼ敗北していた[13]。

そのため、亡命者の組織化はきわめて重要であった。一九二九年、ロッセッリはルッスとニッティとともにパリで「正義と自由」運動を立ち上げた。彼の自由社会主義は、集団行動の中での個人の意志の自律性を強調し、国外の他の反対勢力との協力を提唱し、多様性の中の統一を勝ち取るというものだった。裕福なユダヤ人家庭の一員であったロッセッリは、反ファシズム活動のための資金を持ち、数か国語を操る優れたコミュニケーション能力を持っていた。一九三〇年代初めのイタリアでは、「正義と自由」にはPCIよりも多くの活動家がいた。ロッセッリは「亡命中の反ファシズム活動家の中で最も危険な存在」であり、彼の妻ケーヴ・ロッセッリも同様に脅威であると考えられ、秘密警察OVRAはスパイのディノ・セグレにロッセッリ家の政治家サークルに潜入するよう命じた。セグレは任務に成功し、一九四三年に「正義と自由」の活動家二〇〇〇人がイタリアで逮捕された[14]。

スペイン内戦は反ファシズム活動家たちを刺激し、ロッセッリは数千のイタリア人亡命者とともに、共和国側に立ってフランコのナショナリスト軍や枢軸軍と戦った。共和国側の義勇兵のひとりイギリス人作家ジョージ・オーウェルは、「ふたつの政治理論のあいだで繰り広げられる巨大な闘争の駒」のように感じたというが、イタリア人にとってこの戦いは個人的なものだった。彼らは、ムッソリーニがフランコを支援するため一九三七年に派遣した正規軍兵士と義勇兵、合わせて七万人のイタリア人兵士と向き合わなくてはならなかった。ロッセッリは、殺された社会党指導者にちなんで名づけられたマッテオッティ旅団を組織したが、ほとんどのイタリア人は、共産党が五〇か国以上から五万人以上の戦闘員を参加させて組織した国際旅団のひとつガリバルディ旅団に所属して戦った。スペインで戦闘を経験したイタリア人たちは、一九四三年から一九四五年に今度は本国イタリアで、ナチ・ドイツ支配下のサロ共和国のイタリア・ファシストたちと生死を賭けて戦った[15]。

スペインにいた反ファシズム活動家の中には、これほど多くのイタリア兵が近くにいることを対抗プロパガンダを仕掛ける絶好のチャンスと捉える者もいた。彼らは、敵戦線の向こう側にいる者たちに情報を伝えるのにラジオを利用した。ガリバルディ旅団のメッセージのひとつは、「わが祖国の子らイタリア人よ！　諸君は虚偽の宣伝に騙されて、あるいは飢えと失業に追い詰められて、ここに送られてきたのだ」と宣言している。一九三六年一一月、ロッセッリはラジオ・バルセロナで同胞に語りかけた。彼は「ファシストの監獄に暮らすイタリアの兄弟たち」に向けて、政権との関係を断って「今日スペインで、明日イタリアで生まれようとしている新しい世界」に参加しようと訴えた。ロッセッリは、その世界が実現するのを見届けることはできなかった。イタリア・ファシズムの秘密警察は、以前から彼を「黙らせる」べきだと勧告しており、一九三七年に右派フランス人が、おそらくイタリア政府から要請があったのだろう、ロッセッリと弟のネッロをノルマンディーで殺害した。ムッソリーニは、「彼らがこのような運命を迎えた理由は、歴史が決定するだろう」と、この殺害について遠回しな発言を残し、さらに続けてこう言っている。「権力は、それを象徴する組織を常にコントロールできるわけではない」[16]。

一九三〇年代後半から、ムッソリーニは自分の発言が国内で自分に不利に働いているのに気づくようになった。戦争の脅威と厳しい貧困は、彼の人気に影響を与えた。一九三九年にトリノを訪問したとき、県知事はニュース映画にふさわしい盛り上がりを確保するため、農村の主婦を応援に駆り出さなければならなかった。政権によって次代のエリートに育てられた若いイタリア人たちは、自分たちの倦怠感を公に伝えるようになった。情報提供者は大学生の「ローマ・ベルリン枢軸に対する敵意」を指摘し、批評家ジュリア・ヴェロネージは「私たちが生きている妥協が維持しにくくなるにつれ、仲間たちの間で「不快感が深まる」ことを指摘した[17]。公的なプロパガンダからも、人々の不満が高まっていたことがうかがえる。ロベルト・ロッセリーニが監督した一九四二年の長編映画『ギリシャからの帰還』は、ムッソリーニの息子ヴィットリオ・ムッソリーニが監修しており、反ファシズム映画ではない。しかし、ギリシアで捕虜となった飛行士の物語は、感情の堅固さという権威主義の理想が崩れ去ることを示唆している。苦境にある人々を見つめ、助ける行為を強調することで、ファシズム時代の枠に収まらない、敵味方の境界を越えた苦悩する人間への共感が描かれているのである。ロッセリーニは、一九四五年のレジスタンス映画『無防備都市』で、この新しい視点の行き着く先を示している[18]。

『ギリシャからの帰還』の封切りから二か月後の一九四二年六月、一〇〇人のミュンヘン住民が、郵便で不可解な手紙を受け取った。「白バラ会」という署名が入ったその手紙は、ドイツ人に衝撃的な要求を突きつけていた。

あなたが今どこにいてもかまわないので、消極的抵抗——そう、抵抗です——を採用し、手遅れになる前に、この無神論的な戦争機構が機能するのを阻止してください。（中略）このままでは、わが国の若者の最後のひとりが、人間以下の傲慢さのために血を流して死んでしまいます。どの国民も、自分たちにふさわしい政府しか得られないことを忘れないでください！

一部の人は、このような冒瀆的な手紙を持っていることに恐れをなして、ゲシュタポに提出した。それからの六週間で、さらに三通の手紙が現れ、ドイツ南西部から北部のハンブルクまで、何千という人々に届けられた。五通目（ミュンヘン大学教授クルト・フーバーとの共同執筆）は、一九四三年初頭に登場した[19]。

いつでもどこでもはかなげな美しさを持つ白バラは、殺人を繰り返す腐敗した政権に対する戦いを象徴する理想的なシンボルと思われるかもしれない。しかし、自分たちの抵抗組織の名前に「白バラ」を選んだミュンヘン大学の学生たちは、実に現実的だった。彼らは、自分たちが軽蔑する政権から、マスコミュニケーションについての教えを受けていた。共謀者であるハンスとゾフィーのショル兄妹は、自分たちの目標について、「説得力のあるプロパガンダ」を作り、「住民の大部分に影響を与える」ことだと述べている。ショル兄妹は反ナチズムの父親のもとで育ったが、軍などナチ・ドイツのさまざまな組織がどのように運営されているかを知っていた。ヒトラーユーゲントの元班長だったハンス・ショルや、仲間のアレクサンダー・シュモレルとヴィリー・グラーフは、大学の勉強と東部戦線での衛生兵としての任務を交互に行っており、クリストフ・プロプストも軍務経験があった[20]。

組織的で大胆不敵な白バラ抵抗運動は、ウィーンにまで届く協力者のネットワークを作り上げた。彼らは、活動を手紙から落書きに広げて、ミュンヘンの書店に「大量殺戮者ヒトラー」と書き記したほか、駅や公衆電話ボックスでビラを配った。手紙の宛先は、無作為に選んだものもあったが、大半は教育者、医者、レストランやパブや書店の店主など、多くの人と接する仕事に就いていることを理由に選ばれた。手紙には、受取人に対して、手紙のメッセージを書き写して「人から人へ」広めてほしいという依頼が書かれていた。アナログ時代に警察国家で活動していた彼らは、ファシズムに反対する社会的ネットワークを構築しようとしたのである[21]。

ゲシュタポは言語学者を雇って手紙の書き手の身元を調べる手がかりを得ようとしたが、それでも白バラ抵抗運動は当局の目をかいくぐって八か月間にわたり精力的に活動した。一九四三年二月一八日、バイエルン州首相で大管区指導者のパウル・ギースラーがミュンヘン大学を訪問した。ギースラーが、女性は学業を捨てて子供を産めと言うと、白バラ抵抗運動は学生を率いて、面と向かってギースラーを罵倒した。その反応に陶酔したのか、ゾフィー・ショルは六通目の手紙の写しを高層階からばらまいた。それを用務員が目撃し、彼女とハンスは逮捕された。二月二二日、兄妹とプロプストはギロチンで処刑され、シュモレル、グラーフ、フーバーも同年中に殺された。死後、白バラ抵抗運動は彼らが夢見た大勢の聴衆を得た。連合軍の飛行機が何万通もの手紙を国中に投下したのである。ハンス・ショルはゲシュタポの尋問官に、「私は自分の内なる信念から行動しなければならず、この内なる義務は兵士として行なった忠誠の誓いよりも拘束力が強いと信じていました」と言って、自分の行動を説明していた[22]。

ショルは知らなかったが、多くの高級軍人や工作員が彼と同じ気持ちを抱いていた。ヒトラーが無謀にも戦争を推進し、一九三八年に軍指導部を乗っ取って粛清したことで、国防軍では抵抗の気運が高まっていた。アプヴェーア（国防軍情報部）は、副部長ハンス・オスター少将のもとで反対派の中心となった。最大限の効果を得るため、反ナチ派の牧師ディートリヒ・ボンヘッファーなど、慎重に選び抜かれた民間人との協力も進められた。大戦中、ドイツ軍将校はヒトラー殺害計画を数え切れないほど立てたが、火薬の不具合や運命のいたずらですべて失敗に終わっている。一九四四年七月二〇日、クラウス・フォン・シュタウフェンベルクとオスターらによるヒトラー暗殺計画は、爆弾を詰めたブリーフケースを側近が無意識に置き換えたために失敗した。東プロイセンにあるヒトラーの司令部爆破は、標的こそ軽傷を負うにすぎなかったが、複数のナチ将校が死傷した。暗殺失敗の結果、共謀者は処刑され、その家族は投獄され、軍人と文官合わせて七〇〇〇人が逮捕され、四〇〇〇人近くが処刑された。「私は不死身だ。私は死なない」と、爆発直後にヒトラーはもうろうとした意識の中で、自分を治療する医師にそう繰り返した。信奉者にとっては、ヒトラーが生き残ったことは、彼が神の加護を受けている証明となった。ある共謀者は、ヒトラーには彼を生かし続ける「守護悪魔」がいると残念そうに判断した[23]。

ドイツ国内でナチ党に抵抗することは、非常に危険であると同時に孤立した活動でもあった。エルザーからヨーゼフ・ヘフラーに至るまで、スイス国境を越えてユダヤ人を密出国させた無数の「孤高の証人」は、大義のためにすべてを危険にさらしていた。反対運動は、社会主義者の抵抗組織であるブントから、貴族やその他のエリート層がナチズムを終わらせて民主主義に移行する方法を議論するヘルムートとフレイア・フォン・モルトケのクライザウ・サークルの会合に至るまで、さまざまな形で行なわれた[24]。多くのドイツ人はヒトラーの支配を受け入れたが、優生学的措置や、ナチズムのイデオロギーによる宗教の自由侵害など、特定の政策には反論していた。例えば一九三九年、政権がヴュルテンベルク州の一部の宗教学校で宗教教育を政治教育の授業に置き換えようとしたとき、親たちは抗議のために集まった。ある教区では、四七人の親たちが、「良心の完全な自由」の保護を求める手紙を自治体職員に送った。その手紙の最後に「ハイル・ヒトラー」と書いたのは、個人主義的な国家における反発のパラメーターを示している。個々の政策には異論があっても、ヒトラー崇拝はほとんど最後まで手つかずのままであった[25]。

―

軍事クーデターの時代には、左派が極右政権に対する武装闘争の訓練を受けようとする場合、ファシズムの時代よりも選択肢がはるかに多かった。新しい反帝国主義のネットワークが共産主義のネットワークに加わり、世界中に散らばる反政府勢力に便宜を図っていた。カダフィの世界革命センターは、チリを含む数十か国の男女を訓練する一方、カストロのキューバは、MIRや共産党のマヌエル・ロドリゲス愛国戦線（FPMR）などピノチェトの敵の多くを訓練した[26]。

一九八六年九月七日、FPMRのゲリラは、サンティアゴ郊外のエル・メロコトンにある別荘で週末を過ごして戻ってきたピノチェトを待ち構えていた。ピノチェトの車列がマイポ渓谷を進んでいたとき、キャンピングカー付きのステーションワゴンが突然道を塞ぎ、それが「二〇世紀作戦」開始の合図となった。軽量型対戦車ロケット弾、手榴弾、M16ライフルなどが、ピノチェトの乗る、装甲を施して防弾タイヤを装着した最新のメルセデスを含む車列を攻撃した。ピノチェトが座ったまま身動きできずにいる中、運転手のオスカル・カルバハル陸軍伍長がトップスピードでバックした。同乗していたピノチェトの一一歳の孫が、カルバハルの視界を確保するためリアウィンドーのカーテンを開けた（サイドミラーは血まみれだった）。絶え間ない銃撃の中、メルセデスは死傷した警備隊員数名を残して、エル・メロコトンに向けて発進した[27]。

その夜、ピノチェトが手に包帯を巻き、傷ついたメルセデスの横に立ってテレビに登場したとき、FPMRとMIRに対する報復はすでに始まっていた。翌日、ピノチェトは記者団に「私は聖人でもなければムハンマドでもない。顔を一度殴られたら、二度殴り返す」と語った。それでも彼は聖母マリアに見守られていた。メルセデスの割れた窓ガラスに、聖母マリアの輪郭が見えたのである。彼の車が一般に公開されたとき、多くの人が、聖母マリアが彼を救うために介入したのだと信じた。また、十数名いたFPMRの戦闘員から死者が出なかったことは、戦闘経験のある者がほとんどいなかったことを考えると、同じく奇跡的であった。エルネスト司令官（ホセ・バレンスエラ・レビ）はブルガリア人民軍の将校だったが、彼の仲間には、襲撃前に一度も武器を使ったことのない者もいた[28]。

政府による拷問を受けた形跡のある左派の死体がサンティアゴ周辺に出現すると、多くのチリ人は平和を祈った。一九八六年当時、国民は暴力で疲弊していた。暫定政権は、その残忍さのため支持者を失っていたし、政権の暴力に共産主義者が武装して対応することを一部の人々は誤りだと感じていた。キリスト教民主党の党員や保守派の多くは、共産主義者の戦略は「チリの国民にとってより多くの痛みと死を意味するだけだ」と非難する社会党の意見に賛成していた。暴動ではなく、社会的な動員と交渉が、政権を終わらせる方法であった[29]。

二つの出来事が、広範囲にわたる非暴力抵抗運動に火をつけた。ピノチェトは、一九八〇年にチリ国民が新憲法について投票することに同意していた。この憲法は、一九八八年に大統領選挙を実施する見返りとして、ピノチェトがさらに八年、大統領職を続けることを保証するものだった。しかし政府は、国民投票の結果に影響を与えようとして、国民投票の一か月前から非常事態宣言を出して反対意見を封じ、ピノチェトが直々に任命した市長を使って投票の集計をさせた。憲法は賛成が六七パーセントで承認されたが、この経験は多くのチリ国民に衝撃を与え、一九八八年の大統領選前に政府の有権者弾圧策を撤回させる市民社会の運動に拍車をかけた[30]。

一九八〇年代初頭の経済危機も、人々を街頭に駆り立て、経済危機による大量の飢餓と貧困に抗議した。チリでは新自由主義的な政策によって社会的セーフティネットが取り除かれていたため、一九八三年には失業率が貧困地域で五〇パーセント、国全体で三〇パーセントに達した。中流階級と上流階級も影響を受けた。チリの民間企業が引き受けた巨額の対外債務によって、「経済の奇跡」は実現していた。それが今や、政府は、ビジネス界が依存している銀行や金融機関の不良債権を買い取らなければならなくなった。一九八三年までに、一九の商業銀行のうち七行と、二二の投資銀行のうち八行が国有化された。これは、ピノチェトの新自由主義的民営化がチリにもたらしたとされる利益を説明するときに触れられることのない事実である[31]。

一九八三年に始まった大規模なデモには、中流階級以上の人々が参加した。五月には、野党による新しい民主同盟が国民抗議デーを開催した。このイベントを国家は厳しく弾圧したが、それでもデモを阻止したり、夏のあいだ続いた全国規模のストライキへの呼びかけをやめさせたりすることはできなかった。「私たちは、恐怖心をなくすという非常に重要な一歩を踏み出したのです」と、労働運動の指導者ロドルフォ・セゲルは言った。九月には、サッカーの試合で観客が「軍事独裁政権は崩壊する！」と唱え、国立競技場を恐怖の記憶の場から反体制派の場へと変えた。一九八四年にCIAのアナリストは「異なる」国が出現しようとしていると指摘し、「政治活動が――政党結成からコーヒーショップでの討論に至るまで――チリに戻ってきたのだ」と報告している[32]。

一九七六年、サンティアゴ大司教ラウル・シルバ・エンリケス枢機卿の要請で教皇パウロ六世が設立した「連帯総局」は、チリのカトリック教会を抵抗活動の結節点にした。野党政治家や労働運動家を支援し、ラジオ・チレーナを運営し、行方不明者の家族のための法的措置も行なった。エンリケスの後任であるファン・フランシスコ・フレスノは、政府と野党の対話を続行させた[33]。学生運動もお膳立てに協力した。デモ参加者が教皇庁立大学で歌った賛美歌は、より広範なデモ活動に発展した。バラバラに行なわれていた大学でのハンガーストライキ、徹夜の祈り、座り込み、行進は、ひとつにまとまって一九八三年の大規模行動になった。この年、一八歳から二四歳のチリ人のうち六七パーセントが民政を望むと回答した。これは、弾圧の風潮を考えると、驚くほど大きな数字と言える[34]。

文化も抗議の手段となった。一九七九年、アート・アクションズ・コレクティヴ（CADA）は、イタリア・ファシズム時代にさかのぼる抵抗の伝統と戦後のパフォーマンス・アートをミックスさせた介入を企画した。一九八一年のプロジェクトでは、六機の軽飛行機がサンティアゴ上空から四〇万枚のパンフレットを投下した。そこには「私たちはアーティストだが、自分の生活空間を広げるために働く人は全員、それがたとえ頭の中だけだとしても、みな立派なアーティストである」と書かれ、チリ人に人間の主体性の力を思い起こさせた。CADAのスローガン「NO＋」（スペイン語でNo mas（ノ・マス）と読み、「もう要らない」という意味）は大きな影響力を持った。一九八三年、大規模な抗議デモの最中、CADAはアーティストを募り、サンティアゴで壁など建造物の表面にこのスローガンを書いてもらった。やがて「NO＋独裁」「NO＋拷問」など、チリ国民による別バージョンが登場した。NO＋は独裁政権が続くあいだ、抗議のビジュアル・シンボルとなった。CADAのメンバーであるフェルナンド・バルセルスは、後にこの活動を「感情、記憶、痛み、そして新しいものをコントロールできないリスクに対して徹底した解放」を促すものであったと説明している。彼によれば、これらはすべて長年の権威主義的支配による麻痺と忘却に対抗するものだったという[35]。

CADA による NO+ 芸術活動。1983 年、サンティアゴ。
JORGE BRANTMEYER / CADA / COURTESY OF LOTTY ROSENFELD

チリは一九八〇年代半ばには変化し始めていたかもしれないが、七〇歳近いピノチェトに同じように変化する気はなかった。彼は、たとえ限定的であっても政治の自由化が進むことで秘密が暴露されることに耐えられなかった。一九八四年、新雑誌「カウセ」が、ピノチェトが公的資金を使って週末の隠れ家をエル・メロコトンに建設した証拠を公表した。キリスト教民主党員は、彼を詐欺と職権乱用で訴えた。激怒したピノチェトは非常事態を宣言し、出版を一時的に差し止めた。拡大する抗議活動には、同じように弾圧で応じた。一九八二年、逮捕者は一二一三人だった。それが一九八四年には五三一四人になり、一九八六年には七〇一九人になった。ピノチェトの柔軟性に欠ける態度と腐敗行為は、軍事暫定政権にますます不安を与えるようになり、アメリカ政府内部で支援している者たちも、自分たちの投資が正しいのか疑問を抱き始めた。ラテンアメリカ担当国務次官補としてレーガン大統領に仕えたエリオット・エイブラムスは、当時のことを率直にこう振り返っている。ピノチェトは「かつて持っていた有益さを失った。一九七三年にはすごい人物だと思っていたとしても、一九八三年はもう立ち去るべき時期だった」[36]。

―

一九九三年二月にチューリヒのホテル・アンバサダーでカダフィ打倒を計画するため集まったリビア人たちなら、エイブラムスの気持ちを理解できただろう。彼らの中には、カダフィの部族と強い関係を持ち、軍や治安部隊で特権的な地位にあったワルファラ族の陸軍将校たちがいた。彼らの共謀者は、一九八一年に亡命者が設立した反政府組織で、リビアでは準軍事組織として活動していた「リビア救国国民戦線（NFSL）」のメンバーだった。幹部たちがリビアに戻り、彼らの部族の拠点であるバニ・ワリドでクーデター参加者をリクルートすると、カダフィの治安部隊は、グループが最大規模にまで拡大するのを待って、一〇月に全員を逮捕した。テレビ中継で尋問と自白が始まる中、バニ・ワリドの住民は親族の処刑を要求する請願書に署名しなければならなくなった[37]。

ある意味、カダフィはピノチェトよりも楽だった。彼が権力を握ったとき、リビアには論争の文化がほとんどなかった。また、オイルマネーによって国民に社会福祉を提供し、それが服従を促した。しかしカダフィは、一九九三年の陰謀で軍部と部族と亡命者が結びついていたことから分かるように、不平分子のカテゴリーをより多く作り出していた。彼は軍隊から権力を奪ってチャドとの軽率な戦争（一九七八～一九八七）に突入させ、その結果、戦争はリビアの敗北に終わった。また、伝統的な宗教的権威を否定することでイスラーム主義者の怒りも買った。このため、一九八〇年代初頭だけでも、亡命者や軍部による数多くのクーデター未遂事件が起きた[38]。

ピノチェトと同様、カダフィは勢いを増す反対派に弾圧の強化で応じた。これにより、政権の次のエリートとして育成されていた若者が敵に回った。専門的な技能を持つ何千人ものリビア人が、リビア政府の資金援助を受けて、西側民主主義国で何年も勉強していた。ＣＩＡの計算によると、一九八七年だけで三〇〇〇人のリビア人が大学に在籍していた。ベンガジのバスケットボール・アリーナで絞首刑にされる様子をテレビで生中継されたサーディク・ハミド・シュウェフディは、アメリカで航空宇宙工学を学びながら、反対派グループに加わっていた。リビアに残っていた学生は、仲間が処刑される場面を強制的に見させられて、心に恐怖と憎しみを抱いた[39]。「刺激物ではあるが脅威ではない」というのが、一九八七年にＣＩＡが下した亡命中の反体制派に対する総括的な判断だった。反体制派は約二〇のグループから成り、参加しているのは外国に住む五万のリビア人の一〇パーセント程度だった。どのグループも、大規模な反乱を起こすのに十分な軍事支援は得ていなかったが、抵抗運動には、リビア人が別の世界――そして別の指導者

――を想像できるようにするという長期戦も含まれていた。カダフィの敵対勢力は、世界中から対抗メッセージ作戦を展開した。NFSLは、一九八五年までハルツームに、その後はロンドンに拠点を置き、雑誌「救国」を毎月二万部印刷した。エジプトのラジオは、反カダフィの番組「リビア国民の声」を放送した。一九八一年にマンチェスターで設立されたリビア立憲連合は、「軍事クーデター以前に戻す方法」を公表した[40]。

元陸軍将校でNFSLの指導者ジャバッラ・マタルは、カダフィの敵で完全に安全な者はいないことを知った。一九七九年までに、マタルはカイロに移り住み、子供たちを海外の学校に通わせていた。その彼は、リビアに民主主義が必要だと説く論説を書いたことで、格好の標的となった。また、彼がチャドの訓練キャンプに資金を提供しており、その訓練キャンプでチャド政府は、捕虜となったリビア人兵士を反カダフィ・ゲリラに作り変えていたことも、マタルが狙われる理由になった。一九九〇年、エジプト国家保安局がマタルを誘拐してリビアに送還した。彼は、NFSLのメンバーである弟のマフムードと、甥のアリーとともにアブ・サリムに収監された。息子のヒシャーム・マタルは、カダフィ政権下での家族の運命について、喪失感を漂わせながら手記を綴っている。カダフィの死後、二一年間の刑務所生活から解放されたいとこのマヘル・ブシュライダを見て、ヒシャーム・マタルは「政治犯なら誰もが持つ、少し抑え気味の足取り」に気づいた。「まるで弾圧が筋肉に残る有毒な感情であるかのように（中略）そして、その不満はイデオロギーの宿命にではなく、人間性そのものにあるように思えた」[41]。

二〇一一年にカダフィの支配が終わったころには、新しいメディアやその他のテクノロジーが、抵抗運動のあり方や権威主義的支配者がそれを食い止めようとする方法を変えてしまっていた。プーチンは二〇一七年に通信アプリ「Zello」をブロックし、エルドアンは二〇一三年の反政府運動当時、ツイッターとフェイスブックを禁止した。さらに各国政府は、自国が許可したソーシャルメディア・プラットフォームに挑発的なメッセージや偽情報を大量に流し、デジタル潜入技術を使って国内および亡命中の反体制派を追跡している。今日の抵抗運動グループには、政府の検閲を回避する方法を見いだすコーダーや暗号化の専門家も含まれている。彼らは仮想プライベート・ネットワークにアクセスし、ティンダーなどのアプリ（香港のデモ参加者たちが二〇一九年に抗議活動を組織するため使用した）をうまく利用している[42]。

新しいメディアは、抵抗運動の参加者たちが組織を作って相互のコミュニケーションや世界とのコミュニケーションを行なって、情報交換と連帯の水平ネットワークを構築するのに役立っている。今日の抗議活動家たちは、国家の弾圧に立ち向かってその実態を暴露するため、デジタル・ストーリーテリングを実践している。こうした語りは、二〇一〇年から二〇一二年の蜂起「アラブの春」を勢いづかせ、ロシア人活動家たちが二〇一九年八月から九月に政府による襲撃を受けた際は、彼らの窮状に人々の目を向けさせた。今ではドアを激しくノックする様子はツイッターで配信され、例えばモスクワで反体制派リュボーフィ・ソーボリが拘束されたときのように、警察が押し入ってきた様子を世界中の人々がライブで視聴することができる。ノヴォシビルスクの活動家で元市長候補のセルゲイ・ボイコが、警察がドアを叩くと同時にドローンがアパートの窓からハードディスクを飛ばす様子をツイートしたように、抵抗者が自分の連絡先や文書を守る様子をリアルタイムで見ることさえできる[43]。

共感と怒りの結節点を作り出すことで、ソーシャルメディアは権威主義的な国家が育む不信感と、考えを麻痺させる恐怖とを克服するのに役立っている。またソーシャルメディアは、カリカチュアから生まれる笑いが持つ、人間を人間たらしめる力も高める。一九八四年にサンティアゴのラ・ビクトリア地区で制作された、ピノチェトをナチ党の豚として描いた壁画を見たチリ人は少ないかもしれないが、二〇一一年と二〇一七年にはピエロになったカダフィの画像と、化粧をしたプーチンの画像が流行した[44]。

しかし根本的に、抵抗運動は物理的存在、つまり、公共空間を自分たちの手に取り戻し、異なる国家を目に見え、耳に聞こえるようにする人々が必ず必要になる。直接的な抗議活動は、今日でも抗議者を鼓舞するイメージと戦術を生み出している。一九八九年にラトビア、エストニア、リトアニアで二〇〇万の人々が手をつないで形成したバルト海沿岸の人間の鎖は、ソ連の支配に抗議するものであり、それを模してイタリアでは二〇〇二～二〇〇四年にベルルスコーニに反対する「ジロトンディ」（「かごめかごめ」のような形で人間の鎖を作る抗議運動）が行なわれた。二〇一九年、香港のデモ参加者たちはバルト三国の人間の鎖に敬意を表した。世界中で、ひとつの抵抗活動が別の活動を刺激している[45]。

――

二〇一〇年、プーチン首相は特別な誕生日プレゼントを受け取った。モスクワ大学のジャーナリズム専攻の女子学生たちがランジェリー姿で、プーチンの男らしさを称賛する写真を掲載したカレンダーだ。「あなたは年を重ねるごとにステキになる」「三度目はいかが？」といった言葉が並ぶ。ちなみに、この最後のセリフはプーチンが三たび大統領に就任することを暗に指している（当時ドミートリー・メドヴェージェフは、名前だけの大統領だった）。このカレンダーに触発されて、モスクワ大学の他のジャーナリズム専攻学生たちが、これに対抗するカレンダーを制作した。これに登場する学生たちは服をきちんと着込み、プーチンにはあまり嬉しくないメッセージを送った。学生のひとりは「誰がアンナ・ポリトコフスカヤを殺したか？」と、四年前のプーチンの誕生日に殺されたジャーナリストの件を持ち出し、別の学生は「集会の自由はいつでも、どこでも」と言った[46]。

女性たちが国家による弾圧を告発したのに続いて、プーチンを大統領の座に返り咲かせた二〇一二年の議会選挙の不正に対して大規模な抗議活動が起こった。プーチンの腐敗行為と暴力は、その前の任期中も糾弾され、嘲笑されていた。二〇〇六年には、プーチンをスキンヘッドとして描いたネットジャーナリストが流刑地へ送られた。二〇〇八年には、アート集団ヴォイナ(「戦争」)がモスクワのティミラゼフ生物学博物館で集団性交を行い、「権力者が国民を犯している」ことに注意を喚起した[47]。

二〇一一〜二〇一二年の冬に行われた「正直な選挙」を求める大規模な抗議運動は、制度改革と民主化への願望を表明するものであった。モスクワには一〇万人もの人が集まり、それより小さな都市では数万人が集結した。このときの抗議活動は、フコンタクテなどのソーシャルメディアサイトで情報が拡散され、それまで政治に無関心だった人も含め、あらゆる社会階層から人々を引き寄せた。ウラル山脈に近いチェリャビンスク出身の教師、キラ・ソコロワも、引き寄せられたひとりだった。ソコロワは一二月の出来事をテレビで見て、ネットで不正選挙と反腐敗活動家アレクセイ・ナワリヌイの活動について読んだ。彼女はナワリヌイの運動に参加し、選挙監視員になった。二〇一二年五月には、プーチン大統領就任式の直前に行われた「数百万人の行進」に参加するため、三四時間かけてモスクワに向かった。他の多くの人々と同じように、ソコロワにとっても、目指すべきより大きな目標は、ロシアの政治文化を変えて、「これらの嘘、汚物、悪意がすべて少なくなり、普通の人間的価値が勝利する」ようにすることだった[48]。

プーチンの身体は、彼が男性的脅威を誇示する際に重要なものであり、彼に抵抗する人々は、自らの身体を彼と彼の国家に対する抵抗の武器とした。焼身自殺や口封じパフォーマンスを、貧困にあえぐ年金生活者や、反体制派アーティスト、政治犯が行なうケースが、二〇一一年以降増えてきている。アート集団プッシー・ライオットが地下鉄駅や教会で行なうパフォーマンスは、正教会に支持されたプーチンの支配にとって不可欠な要素である女性蔑視に人々の注意を向けさせた。「ロシアには、政治面とジェンダー面における解放、厚かましさ、フェミニストの鞭、そして女性大統領がない」とプッシー・ライオットは宣言した[49]。

プーチンは押し寄せる抗議の波に、さらなる検閲と弾圧で応じた。法改正により、デモ参加者を刑務所に入れたり、流刑地に送ったりすることが容易になった。チリのピノチェトのときと同様、プーチンの戦略は逆効果かもしれない。民主化を求めるデモは、市民生活の中で絶え間なく続いている。「当局が社会を脅したいと思っても、それは結局、社会をさらに怒らせるだけだ」と、投獄された二一歳の政治活動家イェゴール・ジューコフは二〇一九年に新聞ノーヴァヤ・ガゼータに書いている[50]。

ナワリヌイのような反対派の人物は、現在、集会よりも自治体レベルから始まる選挙戦略に重点を置いている。政府はナワリヌイを投票から排除しようとし、ソーボリが二〇一九年のモスクワ市議選に出馬するのを禁止した。プーチンに政治競争の場を自分に有利なように改変する必要のあることは、自ずと明らかである。現在六七歳のプーチンは高齢のストロングマンであり、そのカリスマ性が国民に魔法をかけることはもはやない。彼の信頼度は、二〇一五年には七〇パーセントだったのが、二〇一九年には過去一三年間で最低の三三パーセントにまで落ちた。もし、現在の任期が終了する予定の二〇二四年に自由で公正な選挙を行なうと認めていたら、彼は政治的覇権を失っていたかもしれない。プーチンの解決策――二〇三六年まで大統領職にとどまれるようロシア憲法を改正する――は、強さではなく弱さの表れなのである[51]。

――

「それではまた来週の日曜日に会いましょう。たぶん」と、コメディアンのサビーナ・グッツァンティは二〇〇三年一一月に、イタリア国営放送のチャンネルＲａｉ３の新番組「ライオット：大量破壊兵器」で最後に挨拶をして、この第一回の放送が番組の最終回になるかもしれないことを視聴者に伝えた。番組では、あるコントでイタリア首相ベルルスコーニのメディア帝国が得をするようなテレビ改革法案を取り上げた。「イタリアで起こっていることを知らせるのは、コメディアンの義務です」とグッツァンティは堂々と言った。この発言は、ベルルスコーニの国では国家転覆行為と見なされた。ベルルスコーニは、グッツァンティとＲａｉ３のディレクター、パオロ・ルッフィーニを名誉棄損で訴えた。Ｒａｉ社はグッツァンティを守るのではなく、彼女の番組「ライオット」を打ち切りにし、彼女をＲａｉの全チャンネルから追放した。これに伴い、彼女は全国放送での視聴者を失った。主要な民間テレビ網は、すべてベルルスコーニが所有していたからである。彼女が収録していた「ライオット」の残りの五回分のエピソードは、そのままお蔵入りになった[52]。

抵抗運動は、ベルルスコーニやトランプのような個人主義的指導者が動かす堕落した民主主義国家の場合、エルドアンやプーチンの国家よりも投獄されたり死んだりするリスクは低い。しかし、これらの国家元首が行なう私的な復讐は職業上の苦難をもたらすことがあり、しかも、身体的危害を加えると脅迫されたり、実際に危害を加えられたりすることも多い。フランチェスコ・サヴェリオ・ボッレッリ検事がベルルスコーニの腐敗行為に抵抗しようと呼びかけると、それをきっかけに二〇〇二年六月と二〇〇三年一一月に判事たちが一日ストライキを実施した。ベルルスコーニは対抗措置として、判事たちの護衛を引き上げさせて、彼らがマフィアなどからの襲撃を受けやすい状態にした[53]。

二〇〇〇年代初頭に広まった市民社会の抗議の波は、こうした危うい状況に対応するものだった。二〇〇二年三月、ベルルスコーニが労働者を解雇しやすくする提案を出すと、労働組合は戦後最大の行進を組織し、数百万人がローマのチルコ・マッシモに集結した。その二か月前には「ジロトンディ」運動が始まり、イタリア人たちは同心円状に手をつないで法務省やＲａｉなど危機に瀕した組織を取り囲んで象徴的に守ろうとした。強硬な左派はジロトンディを「プチブル的」だと非難したが、二〇〇二年九月の集会には一〇〇万人の参加者が集まった[54]。

ベルルスコーニは伝統的なメディアから批評家と風刺家を追放することに成功したかもしれな

いが、彼がその力を過小評価していた新しいメディアは事情が違った。インターネット上では、イタリアの救世主という彼のイメージとレトリックは反感を買った。都市をより安全にするキャンペーンは、取り締まりを強化した統治の推進を狙ったもので、そのため彼の方が刑務所に入れられている図像が作られた。コメディアンのベッペ・グリッロが二〇〇五年に始めたブログは、すぐに世界トップクラスのサイトとなり、彼が「サイコな小人」と呼んだベルルスコーニに辛辣な批判を次々と浴びせた。この年のブログ記事に、「朕は国家なり」というタイトルの投稿があった。この記事には、ベルルスコーニの顔をフランス王ルイ一四世の肖像画に重ねた画像が掲載されており、これはチリのグラフィック・アーティスト、ギージョが雑誌の表紙に掲載したピノチェトのカリカチュアの最新版と言えよう[55]。

二〇〇六年、ベルルスコーニは選挙に敗れて退陣した。選挙前に彼が出した「奇跡の人」という独善的なメッセージは、低迷する経済が急成長するという現実離れした期待を抱かせていた。それに加えて腐敗行為に対する不満が原因で彼の政党は敗北した。しかし、選挙に勝利した中道左派は、政権を担当した二〇〇六年から二〇〇八年までのあいだに、腐敗行為を許さぬ改革を求める国民の期待に応えることができなかった。グリッロは、高まるポピュリズムの怒りを誘導して、二〇〇七年の「クソくらえ」デーに、ボローニャなどイタリア国内の二二五の都市で抗議デモを行なった。映画監督のナンニ・モレッティが二〇〇六年に撮ったフィクション映画「夫婦の危機」は、物語の最後でベルルスコーニ首相が刑期を務めるため職を辞すという作品だ。モレッティは、ベルルスコーニの価値観と社会的仮面がいかにしてイタリアを隷属させていったかを考察している。彼はこれを、ベルルスコーニ「依存症」であり、「公共倫理」の崩壊、つまり「正常ではないことを私たちは正常だと思っている」状態だと診断している[56]。

二〇〇八年にベルルスコーニが首相に返り咲くと、抗議は強まった。彼に対する裁判が一件進行中であり、それとは別に三件が準備中だったため、ベルルスコーニは全力で保身に走った。裁判を受けずに済むよう新政権が彼に免責特権を与える法案をただちに成立させると、一部の人々にとってはそれが転換点となった。二日後、あるブロガーが運営するフェイスブックのページが、「国家を自分の所有物と見なす考え」を持った指導者は「西側民主主義諸国の中では非常に深刻な例外的存在」になるとして、そのような指導者の辞任を要求しようとイタリア人に呼びかけた。二〇〇九年一〇月、イタリア憲法裁判所はベルルスコーニに免責特権を与える措置は無効だとする判決を出したが、その時点で今度はベルルスコーニのセックス・パーティー・スキャンダルが明るみに出始めていた[57]。

二〇〇九年一二月の「ノー・ベルルスコーニ」デーには、イタリアの一〇〇以上の都市でデモが行われ（ローマでは三〇万人が参加）、抗議活動は二〇一〇年も続いた。市民による抗議の波を見て、Ｒａｉは強気を取り戻した。Ｒａｉの労働組合は、ベルルスコーニの法的スキャンダルとセックス・スキャンダルの報道を制限されたことに抗議した。Ｒａｉ１の人気キャスター、マリア・ルイーザ・ブージは「耐えがたい環境」に抗議して辞職した。学者で活動家のナディア・

ウルビナーティ、ミケーラ・マルツァーノ、バルバラ・スピネッティの三名が新聞ラ・レプッブリカで発表した二〇〇九年の宣言「ベルルスコーニの男性誇示に反対する」は、たちまち賛同者一〇万人の署名を集めた。起草した三人は「この男は女性を傷つけ、民主主義を傷つける」と主張し、「彼を止めよう」と呼びかけた[58]。二年後に欧州通貨危機がイタリアに拡大したとき、その舞台は整った。

―

「私たちの憲法は『私、合衆国大統領は』と始まるのではない。『われわれ、合衆国国民は』と始まるのだ」と作家で活動家のグロリア・スタイネムは、トランプ大統領就任式の翌日である二〇一七年一月二一日に開催された「ウィメンズマーチ（女性の行進）」で演説した。首都ワシントンで行われたこの行事は、アメリカにおけるフェミニズム運動の伝統と、一九六三年の「雇用と自由のためのワシントン大行進」など、公民権運動の非暴力思想に通じるものだった[59]。かつては、労働団体、公民権団体、宗教団体が手を結ぶことで運動に勢いを与えていた。それが今では、ソーシャルメディアが決定的な役割を果たすようになった。

ウィメンズマーチの発端は、トランプ当選後にアメリカ各地の個々人が作ったフェイスブックページにあった。彼らは、リプロダクティブ・ライツ（生殖に関する権利）など、トランプ政権が危険にさらす可能性のある権利を守るためデモを行なおうと人々に呼びかけた。最終的に四〇〇以上の団体がウィメンズマーチに協力し、そのシンボル――「プッシーハット」と呼ばれるピンクの手作り帽――は、トランプの女性蔑視とこれまでの数々の性的暴行を逆手に取るものだった。当日には、ワシントンで四〇〜五〇万人が参加し、全米では四〇〇か所以上で三〇〇〜五〇〇万人が参加して、その動員数はアメリカ史上最多を記録した[60]。ウィメンズマーチは、アメリカ政治の顔も変えた。二〇一八年秋の中間選挙には三〇〇〇人の女性が立候補したが、その多くはウィメンズマーチがきっかけで政界入りを決断した。選挙の結果、九〇人以上の女性が当選し、そのうち有色人種の女性の数は過去最多となった[61]。

一週間後、トランプがイスラーム教徒の多い特定の国から個人が入国することを禁止すると、再び抗議運動が始まった。アメリカ人が、空港などの国境通過地点に殺到した。移民問題を専門とする弁護士たちがボランティアで相談に応じ、人々はストライキを行ない、例えば大手メディア企業コムキャストでは数千人の従業員がストに参加した。デモは、その後の数か月間、毎日続いた[62]。二〇一七年四月の「科学のための行進」は、政府が気候変動研究を攻撃していることに人々の目を向けさせた。二〇一七年一月に創設された運動「ユナイテッド・レジスタンス」は、トランプ政権に対するアメリカ人の抗議活動が幅広い基盤を持っていることを示している。この運動は、環境権、有色人種の権利、リプロダクティブ・ライツ、移民の権利、労働者の権利などの諸権利を守るために戦うさまざまな組織の活動を調整している。運動のスローガン「彼らが私たちの中のひとりを捕まえに来るとき、彼らは私たち全員を捕まえに来る」は、ナチ・ドイツの強制収容所で過ごした経験を持つドイツ人牧師マルティン・ニーメラーの詩を基にしたもので、この言葉は権威主義者に抵抗するには連帯が必要であることを反映している[63]。

政治制度の内側にいる人々も、トランプ政権によるアメリカの民主主義への攻撃に対応するのに重要な役割を果たしてきた。例えば、二〇一六年一二月に元連邦議会職員たちによって創設された運動「インディヴィジブル」のように、草の根での積極的な活動を推進する者がいる。また、元司法省の弁護士たちが設立した「プロテクト・デモクラシー」のように、法的手段での抵抗に取り組む者もいる[64]。公務員は、良心に反していると思った行政命令の実施を遅らせることで、官僚としての抵抗を行なっている。非倫理的な行動を記録している公務員もいる。二〇一九年九月、マイケル・アトキンソン監察官は、トランプがウクライナのヴォロディミル・ゼレンスキー大統領と不適切な通信を行なったという内部告発があったと議会に伝えた。アトキンソンの報告をきっかけに調査と公聴会が行なわれ、これが議会による二〇一九年のトランプ弾劾――および、二〇二〇年四月のトランプによるアトキンソン解任――につながった[65]。

一か月後、新たな抗議の波がアメリカで始まった。そのきっかけは、五月二五日に黒人のトラック運転手兼警備員ジョージ・フロイドが殺されたことだった。フロイドは、ミネアポリス警察の白人警官デレク・ショーヴィンに膝で首を八分間押さえつけられ、そのあいだ「息ができない」とあえいでいた。恐怖におびえるティーンエイジャーのダーネラ・フレイジャーが一部始終をスマートフォンで撮影し、その動画をフェイスブックに投稿した。アメリカ各地で群衆が街に繰り出し、声をそろえて「彼らの名前を言え！　ブラック・ライヴズ・マター！（黒人の命は大切だ）」と叫んだ。彼らはフロイドのほか、ブリオナ・テイラー（二〇二〇年に自宅で撃たれて死亡）やフィランド・カスティール（二〇一六年、車の中で撃たれて死亡）など、警察に殺された多くのアフリカ系アメリカ人のため公正な対応を求めた。二〇二〇年の抗議活動の中心的勢力となった運動「ブラック・ライヴズ・マター」は、二〇一三年に結成された。結成のきっかけは、武器を持っていなかった黒人高校生トレイヴォン・マーティンを二〇一二年に殺害した白人男性が無罪になったことだった。現在この運動は、アメリカ各地で黒人が直面している制度的な人種差別と日常的な暴力や差別を撤廃するため、地域レベルや全国レベルで活動している[66]。

大規模な抗議活動を持続させるには、機会と組織のほか、激しい怒りと恐怖の克服のふたつから生まれる動機が必要だ。コロナウイルスのパンデミックがもたらしたさまざまな状況――多くの人が失業し、失業しなかった人は在宅勤務という柔軟な働き方ができたこと――が重なったことで、人々は街頭で抗議活動に参加するようになった。ホワイトハウスに白人至上主義者がいるという高いリスクは、感染の危険性よりも大きかった。連日、夜遅くまで、さまざまな人種から成る群衆が橋を渡って行進し、街路や広場を埋め尽くした。六月末までに二〇〇〇以上の町や都市で四〇〇〇以上の活動が実施され、何百万もの人々が参加した。当初は夜間に物的被害が発生した（商店から盗み出した品々を持ち去るためバックしてきたトラックは、プロの略奪者のものだった）が、デモはおおむね平和的な集まりだった。全米有色人種地位向上協会の「#WeAreDoneDying」（私たちはもう死にそうです）キャンペーンやブラック・ライヴズ・マターの「黒人の喜びを中心に」という目標は、二〇二〇年のデモ参加者大勢の精神を表している。それらは、一〇〇年以上にわたって効果的な抵抗運動の特徴となってきた、正義の怒りと、連帯と集団行動の力に対する楽観的な信念とを引き継いでいる[67]。

抗議活動は、トランプのアメリカで権力に抵抗することの危険性が高まっていることも浮き彫りにした。すでに多くの州が、抗議活動に関する軽犯罪を重罪に引き上げたり、抗議活動を暴動に分類し直したりしており、そのため参加者が「経済テロリストおよび破壊活動者」として犯罪者にされる可能性が生じている。二〇一八年にウェストヴァージニア州は、警察が暴動や「不法集会」を解散させるために取った行動中に発生した死亡事件については警察の責任を免除すると決めた[68]。それに加え、デモ対応に当たる多くの警察官が極右のイデオロギーに染まっている。二〇一五年、ＦＢＩのテロ対策報告書で、法執行機関と白人至上主義者など反民主主義的なグループとのあいだに「活発なつながり」があることが明らかになった。二〇一九年までに、フェイスブックのグループで活動する元警官と退職警官の投稿を調査したところ、現役警官の五人にひとり、退職警官の五人にふたりが、黒人やイスラーム教徒などトランプ政権が標的としている集団に対して人種差別的で相手から人間の尊厳を奪うような発言をしていることが分かった[69]。

二〇二〇年五月から六月にかけての抗議デモでは、警官隊が戦闘用の防護服や戦術装備を身につけ、デモ隊にゴム弾や催涙ガスを発射し、デモ参加者を殴打した。六月四日、バッファローで警官たちが七五歳のマーティン・グギノを地面に突き倒し、頭部から血を流しているのをそのまま放置するという事件が起きた。その後の診断で、出血は頭蓋骨骨折によるものだと判明した。トランプは、警察の行為を擁護しただけでなく、グギノが「アンティファの工作員」だという憶測をツイッターに投稿した。その数日前、トランプはアンティファをテロ組織に指定する意向を表明していた。アンティファは中核となる調整機関を持たない運動なので、この意向には何の法的根拠もなかったが、デモ参加者をテロリストであるかのように扱っても支持されるというメッセージを治安部隊に与えることになった。すぐにバーは、反政府過激派を標的とするタスクフォースを設置した。ピノチェトからプーチンまでの右翼のプロパガンダに倣い、バーはデモが「暴力的な過激派に乗っ取られ」、「我々の社会に混乱と無秩序をもたらそうとする外国の団体によって強化され」ていると主張した。抗議活動を取材したジャーナリストに対して警察が身体的暴行を加えたり、逮捕したりする事件が四〇〇件以上発生したことは、トランプの反報道プロパガンダが効果的であったことを示唆している[70]。

これまでと同様、アーティストたちも市民権や民主主義的自由に向けられる脅威に対応している。二〇一九年にスクール・オブ・ビジュアル・アーツが開催した「証人としてのアート」展では、出品された二〇〇点のひとつに、ナンシー・バーソンが制作して二〇一八年七月に雑誌「タイム」の表紙を飾った、トランプの顔をプーチンの顔に重ねた作品があった。NBCの番組「サ

ロビン・ベルによるトランプ・インターナショナル・ホテルでのプロジェクションアート。2017年5月。
PHOTO BY LIZ GORMAN / BELL VISUALS / COURTESY OF ROBIN BELL

タデー・ナイト・ライブ」は、二〇一七年以降、トランプ政権や彼とプーチンとの関係を風刺して多くの視聴者を獲得した。コメディアンのサラ・クーパーがトランプのインタビューやスピーチの抜粋をＴｉｋＴｏｋで口パクし、二〇二〇年にインターネット上で爆発的な人気を得た[71]。ロビン・ベルは、二〇一七年五月以降トランプ・インターナショナル・ホテルのファサードに、「トランプへの賄賂の支払いはこちらに」をはじめ、さまざまな文章を投影しており、このプロジェクションアートは違った形で一般市民に届いている。ベルのプロジェクションアートは、「[トランプの]警備部門がどれほど素早く対応するかによって」二分で終わることもあれば四〇分も続くこともあるが、インターネット上で新たな命を吹き込まれている。彼の作品は「私たちが経験していることが普通ではないことを目で見て気づかせるもの」であり、「私たちが耳を傾けているし気にもかけていることを人々に知らせる」連帯のメッセージを伝えている[72]。

そのメッセージは二〇一九年のイスタンブールで政治的成功を収め、野党候補エクレム・イマモールはイスタンブール市長選に勝利して、肯定的な感情が政治の場で力を発揮することを証明した。「私たちにはシンプルなルールがふたつあった。ひとつはエルドアンを無視することで、もうひとつは、エルドアンを愛する人々を愛することだ」と、選挙運動責任者のアテス・イリヤス・バソイは語っている。当時イスタンブール内の区長だったイマモールは、リベラルな考えと、イスラーム教を遵守するライフスタイルとを併せ持つ人物である。彼は、エルドアンの支持する候補ビナリ・ユルドゥルムを破る有力候補として、多くの審査を経て選ばれていた。しかし、彼の掲げる「過激な愛」が成功するとは誰も予想していなかった[73]。

イマモールは、ストロングマン流の攻撃と傲慢の政治を覆した。権威主義的な指導者とその支持者という力学を演出する大規模な集会の代わりに、彼は街に出て、カフェやモスク、公園で有権者に挨拶して、「相手がどんなイデオロギーを持っていようとも、人々と直接関わる」ようにしたのである。威嚇するような弾圧の代わりに、彼はハグをした。エルドアン率いる公正発展党

（ＡＫＰ）の好戦的な口調と、選挙に負ければ世の終わりだという予言には、「すべてはうまくいく」という落ち着いた楽観的な選挙スローガンを掲げて対抗した[74]。

イマモールが三月の選挙で下馬評を覆して勝利（得票率は、イマモールが四八・七七パーセント）に対しユルドゥルムは四四・六一パーセント）すると、エルドアンに味方する選挙管理委員会は不正があったと主張し、選挙のやり直しを発表した。イマモールは怒り心頭の支持者たちに向かって「彼らは私たちとの対立を望んでいる」が、「私たちは抱擁し合うべきだと主張しよう」と語った。市長選を自身への信任投票と見なしていたエルドアン（前イスタンブール市長）は、再選挙の運動期間中、イスタンブールに三九ある地区すべてに足を運び、有権者の自宅を訪問した。イマモールを政治家を侮辱した罪で刑務所に入れると脅すといった権威主義的な戦術は、うまくいかなかった。やり直し選挙は六月に実施され、イマモールは得票率を五四・二パーセントにまで伸ばした（それに対してユルドゥルムは四五パーセントで、さらに一一の地区で敗れた）。「『生き残り』ではなく別のメッセージを伝えるべきだったのかもしれない」とＡＫＰの関係者は語った[75]。

この一〇〇年間、ストロングマンは、災厄をもたらすこうした思考を政治的に利用してきた。イマモールの言葉を借りれば、「恐怖政治が生み出す不信と敵意の壁」を利用してきたのである。この壁を、新市長となったイマモールは、過去と現在の抵抗者の精神にのっとり、取り除くことをはっきりと目指している。「二極化は普遍的な問題だ」と彼は言う。「世界中で、ポピュリズムが分割支配に利用されている。しかし、私たちにはこの流れを逆転させることができると私は信じている」。イマモールの勝利は、トルコに異なる未来があることを示し、世界中のストロングマンにメッセージを送っている[76]。

第一〇章　終焉

二〇一一年一〇月二〇日、カダフィは敵に見つからないよう排水管の中に隠れていた。リビアではその八か月前に、エジプトのホスニ・ムバラクとチュニジアのザイン・アル・アビディン・ベン・アリを追放した「アラブの春」に後押しされて、リビア革命が始まっていた。カダフィは、次は自分だという考えを常に否定していた。彼の国民はカダフィを愛しているはずだった。彼のおかげで一人当たりのGDPと平均寿命はアフリカで最も高くなったのであり、何より彼は別格の人間だった。暴動が始まったとき、カダフィは「私はテントで生まれた戦士であり革命家である」と言って、絶対に降伏しないと断言した[1]。しかし、暫定政府である国民暫定評議会（NTC）の軍事部門リビア人民軍から派遣された追手にとって、四二年にわたる恐怖の犠牲は、カダフィがもたらした物質的な恩恵よりも大きかった。リビア人は最も重要なもの、すなわち自由を失っていた。カダフィの潜伏先に迫った反政府勢力にとって、カダフィの終焉は長いあいだ待ち望んでいたものだった。

ストロングマンの失脚はひとつとして同じものはないが、カダフィの場合は過去のストロングマンと共通する力学が働いていた。他国で起きた事件をきっかけに、不満を抱いた国民が街頭で抗議活動を行なうようになった。数十年にわたり指導者を支えてきたエリート層は支援をやめた。中央の反対勢力は国際的に認知され、外国の軍隊の支援を受けるようになった。さまざまな世代の亡命者たちが戦うために戻ってきた。それぞれのグループがそれぞれのやり方でカダフィに抵抗したが、カダフィの終焉を実現させるのに十分な数のグループが決定的瞬間には集まっていた。

権威主義者の戦術集に、失敗に関する章はない。指導者が訓練を施した軍人であれ、指導者が洗脳した若者であれ、子供を産んだので報奨金を与えた女性であれ、指導者自身の所有物である国民が自分に反抗してくるなど予想だにしていないのだ。国の恥になったらどう対処すればいいかが書かれたページも存在しない。ピノチェトのように、退陣後に公の場に出るとトマトや卵を投げつけられたり、アミンのように亡命を余儀なくされたりすることは、まったく想定されていない。人々の心をどうやって支配し、身体をどうやって搾取するかについての議論はあっても、指導者自身の心身の衰えについての議論はない。心理プロファイラーであるジェロルド・ポストの言葉を借りれば、「尊敬されることに自己意識のすべてがかかっている」指導者にとって、加齢や男らしい精力の衰えは受け入れがたいことである。一九九六年のモブツのように、病気で表舞台から姿を消すことは、すでに衰退しつつある男性にとって危険である[2]。支配者は、自らのプロパガンダを無視されたりカリスマ的な魅力が弱まったりするのを見る覚悟のないまま、ムッソリーニやカダフィの身に起こったように、国家の支配権を失って自分の国民から追われる羽目になるのである。

ストロングマンにとって、このような結果は考えられないことではあるが、そうした事態は常に存在している。そのため、ストロングマンが自分はより安全だと感じたり、いずれは死ぬのだという考えを追い払ったりするような行動が加速される。具体的には、敵をもっと迫害したり、真実を語る者をもっと解雇したり、女性や富をもっとため込んだり、自分の運命と政治的遺産について占星術師に相談したり（ストロングマンの多くは迷信深い）する。このような支配者は、自分と同類の者たちに起きていることにも思いをめぐらす。ヒトラーはムッソリーニのような最後を迎えないよう気をつけたし、カダフィはフセインのようにならないように欧米諸国と協力した。アナリストのスタニスラフ・ベルコフスキーは、「アラブの春」がプーチンに大きな影響を与え、プーチンは「カダフィと同じ運命が待っているのかもしれない」と思っていたと指摘している。トランプがいつまでも大統領職に居座ろうとするのは、悪い結末を迎えて訴追免責を失い、一般人になることへの同様の恐怖を反映している。「名前を残さなくてはならない。さもないと誰からも忘れられる」というトランプの発言は、特に支配の末期に忠誠心と注目を集めようと権威主義者を駆り立てる、時代遅れになることへの恐怖を彼が熟知していることを示していた[3]。

当然ながら、ほとんどの権威主義者は自分の意志に反して退陣する。彼らは、指導力や人生が下降していく事態に対処する能力がきわめて低い。権力を維持するために役立った傲慢さ、攻撃性、貪欲さといった個人的特性は、たとえそれが自滅の道へ通じるものになったとしても、容易に捨てることはできない。国家収入と資源を盗み取ったことで、エリート層に忠誠を誓わせるための報償制度に資金を供給し続けることができなくなり、支配者の正当性が失われるかもしれない。また、支配者は絶対に間違えないというプロパガンダを信じさせることも致命的となりうる。「私は自分の直感に従う、そして私は決して間違っていない」と言ったムッソリーニは、専門家を無視し、彼が聞きたいと思うことだけを話す太鼓持ちや親戚の歪んだアドバイスに頼った多くの権威主義者の第一号になった。個人主義的な支配者は、民衆革命よりもエリート層によって倒されることが多く、特に経済的・軍事的な苦境にある場合はその傾向が強くなる。他の種類の権威主義者よりも長続きするかもしれないが、その八割は最終的に政権から追放される[4]。

モブツの失脚は、その典型例だ。一九九〇年には、二五年にわたる泥棒政治と暴力行為によって、エリート層も国民も彼に反感を抱くようになっていた。彼は民主化に対して、一歩進んで三歩下がるという消極的な態度を取っていた。アメリカの支援者たちが疑問を感じ始めると、彼はロビイストのロジャー・ストーンとポール・マナフォートを雇い、自分の評判を守ろうとした。モブツは自分が国民からいかに嫌われているかに気づくと、「その瞬間から彼の中で何かが死んだ」と、彼の元側近オノレ・ングバンダは語っている。モブツはバドリテにある自分の屋敷に、魔術師やマラブーと呼ばれる祈禱治療師たちといっしょに引きこもった。一九九六年、前立腺癌の治療のためスイスを訪れた隙を突いて、反政府勢力の指導者ローラン・カビラが軍事行動を起こすと、モブツは一九九七年にモロッコへ移動し、数か月後にそこで死亡した。生前カリスマ性を誇っていた彼は、墓に入った後も人々の注目を集めており、モロッコの首都ラバトにあるヨーロッパ人墓地の管理人は、二〇一七年に「モブツは墓地のスターだ」と語った[5]。

民主主義国の国家元首は、退任を指導者としての遺産を築く機会として捉えることが多い。権威主義者は、支持者に慕われ、あらゆるものを支配していた時代の終わりを、存亡の危機と見なす。ラウラ・フェルミは、ムッソリーニは聴衆がいなければ単なる空っぽの「殻」にすぎなかったと述べている。このことは、今日の権力者を含め、本書に登場するすべての支配者に当てはまる。ストロングマンは、権力の座にとどまり続けるためならどんなことでもやる。戦争も始めるし、ムッソリーニが一九四二年に東部戦線に軍隊を送ったように、絶望的な紛争に深く関与したりもする。政治学者はこの現象を「復活のための賭け」と呼ぶが、ほとんどすべての独裁者はこの賭けに負ける[6]。

一九四五年四月に一日あいだを置いて死んだムッソリーニとヒトラーの運命は、その死に際においてさえ互いに絡み合っていた。ふたりは長年にわたり相互に支え合ってきたが、第二次世界大戦の勃発によってヒトラーが優位に立つことになった。一九三九年五月、イタリアは長年の戦闘で疲弊した財政と軍備を建て直すのに何年もかかる状況にあったが、ムッソリーニは、戦争大臣・陸軍大臣・海軍大臣・植民地大臣・空軍大臣としての最高の見識をもって、ドイツと鋼鉄協約を結んだ。一九三九年八月中旬、ムッソリーニはガレアッツォ・チャーノ外相をドイツに派遣し、ナチ・ドイツのヨアヒム・フォン・リッベントロップ外相とヒトラーに戦争開始を思いとどまるよう説得させた。しかし、説得はうまくいかなかった。チャーノは、「戦いの決意は揺るぎないものだ」と義父に報告し、「晩餐の時間には一言も言葉を交わさなかった」と説明した。最後の手段として、ムッソリーニはイタリアが「非交戦国」になることを宣言した。将軍たちの忠告や、怒りを募らせるヒトラーからのメッセージを無視して、ムッソリーニはそれからの九か月間、現実から目を背けて毎日何時間もクラーラ・ペタッチや他の愛人たちと過ごした[7]。

ヒトラーがフランスで電撃戦を成功させたことに加え、おびえる部下たちからイタリアの軍事能力について彼が聞きたいことを伝える報告を受けたことで、ムッソリーニは考えを変えた。一九四〇年六月一〇日、ムッソリーニはイタリアの動員を宣言した。六月一一日、連合軍による最初の空襲がイタリアの都市を襲い、何年にもわたる市民の苦しみが始まった。大勢のイタリア人が地方に疎開し、都市に残った人たちは地下室など即席の防空壕で日々を過ごした。ムッソリーニは、外国を征服するという栄光に目を奪われ、国民を守る十分な対空防御の開発には手を出していなかった。「あなた方は強いかもしれませんが、不死身ではありません。あなたもいつかは死ぬのです」と、リナ・ロマーニは空襲開始の数日後、トレントからの手紙でムッソリーニに警告している[8]。

イタリア軍は十分な食料と武器がない中で粘り強く戦ったが、複数の戦線で戦争を遂行する能力が不足しているという欠点を克服することはできなかった。兵力をアフリカからバルカン半島とロシアに回すという誤った戦略により、連合軍は東アフリカを容易に解放することができた。一九四一年五月に、エチオピア皇帝ハイレ・セラシエ一世が玉座に復帰し、さらに一九四二年から一九四三年に連合軍はリビアも占領して、イタリア・ファシズムが抱いた帝国の夢を終わらせた。イタリアが重荷になると、ヒトラーは、ムッソリーニに高圧的な態度で接し、会談では何時間も説教をした。それに対してムッソリーニは国民を「臆病者」だと非難した[9]。

一九四二年に国内戦線は転機を迎えた。空襲・飢餓・絶望に耐えなくてはならなかったため、次第に多くのイタリア人が政権への恐怖心をなくしていった。トリノでは、労働者が一六年ぶりとなる大規模なストライキを実施した。共産主義者のネットワークが復活し、キリスト教民主党の党員たちがヴァチカン内部からカトリックの抵抗運動を組織した。かつてムッソリーニはイタリアの腐敗を抑えると約束したが、二〇年後、イタリア・ファシズムは多くのイタリア人にとって、ある情報提供者が一九四二年に報告した言葉を借りれば、「ゆすり、弱者搾取、不正、不道徳」の象徴になっていた。ムッソリーニの娘エッダでさえ、パレルモで飢えた子供たちを見て現実を認めた。「私はアルバニアやロシアに行ったことがありますが、これほどの規模の苦しみや痛みは見たことはありません」と、彼女は同年、父親に憤慨して書いている。一九四二年には、ムッソリーニを侮辱したとして逮捕された人の数も過去最高となり、一九四三年には、彼の写真がほしいという手紙を出すイタリア人の数も大幅に減った。そのころになると、ムッソリーニは公の場にほとんど姿を見せず、病気だとか死んだという噂に信憑性を与えていた。ムッソリーニがラジオで話していても、人々はそれが本当にムッソリーニか確信が持てなかった。かつてあれほど鮮明だったムッソリーニのイメージは、今ではすっかり影響力を失っていた[10]。

「歴史上、一九四三年七月二五日にイタリアで起きた政府転覆ほど、タイミングが遅く、しかも準備不足だった例はない」と、ローマのドイツ大使館付き武官フリードリヒ＝カール・フォン・プレーヴェは、ファシズム大評議会（一九三九年以降、開かれていなかった）によるムッソリーニ追放について記している。すでに何週間も前に連合軍がシチリアに上陸しており、ムッソリーニによって何度も任命と解任を繰り返されてきた大評議会のメンバーの多くにとって、彼はすでに正当性をすべて失っていた。国民教育大臣ジュゼッペ・ボッタイは、ファシスト行動隊時代からムッソリーニに忠誠を誓っていたが、一九四一年にムッソリーニからの電話でギリシア戦線への出動を素っ気なく命じられると、堪忍袋の緒が切れた。そのときの様子を、彼は日記にこう記している。

私は無意識のうちに受話器を置いた。目の前の虚空を見つめた。私の四度目の戦争は、わが指導者から人間味の欠片もない方法でやってきた。（中略）二〇年以上も私の心臓で鼓動してきた何かが突然に停止した。それは愛、信頼、そして献身。今や私は指導者を失い、ひとりになった[11]。

二年後にボッタイは、大評議会の一員として七月二四日の夜に票を投じ、その結果、一九対七でムッソリーニを退陣させ、イタリアをどうにもならない状況から救い出すことになった。ムッソリーニは、部下がこのようにして反旗を翻したことが理解できず、翌日、何事もなかったかのように出勤した。彼は、ピエトロ・バドリオ元帥を首相に指名した国王に呼び出され、その後ポンザ流刑地へ連行され、最終的にグラン・サッソ山中の山小屋に移送された。

二〇年間、イタリア国営ラジオはムッソリーニのプロパガンダを放送していた。七月二五日午後一〇時四七分、ラジオは「ムッソリーニの支配はついに終わった」と聴取者に告げた。あらゆる市町村の中心部で一斉に叫び声が上がり、親は子供を起こしてこの知らせを伝えた。ムッソリーニの彫像は壊され、写真は窓から投げ捨てられた。人々はファシスト党の制服や党員証でたき火をし、ローマの路面電車が「悲劇のカーニバルは終わった」と書かれた横断幕を掲げて市内を走った。ファシズムの忠実な信奉者たちは、悲しみと恐怖に打ちひしがれて家に隠れていた。若かった一九二〇年にムッソリーニに魅了されたカルロ・シゼリは、ケニアのイギリス軍捕虜収容所でこの知らせを聞いて、「めまいに襲われて、呆然とし、混乱し、何も話すことができなくなった」。

連合軍がイタリア半島を北上していた一九四三年の夏のあいだ、この国は、ムッソリーニはもはや権力の座にいなかったが、軍はまだ枢軸側で戦っているという、中途半端な状態にあった[12]。

ムッソリーニ劇場の第二幕は、九月八日にピエトロ・バドリオ元帥が連合軍に降伏したことで始まった。国王とバドリオが連合軍の解放地域にイタリア王国を再建するため南下すると、イタリア内外にいる八〇万のイタリア軍人が、ドイツ側から枢軸国を裏切ったと見なされ、ドイツ各地の強制収容所に移送された。その四日後、SS将校オットー・スコルツェニーが率いるコマンドー部隊がムッソリーニを救出し、ドイツにいる家族と再会させた。ナチ・ドイツの補佐官たちが示す好意に、ムッソリーニの妻ラケーレは騙されなかった。今やドイツ側が指揮を執っていた[13]。

「イタリアの半分はドイツ人の手に、もう半分はイギリス人の手にあり、イタリア人のイタリアはもはや存在しない」とパルチザンのエマヌエーレ・アルトムは九月九日に書いた。この日、ヒトラーがムッソリーニをドイツの従属国であるサロ共和国のトップに据えたのである。ナチ・ドイツの支援を受けたイタリア・ファシストと連合国の支援を受けたパルチザンとのあいだで内戦が勃発すると、イタリアの労働力・食料供給・軍事力は、ドイツの戦争機構の要求に従わせられた[14]。一九三八年に実施されたイタリア系ユダヤ人の人口調査など、長年イタリア・ファシストが実施してきた反ユダヤ主義のプロパガンダと法律により、イタリア人とドイツ人はユダヤ人を探し出してその資産を没収することができた。ユダヤ人はイタリア軍工兵が運転する列車に乗せられ、国境まで連れていかれて国外追放にされるか、あるいはトリエステまで連行されてリジエラ・ディ・サン・サッビア収容所で殺された。同収容所では、SS隊員でかつてはソビボルとトレブリンカで勤務していたフランツ・ズーホメルが任務に当たった。一九四三年から一九四五年のあいだにイタリア領から国外追放されたユダヤ人約九〇〇〇人のうち、帰国できたのはわずか一二パーセントにすぎなかった。聖職者を含む多くの非ユダヤ系イタリア人は、自宅や工場、修道院でユダヤ人を保護した。一一歳だったアンナ・サクソンの家族は、父親の会社が雇っていたキリスト教徒からの電話で、一九四三年一〇月にローマのユダヤ人ゲットーで行なわれたナチ・ドイツによる一斉検挙から逃れることができた[15]。

同じ一〇月、ヨーロッパ最大のレジスタンス（抵抗運動）が始まった。五〇か国以上から戦闘員が集まり、当初は九〇〇〇人という小規模だったパルチザン集団は、一九四五年四月には二五万人以上に膨れ上がった。リビア人などイタリア植民地帝国による弾圧を生き延びた人々も、イタリア・ファシストと戦うため武器を持って駆けつけたし、脱走した連合軍捕虜やロシアのパルチザンも参加した。レジスタンス戦士のうち、推計で四万四〇〇〇人が死亡した[16]。イタリア人にとって、レジスタンスに参加することは、イタリア・ファシズムが軽蔑していた名誉の規範と人道主義をよみがえらせることだった。彼らの仲間には、クイリーノ・アルメッリーノ将軍のような職業軍人や、アウシュヴィッツへ送られる前にパルチザンとして拘束されたプリーモ・レーヴィのようなイタリア系ユダヤ人もいた。共産主義者のコマンドー、イリオ・バロンティーニは、ソ連でソ連軍から、満州では中国共産党から訓練を受けた後、スペインで戦い、エチオピア人ゲリラとともに戦った経験を持つ。そして今、彼は帰国してエミリア・ロマーニャ州でレジスタンス部隊を率いる「ダリオ司令官」となっていた。パルチザンのアーダ・ゴベッティは、出版者の夫ピエロ・ゴベッティをファシスト党員たちに殴られたせいで一九二六年に亡くした女性であるが、彼女はレジスタンスを「血縁や国や知的伝統ではなく、ただの人間関係、つまり多くの人と一体であるという感覚に基づく連帯の絆」の回復であると考えていた[17]。

絶対者との一体感を抱く人々がかつては常に周りに大勢いたムッソリーニにとって、権力が失われていくサロでの数年間は耐えがたいものだった。ムッソリーニの護衛にはSSの車両がつき、会話はドイツ側に録音されていた。この時期に彼が書き、一九四四年夏に新聞コッリエーレ・デッラ・セーラに掲載された文章は、権威主義者が自分の引き起こした混乱を他人のせいにする能力を示している。「人々が自分たちの作った偶像を破壊するのは驚くべきことではない。おそらく、それが「偶像を」人間的な大きさにまで落とす唯一の方法なのだろう」と、彼は権力からの転落について、まるで自分の弾圧と無能さが自分の運命とは何の関係もないかのように書いている。かつての偶像崇拝者のひとりトゥッリオ・チャネッティ（一九四三年にムッソリーニ解任に投票したことで処罰されたファシスト党出身の大臣）は、刑務所から、自分が「ムッソリーニの奇跡の仕事」にあまりにも夢中になり、「すべてを知り、予見し、達成する男」の崇拝に目を奪われて、独裁者がいかにイタリアを破滅に導いていたかに気づくことができなかったと認めている[18]。

ムッソリーニとその愛人ペタッチを一九四五年四月二七日に捕らえて翌日に射殺した共産党パルチザンにとって、ムッソリーニは間違いなく不死身ではなかった。ふたりの遺体が四月二九日にミラノのロレート広場に運ばれると、ブラックユーモアのセンスを持つ者がムッソリーニの手に笏を握らせた。クルツィオ・マラパルテは、「彼が生きていたとき、イタリア人をあのように見つめた者はいなかった」と、多くの人を魅了したムッソリーニのまなざしについて書いている。今、イタリア人は、彼らの信頼を裏切ったムッソリーニへの報復として、その死体に放尿し、有名な顔がほとんどわからなくなるまで殴った。この見世物を終わらせるとともに、より多くの人に彼が本当に死んだことを分からせるため、ムッソリーニとペタッチの死体は、他のファシスト党幹部の死体とともにガソリンスタンドでつるされた後、死体安置所に運ばれた[19]。

死後も、ムッソリーニの遺体は一部のイタリア人に呼びかけ続けた。一九四六年、数名のファシストたちが墓標のない墓からムッソリーニの遺体を盗み出したため、遺体は三週間行方不明になった。それ以降、ムッソリーニの遺体（現在は脚が一本ない）の所在は、国家によって家族にも秘密にされた。一九五七年、ムッソリーニの遺体は生家のあるプレダピオに戻されて改葬された。参列したのは、ムッソリーニの愛人たちの誰よりも長生きした妻のラケーレだけであり、彼女は誰よりもムッソリーニのことをよく知っており、おそらくだからこそ、ムッソリーニを称えることは絶対になかった。「私の夫は一見するとライオンのようですが、実際にはかなり哀れな小男でした」と、彼女は一九四六年にジャーナリストに語っている[20]。

多くの人が、ヒトラーはいずれ自殺するのではないかと予想していた。一九三二年に彼に会った手相占い師ヨーゼフ・ラナルトは、自殺傾向と「暴力的な最期」を予見していた。しかし、第二次世界大戦の開始当初、ヒトラーは自信に満ちていて止められないように見えた。一九四〇年六月にフランスがナチ・ドイツに降伏した後、作家アンドレ・ジードは、ヒトラーは「サーカス団の唯一の団長」だと述べ、「今まさに彼に押し潰されている人々は、じきに彼を罵りながらも、彼を称賛せざるをえなくなるだろう」と記している[21]。

しかし、戦争が進むにつれ、ドイツ人はヒトラーを称賛し続けることが難しいと感じるようになった。一九四一年にナチ・ドイツがソ連に侵攻した結果、両面作戦は長期化し、一九四二～一九四三年にスターリングラードで敗北したことで、ナチ・ドイツの軍事的・人種的優位の原則が揺らいだ。一九四二年から一九四五年にかけて、連合軍の空襲が三九万回行なわれ、一三〇の市や町で五〇万人の命が奪われた。ドイツ人は食料と衣類にも事欠くようになった。女性は死んだ夫や兄弟の服を身に付け、東方から来た労働者はボロ布を足に巻いて働いた。アウシュヴィッツとマイダネクのガス室で犠牲となった者たちから集められた一一万一〇〇〇足の靴と一五万五〇〇〇着のコートでさえ、需要を満たすことはできなかった[22]。

ストロングマンたちの例に漏れず、ヒトラーも共感能力に欠けていた。ドイツが運命の転換点を迎えると、かつてヴァルター・ヴァルリモント将軍が一九四〇年のノルウェー占領失敗の際に見た「彼の性格の本当に恐ろしい弱点」が明らかになった。ヒトラーの演説は、かつてはドイツ人との感情的な結びつきの源であったが、今では温かみや安心感を欠き、失望させるものとなっていた。ヒトラーへの手紙やサインの依頼は激減し、ヒトラーへの批判はエスカレートし、一九四二年には反ヒトラー発言での訴追が記録的な数に達した[23]。

ムッソリーニはセックスで不安を解消し、ヒトラーは主治医のテオドール・モレル博士が処方する数十種類の薬に頼った。しかし、薬では現実を見極める能力を向上させることはできなかった。フランツ・ハルダー将軍は、ヒトラーの「敵の能力を過小評価する慢性的な傾向は、次第にグロテスクな規模になりつつある」と懸念していた。シュヴァインフルトの防空壕にいた女性は、彼が「私たち全員を混乱に陥れ、自分で自分の頭に弾丸を撃ち込むだろう」と予言した。一九四四年七月二〇日の暗殺未遂事件でヒトラーへの愛情が沸き起こったが、その後、ヒトラーが表舞台から姿を消したことで信頼は失墜した。「総統は神から我々に遣わされた。しかし、それはドイツを救うためではなく、破滅させるためだった」と、あるドイツ人はヒトラーの国家プロジェクトの結果について判断している[24]。

一九四五年一月、ソ連軍がドイツ国境に到達し（西側連合軍は三月に到達）、強制収容所の解放が始まった。アウシュヴィッツ＝ビルケナウでは、まだ歩ける女性たちが収容所の事務室からテーブルクロスを持ち出して「解放のドレス」を作った。これは、自分たちのアイデンティティーを取り戻すための第一歩であった。この月、ヒトラーはベルリンの地下壕に入り、ドイツ人を見殺しにした。ムッソリーニと同じように、ヒトラーはこの大惨事を自国民のせいにした。しかし同時に、ドイツ国民は無価値であるがゆえに抹殺されなくてはならないとも考えていた。すでに一九四一年の段階でヒトラーは敗戦の可能性について「滅びよ、もっと強い力に滅ぼされよ。（中略）私がドイツ民族のために涙を流すことはない」と述べており、彼が国民を軽蔑していたのは明らかであった。一九四五年三月のネロ指令は、重要な軍事・輸送インフラの破壊を命じるもので、彼の建築家で当時は軍備・戦時生産大臣だったアルベルト・シュペーアは、この指令を覆すべく努力した[25]。

ヒトラーの誕生日である四月二〇日、連合軍が首都を包囲する中、ソ連軍がベルリンを砲撃した。その数日後、アンネマリー・ハイゼのファッション・ハウスがクチュール・ドレスの注文を受け、砲撃の中、総統地下壕にドレスを届けた。エヴァ・ブラウンは、四月二九日の結婚式でフェラガモの黒いスエードの靴といっしょにそれを着ていたが、それはヒトラーがムッソリーニが殺されて死体がさらし者になったというニュースを聞いたのと同じ日だった。四月三〇日、彼はブラウンとともに青酸カリを服用し、自ら頭を撃ち抜いた。自分の死が「見世物」にならないようにとの願いから、側近がふたりの遺体を地下壕の庭で焼却した。ムッソリーニの恥辱はまぬかれたが、遺灰はソ連軍によって持ち去られ、彼が憎んでいた共産主義者の所有物となった[26]。

遺体がないために、イタリア人がムッソリーニに対して持っていた死のカタルシスの検証をドイツ人は受けられなかった。ヒトラーの信奉者の中には、彼がアルゼンチンに逃れたと信じたがっている者もいた。他の何万もの人々は、軍の名誉規定によって、あるいはニヒリズムと恥辱の混じり合った気持ちから、一九四五年に自決した。その中には、マグダとヨーゼフのゲッベルス夫妻、ヒトラーの弁護士ハンス・フランク、ドイツの陸海空軍の将官の一〇～二〇パーセント、および無数のＮＳＤＡＰ党員と公務員などが含まれていた。一九四五年七月、廃墟と化したドイツで、アメリカ陸軍の情報将校がヒトラーの妹パウラにインタビューした。「正直なところ、私は、彼が当初の志を貫いて建築家になっていた方がよかったと思います」と彼女は述べ、何百万もの人々の気持ちを代弁したのだった[27]。

ストロングマンは、全員が神の摂理に触れたと信じているが、フランコの最期は、彼が特別免除を受けたことを示唆しているのかもしれない。三〇年以上にわたって国民を弾圧し続けた後、病気のため八二歳で自国で死亡したフランコは、権威主義者の戦術集をマスターしているように見えた。生き残るために彼が最初に取った手段は、第二次世界大戦で枢軸国への参戦を断ったことだった。これによって彼の運命はヒトラーやムッソリーニの運命とは切り離され、冷戦時代の

従属国として政治的な更生が可能になった。さらにフランコは、セックスや麻薬や領土拡張に溺れたファシストの仲間たちよりも複雑でない人生を送っていた。彼は、国内での権威の確保と左翼の迫害に全力を注いだ。「フランコの政治戦略は槍のように単純である」と歴史家サルバドール・デ・マダリアガは述べ、「彼の行動で、権力の強化に向かわないものはひとつもない。(中略)フランコが信じているのは、フランコ自身だけである」と書いている[28]。

フランコの支配者としての正当性は、内戦後のスペインに平和をもたらし、左派による世の終わりからスペインを救ったという考え方に支えられていた。しかし真の成功は、彼の暴力に関する記憶の周りに沈黙を作り出したことである。かつて共和国の兵士として戦った人物は、もしあなたが過去に左派の戦闘員で、現在も迫害を避けたかったら、「思い出すより忘れる方が重要だ」と述べている。一九五九年に「国民和解」の場として奴隷労働者によって建設された「戦没者の谷」記念施設(ナショナリスト派と共和国軍両方の戦闘員の墓がある)は、フランコ死後の一九七七年に「沈黙の協定」に基づいて実施された加害者への恩赦で集大成された記憶の政治を象徴していた[29]。

フランコは数十年分のスペイン史を形成したが、時間を戻すことはできなかった。一九六九年、彼は王太子ファン・カルロス一世を後継者に指名し、権力の座にとどまった。パーキンソン病などの病気で徐々に衰弱し、一九七五年に死去すると遺体は「戦没者の谷」の地下室に安置された。一方、内戦中にナショナリスト派の兵士たちによってスペイン各地にある墓標のない集団墓地に

投げ込まれた他の遺体は、愛する人を呼ぶようになった。少なくとも、アルネド村の人々はそう思った。ここの村人たちは家族をきちんと埋葬し直すため、墓掘り人を雇って家族の遺体を掘り起こしてもらった。このような半ば秘密の草の根活動によって一〇万を超える人々の運命が明らかになり、今もスペインの考古学者たちが集団墓地を発掘してフランコの犠牲者の遺骨を家族のもとに返還している[30]。

その一例カタリーナ・ムニョスの家族である。四人の子供の母親だったムニョスは、三七歳だった一九三六年八月、九か月になる末っ子のマルティンを胸に抱いていたとき、ナショナリスト派の兵士に連れ去られた。彼女は赤ん坊のガラガラをポケットに入れたまま、九月に銃殺され、パレンシア地区の集団墓地に入れられた。息子のマルティンはおばに育てられ、左派の父親が一七年間の獄中生活から戻ってからも、母親のことは一切話に出なかった。赤ん坊のガラガラが二〇一一年に考古学チームによってムニョスの遺骨とともに発見されると、もうすぐ八〇歳になろうとするマルティンが探し出されたが、彼は当初、母親の話を聞こうとはしなかった。エル・パイス紙の記者から連絡を受けた姉のルシアと娘のマルティナがムニョスの遺骨回収を担当し、セビコ・デ・ラ・トーレ墓地で夫の隣に改葬する手配をした。二〇一九年六月二三日、マルティンも同席している場で、パレンシアの歴史的記憶回復協会とアランサディ協会がムニョスに敬意を表した。マルティンにガラガラが返還されると、彼女を称えるために集まった人々は、自分たちも手にしたガラガラを振った。彼は中断された母子愛のシンボルを手に、「ひどい時代だった

（Qué tiempos aquellos）」とそっとつぶやいた[31]。
その四か月後にフランコの運命が決まった。社会党は、公的資金で整備された場所にフランコの遺体はふさわしくないとして、「戦没者の谷」からの遺体撤去を長年求めてきた。二〇一九年一〇月、フランコの遺族とフランシスコ・フランコ財団との長年にわたる訴訟は、彼の遺骨をエルパルド宮殿近くの墓地に移すことでようやく終了した。フランコの支持者は、この移動が「スペイン社会の古い亀裂を再び開く」と主張した。しかし実際には、フランコの権力崇拝の星屑に依然として彩られていた歴史時代に幕を下ろすことになった。二〇〇七年の「記憶法」によって「戦没者の谷」は歴史教育の場として生まれ変わった。墓地の発掘が進み、献身的な愛と誇りを示す数千点の何気ない品々――結婚指輪、襟章、赤ん坊のガラガラなど――が死者から生者の手に渡っていけば、フランコ独裁政権がスペイン社会にもたらした犠牲の全容がいつの日か明らかになるかもしれない[32]。

ピノチェトは、常にフランコを手本にしていた。彼は、フランコの進んだ道をたどることに部分的に成功した。彼も亡命や処刑をまぬかれ、祖国で自然死した。しかし、ピノチェトの最期ははるかに複雑であった。彼は、段階的に権力を失っていった。一九八八年一〇月の国民投票で政

権を追われ、一九九八年にはロンドンで逮捕され、二〇〇〇年代初頭には汚職が明るみに出た。このすべてが彼にショックを与えた。一九八〇年代、アメリカ政府関係者の多くが彼を時代錯誤の存在と考えていることを示す兆候が見られたが、ピノチェトは自分の聞きたいことしか聞かず、その兆候を見ようとしなかった。チリ駐在のアメリカ大使ハリー・バーンズが前例にとらわれず反対派と会談すると、ピノチェトはバーンズを大統領官邸から追放し、それで問題がすべて解決されたかのような態度を取った。そして何よりピノチェトは、国民が彼の支配を終わらせ、民主主義を回復させようと決意している点を過小評価していた[33]。

一九八八年の国民投票（一九八〇年憲法で定められた大統領職の任期延長を問う投票）の期間中、ピノチェトは全国を回り、貧しい人々を取り込むため新しい家の権利証を配った。しかし、これは民主的な選挙ではなかった。野党陣営の事務所は爆破され、ボランティアは殴られ、集会は強制的に解散させられ、何千人もが逮捕された。彼のテレビCMは、昔ながらの脅し戦術に頼っていた。CMでは、増水で溺れる男や、武装した暴徒から逃げる母子、さらには墓からよみがえってライフルを握り締めるアジェンデまで登場した。ピノチェトは、左派による無政府状態への恐怖を利用して、チリ国民に「私に投票するか、さもなければ」という冷ややかなメッセージを送ったのである[34]。

このような脅迫的な雰囲気が、野党勢力による市民社会の動員成功をいっそう際立たせた。大きかったのは、反ピノチェト政党がそれぞれの違いを脇に置き、一〇以上の政党がひとつの連合体であるコンセルタシオンにまとまったことだ。クーデター後、政権は有権者リストを破棄していたが、全米民主主義基金と市民十字軍は、アメリカから二二〇万ドルの支援を受けて、七四〇万人のチリ人を登録し、一二万人の投票監視員を訓練した。活動家は戸別訪問を行なって、あなたの投票が重要であることを人々に納得させ、並行して行なう票の集計を確認するため法律家委員会が設置された[35]。入念に練られた野党の積極的な選挙運動は、先の大規模デモから生まれた「配慮と連帯への願望」を有効だと認めていた。一九八八年九月に開催された「喜びの行進」には何十万人もの人々が集まり、CADA集団の「NO＋」のスローガンが復活した。チリに希望を見いだそうとする普通の人々を取り上げたテレビのスポット広告は人々の心を打った[36]。

穏健派のキリスト教民主党党首パトリシオ・エイルウィンが野党候補として選ばれたことは、政治プロセスへの信頼を回復するのに役立った。バギーセーターと落ち着いた物腰のこの法学教授は、脅威を感じさせない民間人としての男性らしさを表現していた。また、新自由主義的な経済政策が覆ることはないと、保守派を安心させることもできた。他の野党の人物は、より対立的な役割を演じた。一九八七年一二月、社会党の指導者リカルド・ラゴスは、タブーを破ってテレビでピノチェトを「拷問、暗殺、人権侵害」で非難し、彼を黙らせようとする緊張したインタビュアーに「私は一五年間の沈黙のために話す」と述べた。日刊紙ラ・エポカなどの新しい出版物は、軍による暴力の「隠された歴史」を明らかにし、暫定政権と密接な関係を持っていた新聞エル・メルクーリオは、一三パーセントに落ちたシェアを取り戻すため人権問題を取り上げ始めた。国民投票が行なわれるころには、ピノチェトはもはや指導者としての行動で世間の話題を独占することはできなくなっていた[37]。

一九八八年一〇月五日、独裁者の敗北は世界中で大ニュースになったが、五四・七パーセント対四三パーセントという投票結果は、チリが分裂した国家として民主化への道を歩み始めたことを意味していた。ピノチェトは、一九九八年まで軍のトップを務め、その後、終身上院議員になり、訴追をまぬかれるという条件で退陣した。彼は在任中の最後の一年間を、新しい民主主義体制の力を制限することに費やし、例えば、チリの最高裁判所で自分に忠誠を誓う裁判官が過半数を占めるように画策した。しかしピノチェトは、エイルウィン政権が独裁政権の不正に対処するため一九九〇年代初頭に取った措置を止めることはできなかった。被害者家族には賠償金が支払われ、何百人もの政治犯に恩赦が与えられ、亡命者は帰還の支援を受けた。一九九四年までに、二〇万人のチリ人亡命者のうち五万人が帰国した[38]。

ピノチェト配下の加害者たちに対する訴追には時間がかかった。軍部は、ピノチェトが一九七八年に実施した恩赦によって、恐怖の絶頂期に行なわれた行為に関する刑事司法手続きが妨げられたと主張し、そのためイングリッド・オルデロクなどＤＩＮＡの拷問官は刑務所に入らずに済んだ。彼女は、一九九六年に自分の車に「私はうちの犬たちが大好き」というバンパーステッカーを貼るほどの安心感を得ていた。しかし、ＤＩＮＡの元責任者マヌエル・コントレラスを筆頭に、服役した者もいた。彼は、一九七六年にオルランド・レテリエルを殺害した罪で一九九五年から二〇〇一年まで初めて服役し、その後も数百年分の刑期が彼を待っている。ネオナチの拠点コロニア・ディグニダードを設立したパウル・シェーファーは、二〇〇五年に刑務所に入った。二〇〇七年までに、陸軍の将官数十名と、五〇〇人近い将校と元DINA工作員が起訴され、その数は二〇一五年までに八〇〇人に増加した[39]。

一九九四年に出版されたピノチェトの回想録の最終巻を読むと、彼が独裁政権の終わりをどのように体験したかが理解できる。彼を称賛する人々との写真や、キッシンジャーなど外国の著名人からのお世辞、カエサルやナポレオンへの言及は、「選挙による不測の事態」を超えた歴史における彼の位置を強調している。さらに、当時の国民投票がフィデル・カストロとアメリカ政府関係者による「国境を越えた」陰謀であり、「ハリー・バーンズ・ジュニア氏」がヒトラー役を担ったナチ式の「長いナイフの夜」だったと主張するに至って、より暗い雰囲気が支配的になっていく。ピノチェトのようなストロングマンにとって、退陣は心理的などん底に落ちていくようなものであり、チリの指導者が「国民投票の亀裂 la vorá gine plebiscitaria」に言及するのは完敗したという感覚を表している[40]。

一九九八年は分水嶺の年だった。治療のために訪れたロンドンで、ピノチェトは人道に対する罪の容疑で自宅監禁された。告発を始めたのは、スペイン全国管区裁判所の判事で、フランコ政権下で育ったバルタサル・ガルソンだった。ガルソン判事は、普遍的管轄権の原則を適用して、スペインで裁判を受けるためにピノチェトの身柄を要求した。最高裁判所でもあるイギリス上院はピノチェトの訴追免除を認めない判例を出したが、イギリス内務省は、体調不良を理由にピノチェトの帰国を許可した。二〇〇〇年、飛行機がサンティアゴに着陸するや否や、ピノチェトはストロングマンらしい奇跡を起こし、突然回復して車椅子から立ち上がり、歓迎のセレモニーを楽しんだ[41]。

しかし、元独裁者逮捕のニュースは、司法の歯車を動かしていた。数か月前には、チリ共産党の党首グラディス・マリンが、初めてピノチェトを名指しした訴訟を起こし、彼を大量虐殺、誘拐、その他の人権侵害で告発していた。ロンドンでは、学生時代にDINA工作員によるレイプと暴力に耐えたクリスティーナ・ゴドイ＝ナバレーテが、三人の元囚人とともに、ピノチェトを誘拐と拷問で告発するよう要求した。彼女にとって、これは自分の身に起きたことを初めて子供たちに話すことを意味していた。ピノチェトは免責特権を奪われ、死のキャラバンとコンドル作戦での役割について、最終的に裁判が開かれることになった。軍医から認知症という疑わしい診断を受けたことで、彼は裁判を受けるのを避けることができたが、その後も複数の起訴がなされた[42]。

ピノチェトの暴力が明らかになるにつれ、彼の腐敗も明るみに出ていった。二〇〇四年にはリグス銀行の秘密口座が発見され、二〇〇五年にはイギリスなどの国々と行なった武器取引で彼が受け取ったリベートが暴露され、これらの不正な利益は海外口座に保管されていたことが判明した。その結果、彼とその家族は、脱税、公的資金の不正使用、マネーロンダリングなどの罪に問われた[43]。

ピノチェトは、彼の取り巻き集団とは異なり、刑務所に入ることはなかった。彼は、何百もの裁判を起こされながら一件も有罪となることなく、二〇〇六年一二月に死んだ。作家で芸術家のペドロ・レメベルは、ピノチェトの死について新聞ラ・ナシオンに辛辣なエッセイを書き、その中で「正義より死が先に彼を捕らえた」と述べている。葬儀では、殺されたカルロス・プラッツ将軍の孫であるフランシスコ・クアドラード・プラッツが、ピノチェトの棺に唾を吐きかけた。独裁者の孫であるアウグスト・ピノチェト・モリーナは同名の祖父を称賛し、そのため翌日に軍を免職になった[44]。

「ああ、時は死と忘却の側にある」と、チリ人亡命者アリエル・ドルフマンは書いているが、その後に続いた司法判断は、ピノチェトによる犯罪の記憶を生かし続けている。二〇一三年から二〇一六年にかけてブエノスアイレスで開催され、サンティアゴ、アスンシオン、ラパス、モンテビデオでライブ配信されたコンドル作戦裁判を、チリの人々は見守った。裁判室では、人々が行方不明になった愛する人のぼんやりとした写真を掲げ、ガラス製の防護壁の向こうにいる被告人たちに見せた[45]。ピノチェトは、自分もフランコと同じように、秘密を明かされることなく栄光の舞台から退場したいと考えていた。しかし、いったん権力を失うと、人権活動家や調査ジャーナリスト、国際法を専門とする裁判官など、二一世紀にストロングマンの強敵となる人たちと対決することになったのである。

カダフィは、新しい権威主義者の時代への移行をマスターしたつもりになっていた。彼は、自分が生き残るために必要であれば、かつての敵とも手を組むという姿勢で、フランコよりも勝っていた。九・一一アメリカ同時多発テロ以降のイスラーム主義反対運動の波に乗って、欧米と手を組んだのである。モブツやアミンのように亡命を余儀なくされるつもりもなければ、サダム・フセインのようにアメリカ兵に地面の穴から引きずり出され、人道に対する罪で有罪となった後に自国民によって処刑される運命になるつもりもなかった。

二〇〇〇年代半ばから後半にかけて、カダフィは国内での反対勢力の高まりを防ぐため、自由化の実験を行なった。ロンドン・スクール・オブ・エコノミクスで博士号を取得した息子サイフ・アル・イスラームは、新しいリビアの象徴となった。サイフ・アル・イスラームは反拷問キャンペーンとイスラーム主義者の囚人のための「改革と悔恨」プログラムを開始した（二〇〇六年に囚人一〇〇人が釈放された）。リビア・プレス通信社やアル・リビア・テレビ・ネットワークのほか、いくつかの新聞を傘下に収める彼のメディア・グループ「アル・ガド」は、汚職の問題にも触れた。ピノチェトのように、カダフィは国内改革を危険視していた。二〇一〇年末までに、彼は息子の実験を中止させ、アル・ガドの従業員を大勢逮捕した[46]。

その間、カダフィの欧米に対する憤りは変わらなかった。二〇〇三年には、一九八八年のスコットランドと一九八九年のニジェールでのテロ事件の犠牲者の家族に一五億ドルを支払うことに同意していた。しかし二〇〇九年、カダフィ政権は、この補償のために受けた「融資」を返済することができないと虚偽の主張をした。カダフィは、欧米の石油会社にリビアの賠償金を肩代わりするか、さもなくば「深刻な結果」をこうむるかを選べと迫った。カダフィの強要に屈した企業は、自分たちの同国人を殺害したことに対する賠償金を自分たちで払ったようなものだった[47]。カダフィは同年、国連総会に招かれて演説し、国際社会へのデビューの場で欧米帝国主義を激しく非難した。トランプも、カダフィのニューヨーク訪問を好機ととらえた。二〇〇九年、トランプはカダフィに「地中海のウォーターフロント建設」と銘打ったプロジェクトへの資金提供を求めたが、不成功に終わった。カダフィが宿泊用の巨大なテントを張る場所に困っていることを知ると、トランプは、ニューヨーク州ベッドフォードにある自分の屋敷をカダフィに貸した。この取引を近隣住民が妨害すると、トランプはカダフィから二〇万ドルの保証金を「巻き上げた」と主張した。この一件は、リビアが西側と和解したことで、外国のエリート層とカダフィの両方が利益を得たことを端的に示している。つまり西側は金を稼ぎ、カダフィは権力の座にいる期間を長引かせたのである[48]。

「何人かの人々が死に、人々はそのことを忘れるだろうが、その結果として正義が勝利し、善が勝利し、進歩が勝利するだろう」。それがカダフィの哲学だった。しかし、国民を蔑視し、愛と記憶の絆を軽視したことが、二〇一一年、彼に牙を剝くことになった。リビアの革命は、ベンガジ裁判所の前で長年アブ・サリム刑務所で行方不明になった家族の情報を求めて抗議していた女性たちから始まった。彼女たちの代理人であった人権派弁護士ファティ・テルビルが二月一五日に逮捕されると、不当な仕打ちに耐えてきた人々の怒りが爆発した。チュニジアとエジプトでの「アラブの春」の成功に後押しされ、最初は抗議者が数十人だったのが二月一六日には数百人になり、さらに二月一七日の「怒りの日」には数千人に膨れ上がった。この平和的なデモに政府軍が発砲すると、人権侵害に反対する地元の運動は、政権を倒す運動へと変わった[49]。

カダフィはリビア人に搾取からの解放を約束していたが、二〇一一年までに何百万もの人々がカダフィを不幸と専制政治に結びつけていた。腐敗行為ですでに窒息寸前になっていたリビア経済は、二〇〇八年の不況後に訪れた石油価格の下落にも苦しんでいた。失業した若者たちが反政府勢力の最初の中核を形成し、やがてこれに家計の厳しい中産階級のリビア人たちが加わった。女性は反政府勢力をかくまって食事を与え、武器をひそかに運び、ジャーナリストとして働いたが、軍事訓練を受けていたにもかかわらず、ほとんどが武装闘争から遠ざけられた――これは、イスラーム主義者が権力を握ったときに起こるジェンダー・ポリティクスの一端を示すものだった[50]。

二月二〇日には、革命は東部からトリポリタニアに広がり、軍隊から多くの脱走者が加わっていた。カダフィと同盟関係にあるワルファラ族には常に反対派がいた。例えば、一九九三年のクーデターに参加した将校たちがそうで、彼らの記憶は旅団９３という部隊名に刻まれている。部族の長老アクラム・アル・ワルファリは、二月下旬にテレビ局アルジャジーラを通じてカダフィに「我々は兄弟に、いや、彼はもはや兄弟ではない。我々は彼に国を去れと言う」というメッセージを送った[51]。

亡命など、カダフィにはとうてい考えられなかった。そもそも彼は、自分は支持されているという国家プロパガンダを信じるようになっており、プロパガンダの内容とあまりにも食い違う出来事に当初は茫然としていた。「国民はみな私を愛している」と、彼は衝突の初期にＣＮＮのクリスティーン・アマンプールに語り、「彼らは私を守るために死ぬだろう」とさえ言っていた。蜂起が激化するにつれ、彼のショックは怒りに変わった。ストロングマンのメンタリティーそのままに、彼は革命を個人的な裏切り行為と見なした。彼は二月二二日リビア国民に向かって「私はこの国を離れるつもりはない」と語り、「リビアを浄化する。（中略）一軒一軒、路地一本一本、人間ひとりひとり、順にリビアを浄化していく」と誓った。このときのカダフィの口ぶりはフランコのようで、三月には自分のベンガジ包囲をフランコによるマドリード占領になぞらえた[52]。

イタリアのレジスタンスと同様に、亡命者は自分たちの生活を一変させた人物と戦うために戻ってきた。アンワル・ハラガは、二〇〇〇年にアブ・サリム刑務所で一一年を過ごして釈放された後、婚約者といっしょにマンチェスターに移っていた。二〇一一年八月、彼はトリポリ旅団とともにリビアの首都の包囲に参加した。ソルボンヌ大学で学んだ弁護士アンワール・フィキニもリビアに戻り、カダフィに対する抵抗運動を調整した。彼は、祖父で一九二〇年代にファシストと戦った戦士モハメド・フィキニの精神と、王政時代の首相であった叔父モヒドディン・フィキニの改革派としての希望を持ち続けていた[53]。

数百の反政府勢力が存在し、その一部は暫定政権であるNTCの権威を認めず、状況は混沌となった。また、明確な移行計画がないまま実施されたNATOの軍事介入も混乱に拍車をかけた。ベルルスコーニは、リビアの将来への道筋が見えない（しかもリビアの石油に代わるものがない）ことから、二月にNATOの行動案への反対を表明したが、イタリアは三月に始まった空爆に参加した。八月になると、カダフィの本拠地トリポリが包囲され、リビアのエリートたちもカダフィに反旗を翻した。クーデター当時からカダフィと行動をともにしてきたアブドゥッサラーム・ジャッルードは、「この暴君を見捨てる」ようリビア国民に呼びかけた。彼は、カダフィはヒトラーとは違って自殺はしないと警告した[54]。

カダフィの死は、ヒトラーの死よりもフセインやムッソリーニの死に似ている。一〇月二〇日、カダフィが生まれ故郷の村に向かおうとしていたところ、NATOの爆撃を受けて車列の大部分が破壊された。リビア人民軍の戦闘員たちが下水管に隠れているカダフィを見つけ、地中から引きずり出した。「俺がお前に何をしたんだ？」と叫ぶカダフィは何度も殴られ、何度も銃で撃たれた。彼の遺体はミスラタの冷蔵室に運ばれ、一般に公開された。リビア人の中には、彼が死んだことを自分の目で確かめようと、何百キロも車を走らせてきた人もいた[55]。

カダフィの屋敷で何年も囚われの身となったソラヤにとって、テレビに映し出された彼の遺体は安堵と苦渋をもたらすものだった。「私は彼に生きていてほしかった。（中略）私は彼に生きていてほしかったし、彼の行動に責任を取ってほしかったのです」。彼女の苦難は彼の死だけでは終わらなかった。カダフィ派と反カダフィ派両方の戦闘員からレイプされたのである。国連人権理事会とリビアの心理学者セハム・セルギワの調査が明らかにしたように、政権の性暴力文化は内戦中も続いていた。レイプは復讐と脅迫の政策の一部となった。イスラーム主義者の影響力が高まったことも、女性の自由を後退させる一因となった。カダフィの死から三日後、国民暫定評議会の議長であるムスタファ・アブドゥル・ジャリルはリビアの解放を宣言し、それと同時に、イスラーム法に基づき一夫多妻制への規制を緩めた新たな法的枠組みも発表した。「私たち全員がもっと多くのことを期待していたのだと思います」と、心理療法士サマル・アウスードは二〇一八年に振り返っている。彼女や他の女性たちは、独裁政権を終わらせることで男女平等がさらに大きく進むか、少なくとも誰もが恐怖を感じることなく生活できるリビアがもたらされることを期待していた[56]。

カダフィの暴力によって家族を引き裂かれたヒシャーム・マタルは、その日が来るのを何年も待っていた。二〇一一年二月、彼の親族はアブ・サリムから釈放されたが、その中に父ジャバッラ・マタルの姿はなく、父がどうなったのかは今も不明のままだ。カダフィが死んだ翌年の二〇一二年、マタルは数十年前に去った国へ戻った。父の消息は分からなかったが、叔父のマフムードには会った。マフムードは、二一年間の獄中生活をどのように乗り越えたかを説明しながら、「私は、まだすべての人を愛し、許すことができる場所を心の中に持ち続けている」と話した。「彼らは私からそれを奪うことに成功しなかったのだ」と[57]。

―

カダフィの死を聞いたベルルスコーニは、「こうして世界の栄光は去っていく（Sic transit Gloria mundi）」と言った[58]。それから一か月もしない二〇一一年一一月一五日、ベルルスコーニは欧州通貨危機の重要な局面でジョルジョ・ナポリターノ大統領から辞任を求められ、今度は彼が政権を去る番になった。あれほど威圧的な性格で、二〇件の起訴と七件の有罪判決（いずれも覆されている）を受けていたベルルスコーニにしては、奇妙なほど地味な結末だった。後任の「テクノクラート」政権は、元EU委員の経済学者マリオ・モンティが率い、専門知識よりも忠誠心を優先するベルルスコーニのやり方を非難した。

ベルルスコーニは退任時七五歳で、ファンにとっては男性的な力を維持しながら老いる手本となるべき存在だった。スイスのクリニックで受けた「カリフォルニア・リフティング」のような整形手術の公開は、男女を問わず感情に訴える彼の魅力を高めた。その男らしさ自慢は、男性誇示を権威主義的な統治スタイルの一部と見なしていた批評家たちを怒らせ、彼の崇拝者たちを喜ばせた。若い女性の肉体を思いのままにしたいという彼の衝動がもたらした結果について、二〇〇九年にコメンテーターのベッペ・セヴェルニーニは、「彼は妻を失ったが、票は失わなかった」と述べている[59]。「私は過去二回の国際サミットのスターで、誰もが私といっしょに写真を撮りたがる。何しろ私は政治家ではなく大物だから」と、ベルルスコーニは二〇一〇年一二月に自慢していた。実際、彼に対する個人崇拝のせいで、フォルツァ・イタリアには彼から離れて政治的アイデンティティーを発展させる余地はなく、延々と続く彼の訴訟問題、スキャンダル、忠誠心テストからも解放されることはなかった。政治学者のジョヴァンニ・オルシーナは、ベルルスコーニを「現実の、あるいは想像上の攻撃から守ることが、長期的で広範な改革よりも重要になった」と結論づけている[60]。

二〇一一年二月には、政治の停滞感とベルルスコーニへの不満は臨界点に達していた。同月にはイタリアの三〇都市で何百万人もの人々が街頭を埋め尽くして彼の辞任を求めた。別の指導者が必要だと声高に主張する二五歳から三四歳のイタリア人のうち、抗議活動に参加する者の割合は、二〇〇六年以降二八・三パーセントから四一・七パーセントに上昇していた。二〇一一年四月、未成年エル・マフルーグとのセックスをめぐってベルルスコーニが訴えられた裁判は、一一〇人の公認記者と二〇〇人の証人が出席する一大メディア・スペクタクルとなった。彼のセックス・パーティーに参加した三三名が法廷に出席しており、そのひとりでアメリカ人俳優のジョージ・

クルーニーは、夕食後にパーティー会場を去っていたが、その前にベルルスコーニから「プーチン・ベッド」を誇らしげに見せてもらっていた。ベルルスコーニは、この告発を司法による迫害と左派による誹謗中傷だと決めつけたが、未成年とのセックスが問題となっていては、古い言い分はもはや通用しなかった[61]。

欧州通貨危機がベルルスコーニの解任を促したが、長年にわたる彼の性差別的行動、腐敗行為、独裁者との同盟関係は、ヨーロッパの指導者や金融・政治エリートからの信用を失墜させることにつながった。イタリアは、イタリア人の堅実な貯蓄傾向もあって、ギリシア、ポルトガル、スペインのような危機をまぬかれたが、二兆六〇〇〇億ドルの国債はEUや他の金融救済機構の能力を超えていた。ベルルスコーニは、EUやIMFが推し進める緊縮財政を実行したくなかった。しかし、一〇月にイタリアの一〇年物国債が償還不可能な水準にまで上昇すると、イタリア金融界は、改革か辞任かの最後通牒を発した[62]。

ベルルスコーニの評判にとどめの一撃が刺されたのは、一〇月二三日の緊急首脳会議で記者団がメルケル首相とサルコジ大統領に、イタリアが義務を果たすと思うかと質問したときだった。普段から外交辞令を欠かさないドイツ首相はあきれ顔をし、フランス大統領はにやりと笑い、会場がどっと笑いに包まれる中、ベルルスコーニはただ突っ立っているだけだった。スポグリ大使は二〇〇九年、クリントン国務長官に、ベルルスコーニがプーチンの「口利き役」に成り下がったことで彼は非力な指導者になり、信頼できない同盟国になったと警告していた。今や彼の行動と性格が国に被害を与えることは明らかだった。三週間後、ナポリターノはベルルスコーニを大統領府に呼び出し、首相の辞任要求を拒否することはもはや不可能だと明言した[63]。

ベルルスコーニが辞任を強要されても当初は彼の支持基盤となる有権者たちを失わなかったのは、それだけ彼の個人崇拝とメディア機構の力が強かったという証拠である。むしろ、二〇一九年のトランプ大統領弾劾の場合と同様に、彼は被害者意識を利用することで支持者の忠誠心を強化した。二〇一三年の選挙でフォルツァ・イタリアが政党として復活したとき、中道左派に一パーセント足らずの差で敗れた。その年の後半、鉄槌が下された。ベルルスコーニは、税金詐欺、未成年者との性行為、盗聴、贈収賄の有罪判決の一部として、二〇一八年まで公職への立候補を禁じられたのである。二〇一七年、ベルルスコーニはプーチンにふたりの顔をあしらった布団カバーを贈ったが、そのころには、プーチンは自分の行動計画を推進するのに必要な、はるかに強力なパートナーを見つけており、ベルルスコーニはもはや用済みになっていた[64]。

ベルルスコーニは刑務所行きをまぬかれたが、親しい協力者の何人かは獄中または自宅監禁となった。彼は七〇歳を超えていたため、一年間の社会奉仕活動の代用が認められ、ミラノの高齢者介護施設で奉仕活動を行なった。二〇一九年、裁判官は彼の協力者で当時八八歳だったエミリオ・フェデが斡旋罪への罰である四年七か月の禁固刑を自宅監禁で務めてもよいとの決定を下した。何十年にもわたって側近だったマルチェッロ・デッルトリは、それほど幸運ではなかった。二〇一四年、最高裁が二〇〇四年のマフィア結社罪の有罪判決を支持すると、デッルトリは投獄から逃れるためにレバノンに逃亡したが逮捕された。彼の七年間の禁固刑は二〇二一年に終了する[65]［その後、別の罪でさらに禁固刑を科せられた］。

ピノチェトとは異なり、ベルルスコーニは公式の回顧録を書いていない。しかし、二〇一四年から二〇一五年にかけて行なわれたジャーナリスト、アラン・フリードマンとの大規模なインタビューでは、迫害というテーマが繰り返し現れている。彼は自分の法的トラブルを「司法クーデター」の結果と表現し、テレビからほとんど姿を消したことで「透明人間」になったと感じているとコメントした。二〇一八年に政治活動の禁止が終わると、八一歳の彼はすぐに再びカメラの前に立ち、フォルツァ・イタリアのキャンペーンを行ない、カダフィにオーラルセックスのコツを教えたと冗談を言った。この年の選挙では、二〇一一年の退陣以来、国政の情勢に激震が走っていることが確認された。ベッペ・グリッロの「五つ星運動」とマッテオ・サルヴィーニの「同盟」が有権者のほぼ半数の票を獲得し、ヨーロッパ初のポピュリズム一辺倒の政権を樹立したのである。中道左派はわずか一八パーセント、フォルツァ・イタリアは一四パーセントだった。しかし、ベルルスコーニは二〇一九年に欧州議会議員に選出され、政界に残ることに成功した[66]。

テレビ時代の支配者であるベルルスコーニは、インターネット時代にはほとんど居場所がない。二〇一一年にベルルスコーニが退任したとき、活動家で理論家のフランコ・「ビフォ」・ベラルディは、「より若くて冷たい」人物が「ポピュリスト軍団」の指導者として優勢になる可能性があると警告していた。その人物とは、ベルルスコーニがテレビを使うのと同じようにソーシャルメディアを巧みに使う、四六歳の「同盟」指導者サルヴィーニだ。この二一世紀型のストロングマンは、食べ物も飲み物も国産品しか口にしないとツイートし、シャツ一枚でポーズを取り、プーチンを称賛し、戦略的な瞬間にロザリオにキスをする。サルヴィーニはまた、その暴力的な言葉と公然たる人種差別主義において、過去の権威主義的指導者を連想させる。ベルルスコーニは、ヨーロッパでいち早く移民を施設に監禁したが、サルヴィーニは内相だった二〇一七年に、フランコやカダフィの言葉をもじって言えば、移民を「通りごとに、近隣ごとに、大量浄化」するよう呼びかけた[67]。

二〇一五年三月、ベルルスコーニは「フォルツァ・イタリアを共和党に変容させる」ことを提案した。同月、トランプは大統領選挙のため準備委員会を立ち上げ、共和党をフォルツァ・イタリアのように変容させる動きを加速させた。共和党の権威主義的な流れは、トランプより前にあった。しかし、二〇二〇年までに共和党は、個人主義的支配者が優先事項として、自分が訴追を避けるため政権にとどまり、個人崇拝を維持し、プーチンの外交目標を推進し、極右を政治の主流に引き込むことを実現させるための道具となってしまった。ピッパ・ノリスや他の政治学者の研究によれば、リベラルな民主主義的価値観を否定しているという点で、共和党は欧米で最も過激な政党のひとつに数えられている。移民に対する姿勢、人種とジェンダーの平等やLGBTQ+の権利を批判する運動、民族的・宗教的少数派に対する態度など、その政策はエルドアンやモディのような独裁者の政党の綱領に近い[68]。

核兵器を使用でき、世界最強の軍隊を指揮するトランプは、ベルルスコーニよりもはるかに危険で破壊的な指導者である。しかし、ベルルスコーニの一〇年間の政権運営は、アメリカやブラジルなど、反民主主義の攻撃にさらされている国々への教訓物語として注目に値する。ベルルスコーニは開かれた社会の中で活動したが、政府の説明責任、相互寛容、表現の自由の尊重など、民主主義の根幹をなす価値への支持を徐々に失わせていった。二〇〇九年には極右政党ANと合併して「自由の人民」を結成し、二〇一一年に失脚するまで、反移民、親白人キリスト教を掲げてイタリアを統治した。イタリアは、名目上は民主主義を維持していたかもしれないが、ベルルスコーニは政治を、彼が称賛する反自由主義的指導者に倣って、より多くの個人的富と権力を蓄積するための手段に変えたのである。

終章

　独裁者が権力の座から転落すると、国民はしばしば表向き彼らを否定し、その記憶を消し去る。自分たちは非現実の状態で生活を送り、ひとりの男の破壊的なファンタジーを実現するよう強いられたというイメージを使うのだ。あるイタリア人ジャーナリストは、ファシズムを「夢の歴史」と呼んだが、多くの人は、それを二〇年にわたる暴力と恐怖の悪夢と呼ぶだろう。支配者の協力者たちにとって、このようなイメージは、指導者の破壊的な計画を可能にした責任を最小化する。指導者が死ぬことは、国家にとって好都合であり、カタルシスでもある。その指導者は国家を支配する特別な能力を有していると主張したのだから、その残念な運命の責任は指導者にあり、指導者に全責任を負わせることになる[1]。

　実際、ストロングマンたちは権力の座から下りても消えることなく、国民の体内に痕跡として残る。敬礼して歌を歌ったという筋肉の記憶は、なかなか振るい落とせない。ドイツの町フリードリヒスハーフェンにある博物館の館長ノルベルト・シュタインハウザーの母親は、戦後間もないころ、日曜日の散歩で、父親が癖で「ハイル・ヒトラー」をしないよう手を握っていたという。「独裁者は、死んだ後も犠牲者の心や体だけでなく、他人の中にも残ることがある」と、チリのグラフィック・アーティスト、ギージョは二〇一八年に振り返っている。指導者の弾圧的な存在感や政策の影響を元に戻すには、特に彼のシンボルや埋葬地、建物が残っている場合には、何年もかかる。哲学者オルテガ・イ・ガセットは、そのような廃墟を「抜け殻、残滓、死体、骨格、または化石」として一覧にしている[2]。

ローマのスポーツ複合施設フォロ・ムッソリーニ（現フォロ・イタリコ）には、黒シャツがテーマのモザイクとムッソリーニのスローガンが描かれているが、これはタイムカプセルというひとつの結果を示している。二〇〇〇年に終了した修復作業には、建築物保存活動家とイタリア・ファシズムへのノスタルジーに満ちた極右勢力とがともに喝采を送った。二〇一四年、中道左派のマッテオ・レンツィ首相は、この場所から二〇二四年のローマ・オリンピック招致を発表した。彼の頭上にあったのは、「ファシズムの神格化」（ルイージ・モンタナリーニ、一九三六年）という、ムッソリーニを救世主に見立てた絵画で、ムッソリーニが今もイタリアに取りついていることを的確に表現している。ピノチェトの豪華な図書館は、彼の違法な収入を一部使って蔵書を収集した成果であり、今ではサンティアゴの観光名所となっている。しかし、彼の別荘ロス・ボルドスは荒れ果てた。彼の遺灰が撒かれているにもかかわらず、この地はマリファナ農園になった[3]。

スタジアム、高速道路、空港は、彼が国家を偉大にした証拠であると称賛されるが、彼の支配がもたらす壊滅的な損失は覆いきれない。収奪された資産、強奪された会社、中断された学校教育、消えた親、誘拐された子供、虐殺されたコミュニティーは、埋められない空白を残す。一九三〇年、イタリア・ファシズムに反対したカルロ・ロッセッリは法廷でこう証言している。

私は家を持っていましたが、彼らはそれを破壊しました。私は新聞を持っていましたが、彼らはそれを発禁処分にしました。私は教授職を持っていましたが、私はそれを放棄しなくてはなりませんでした。私は、今もそうですが、思想、尊厳、理想を持っていました。それらを守るため、私は刑務所に入らなくてはなりませんでした。私には師と友人がいました――アメンドーラ、マッテオッティ、ゴベッティという名前でした――が、彼らは師や友人を殺しました[4]。

七年後、ムッソリーニはロッセッリの命も奪った。

ストロングマンが権力を獲得・維持するために利用する制度については、退任後に無関係になったり、信用を失墜させたりすることが多い。ムッソリーニのファシスト党、ヒトラーのNSDAP、モブツの革命人民運動はすべて解散させられた。公務員や専門職も同様である。カダフィはリビアの官僚機構に汚職と縁故採用を蔓延させ、ジャーナリストは長年にわたるプロパガンダの作成で能力が低下していた。専門知識よりも忠誠心を重視し、暴力そのものが目的となるようにすることは、特に誤った戦争が敗北に終わった場合、専門性を欠き、士気を低下させる軍隊を生み出すことになる。一九四五年のドイツ軍将校による集団自殺は、その結果のひとつである。チリ軍は、ピノチェトが最高司令官だったあいだは、ある程度の力を保持していた。しかし、二〇〇〇年代に数十人の将官と佐官以下の将校一三〇〇人が人権侵害で訴追されると、チリ軍は壊滅的な打撃を受けた。クーデター直前に退役したチリの将校は、「私たちの組織に何が起こったのか、私が知っていて尊敬していた役人がなぜあのような行為をするようになったのか、私はまだ理解しようとしている最中だ」と語っている[5]。

ストロングマンの国家は、外国の後ろ盾に助けられ、自らが引き起こす深刻な混乱と破壊を隠蔽する。その代わりに、権威主義は効率と経済成長の面で民主主義に勝るという考えを永続させている[6]。確かに権威主義者の支配下で繁栄する人々もいる。指導者は取り巻きや金融エリートの資本集中を助け、公共財を民営化する。しかし、ビジネス全般は、このような略奪によって荒廃することが多い。ファシスト国家はユダヤ人など敵の資産を狙い、反植民地主義の軍事政権は外国人を追放し（モブツ、カダフィ、アミンは経済を救うため外国人を呼び戻さなければならなかった）、プーチンやエルドアンのような新しい権威主義者は、数十年にわたって構築した収益性の高い企業を乗っ取っている。経済格差を拡大させ、国家資産を略奪し、専門知識よりもイデオロギーを優先し、多数の有能な人々を殺害・投獄・追放することでストロングマンは自らが支配する社会を貧困化させる。

ピノチェトはその一例である。ピノチェトの評判は、彼が認めた新自由主義的な改革のおかげで国は救われキューバのようにならずに済んだという考えに依拠してきた。これは事実に反した議論であり、一九八〇年代初頭の壊滅的な銀行破綻、民営化に伴う腐敗、そして彼のクーデターによる経済的・政治的・人的コストを無視した議論でもある。プーチンもその一例だ。彼の専制体制が経済成長を促したという主張は、石油価格の上昇などプーチンがコントロールできない要素を軽視している。また、プーチンによる腐敗行為や資産流出によって引き起こされた国家収入の膨大な浪費と損失も無視されている[7]。

身体・領土・富を蓄積して支配しようとする動きは、ストロングマンの支配の特徴である。指導者は食事や睡眠と同じようにこれらの財産を必要とする。大衆向けの集会から、ヒトラーのベルクホーフ宮殿、モブツのバドリテ宮殿、トランプのフロリダ州マー・ア・ラーゴ・リゾートなどの私的空間で行なわれるエリートたちの集会に至るまで、権威主義的支配の儀式や派手さは、支配と崇拝に対する底なしの欲求に訴えかけるものだ。もちろん、すべてを失うことにひそかな恐怖を感じている男たちにとって、すべてを手に入れるだけではまったく十分ではない。ストロングマンが自分の無謬性を宣言するときでさえ、彼は恐怖という悪魔に追いかけられている。自分が抑圧している人々や、自分を制裁したり失脚させたりする外国の後援者や国際勢力、自分を告発する可能性のある個人、自分に刃向かうエリート、そして自分を地上から追い出したいと願う敵に対して警戒心を抱いているのである。恐怖心があるからこそ、そのような支配者は脅迫や縁故主義を利用して人々を自分に縛りつけ、男性的な無敵感を身にまとい、権威主義的世界観を正当化するパートナーとして他のストロングマンを求めるのだろう。多くの専制政治家は、略奪品を保管するため宮殿や地下壕を建設し、その傲慢さと不始末が危機をもたらすと、国民から逃れるためにその中に隠れる。

権威主義者に効果的に対抗するには、彼らがどのようにして権力を得たのか、および、そこにとどまることを可能にした要素は何なのかについて明確に知る必要がある。ストロングマンのカリスマ性は、誘惑と脅威が同居しており、男性の権威を称えることで多くの信奉者を引きつける。一九二〇年代のイタリア、一九三〇年代のドイツとスペイン、一九九〇年代のロシアとイタリア、そして二〇一六年のアメリカのように、家父長的権威が脅かされていると見なされると、独裁者は家父長的権威を強化する。男性型の権威主義的な権力は、男らしさを誇示し、「男と男」の外交で成り立っているが、今後、女性が主導する権威主義的国家が出現すると、その道が閉ざされるかもしれない。ヨーロッパの極右勢力では、フランスの国民連合の党首マリーヌ・ルペンをはじめ、女性が目立っている。トランプは娘のイヴァンカを将来の指導者として売り出し、二〇一九年のG20会合など国家元首の集合写真に繰り返し登場させている。しかし、権威主義の魅力には、腐敗行為、女性蔑視、および多くの国で見られる白人による人種支配といった事柄を正当化する力という側面があり、女性が率いる右派国家は、そうした意味での権威主義の魅力に何の脅威も与えないだろう[8]。

ストロングマンのならず者的な性格も人々を引きつける。法と秩序による支配を宣言する一方で、無法行為を可能にする。このパラドックスは、ヒトラーのドイツやプーチンのロシアのように、政府が犯罪組織へと発展するにつれ公式の政策となっていく。多くの人は、犯罪行為を平然と行なったり、ある政治秩序を破壊して別の政治秩序を作り出すという集団活動に参加したりすることで陶酔感が得られる。そのため、滅びた支配者の協力者の中には、チリの拷問官イングリッド・オルデロクのように、参加した恐怖の範囲が明らかになっても「私は犬が大好きです」というぞっとするようなバンパーステッカーを貼って悔い改めない者がいる。ストロングマンが民衆の中に作り出す特別な心理的風土、つまり犯罪のスリルと権力に服従する心地よさが、人生にエネルギーと目的とドラマを与えているのである。

ストロングマンがどのようにして勝利を収め、どのようにして長期にわたって権力の座にとどまり続けるかを理解することは、国民的アイデンティティーについて抱いている考えの一部――例えば、ドイツ人は最も文化的な国民であるとか、チリ人はラテンアメリカの暴力的な隣国人とは違うなど――を捨てることも意味している。一九二〇年代初頭、ゴベッティがイタリア国民に対して発した「イタリア・ファシズムは国家の自伝である」というメッセージを聞こうとする者はほとんどいなかった。同様に、トランプの人種差別と有名人や利益に何よりも執着する態度はアメリカ社会の永続的な特徴を反映しているから選挙に勝つのに役立つかもしれないという考えを、多くのアメリカ人は否定していた。ムッソリーニ政権下のイタリアについて元パルチザンが述べた「どの国もその国にふさわしいギャングを得る」という言葉を、耳障りだと思う人もいれば、真理だと思う人もいるだろう[9]。

「私たちの運命を決定する者は、私たち自身より優れているわけではない。彼らは、より知的でも、より強くも、より賢明でもない」と、専制政治家たちと多くの時間を過ごしたジャーナリストのオリアナ・ファッラーチは結論づけている。ストロングマンの成功の秘訣は、傑出した存在であるふりをしながら、同時に愛すべき欠点をすべて備えた普通の国民を体現することにある。ムッソリーニは、小説家のエルザ・モランテに「平凡な男、粗野で教養のない男」でありながら「今日のイタリア人の完璧な模範であり鏡」だと言わしめた。ベルルスコーニは、トランプがアメリカ人にするように、イタリア人に規則を破ることを快く思わせた。トルコでエルドアンを敬愛する人々は彼を大家族の一員と表現する。ノーベル賞作家のスヴェトラーナ・アレクシエービッチは、プーチンのファンではないが、「誰の中にもプーチンの一部がある」と述べている[10]。

こうした人物には親しみやすさがあり、個人崇拝やポピュリズム的イデオロギーによって「我々の仲間」としてマーケティングされているため、多くの人は初期の段階で彼らを危険視しない。ストロングマンは天才的な戦略家であるとよく言われるが、支配のためのマスタープランを持っていた者はほとんどいない。彼らの本当の才能は、チェスの名人よりもむしろストリートファイターや詐欺師の才能、すなわち、提供された機会を最大限に活用する素早さ、人々と結びつき、虚構を信じさせる技術、そして自分が切望する絶対的権威を手に入れるために必要なことは何でもやるという意志である。そして、そのほとんどが想像以上の権力をもたらすことになる。
指導者が信奉者たちの生活の中心にいることで、指導者から信奉者に向けられる徹底的な蔑視はいっそう痛烈なものとなる。ヒトラーと彼の最も忠実な協力者たちとの関係について一九三一年にクルツィオ・マラパルテが述べた次の言葉は、示唆的だった。

彼は自分の残忍さを、彼らのプライドを傷つけ、良心の自由を潰し、個々の長所を削ぎ落とし、自分の支持者をあらゆる尊厳を奪われた従僕に変えることに注ぐ。すべての独裁者がそうであるように、ヒトラーもまた、自分が軽蔑できる者だけを愛している[11]。

この普遍的な原則があるからこそ、ストロングマンはすぐに自国民を非難する。ファシストからカダフィまでの支配者は、敵の爆弾が落ち、反乱軍が前進し、検察が迫ると、「すべて国民のせいだ」と言う。彼の国民は、彼が提供した偉大なマントを身にまとう大胆さと強靱さに欠けていたのだ。「イタリア人は羊の種族だ。一八年ではそれを変えるのに十分ではない」と一九四〇年一月、数百万人が犠牲となり自身の政権が崩壊する原因となった大戦に深く考えることなく参加する数か月前に、ムッソリーニはガレアッツォ・チャーノに不平を言った。「ミケランジェロでさえ、彫像を作るには大理石が必要だった。もし粘土があれば、彼はそのまま陶芸家になっていただろう」[12]。

権威主義に対抗するには、政府の説明責任と透明性を優先させなければならない。ストロングマン的支配の根底には、自分とその代理人は法律より上にあり、裁判より上にあり、真実に従わなくていいという主張がある。説明責任は、開かれた社会の指標としても重要だ。なぜなら、古い基準である選挙は信頼性が低いからである。新しい権威主義的な国家はしばしば民主主義を模倣し、個人主義的な支配者が統治する名目上の民主主義国家はしばしば独裁国家のように振る舞う。トランプのアメリカでは、ベルルスコーニのイタリアと同様に、合法と違法、事実と虚構、有名人と政治が混ざり合い、もはや何も意味をなさず、すべてが「信任のゲーム」と化している。説明責任と真実の基準から離れたことがもたらす腐食作用は、二〇二〇年一月のトランプの一般教書演説に対するCBSニュースのジャーナリスト、ノラ・オドネルの反応に明らかである。演説には大統領在任中の経済成長に関する複数の虚偽の記述があったが、オドネルは、この演説を「リアリティー番組の大統領（中略）、最高のショーマン」による勝利だと評価した[13]。

腐敗行為防止への取り組みには、透明性と説明責任の利点についての教育を盛り込んで、人々がそもそも腐敗行為に関わらないようにする文化を職場や政府で育てていくのがよい。起訴は支持を得られないことがあり、指導者やその味方の被害者意識をあおることになりかねない。予防の方がはるかによい。トランスペアレンシー・インターナショナルが世界中で行なっているように、エリート層が反腐敗勢力と提携するよう奨励してもいい。また、地域レベルや全国レベルでコミュニティーの正義と説明責任のために活動する市民団体や非営利団体を支援してもいい。銀行や法律事務所など権威主義的な腐敗行為を助長する組織に対する圧力キャンペーンは、独裁者のために働いて収入を得るという慣行を再考させることができる。メディアは常にストロングマンの発言や行動をいちいち取り上げるが、ジャコモ・マッテオッティからボリス・ネムツォフ、そして今日命がけで腐敗行為を告発している人たちの物語も伝えなくてはならない。また、汚職防止行動を奨励する取り組みについても、もっと話を聞くべきだろう。例えばモ・イブラヒム財団は、民主的に選出されたアフリカの国家元首のうち自国の法の支配と人権を強化した人物に、一〇年にわたって五〇〇〇万ドルの賞金を授与している[14]。

民主主義はかつてないほど英雄を必要としており、開かれた社会のメリットと利点を論証する説得力のある物語が求められている。哲学者のマーサ・ヌスバウムは、思いやりと愛が民主的な政治モデルの基本であると認識されていれば、自由な価値観が「生ぬるくてつまらない」ものに見える必要はないと論じている。私たちはあまりにも頻繁に、愛国心など感情を形成する作業を民主主義の敵にゆだねてきた。二〇二〇年六月、ジョージ・パッカーは、コロナウイルスのパンデミックによってアメリカで明らかになった政治腐敗、リーダーシップの欠如、その他の社会悪から、「民主主義国家において市民であることは不可欠な仕事であり、連帯に代わるものは死である」という教訓を見いだしている。世界中で、自由の衰退や消滅を体験して初めて、このメッセージを共感できる場合が非常に多い[15]。

一九二〇年代にムッソリーニの独裁政権を支援したアメリカの銀行やメディアをはじめ、アメリカは世界中で権威主義の成功に多大な役割を果たしてきた。アメリカによるストロングマンへの支援は、軍事クーデターの時代に最も顕著だったが、アメリカは今も権威主義者を支え続けている。弁護士や資産管理者は、権威主義者が国から略奪した金をオフショア口座で保全することにより、彼らの権力維持に貢献している。二〇一五年から二〇一九年まで、法律事務所グリーンバーグ・トラウリグは、直接、あるいは下請けとして、オルバーンとエルドアンのために働いていた。トランプの個人弁護士兼私設特使であるルドルフ・ジュリアーニは、以前グリーンバーグ・トラウリグに勤務し、トルコ大統領の海外事情を扱っていた[16]。

アメリカの広告会社やロビー会社は、権威主義者の暴力を隠蔽する一方で、その国をビジネスや観光の機会として宣伝してきた。ケッチャムは二〇〇六年から二〇一四年までプーチンの代理人を務め、彼が雑誌「タイム」で二〇〇七年のマン・オブ・ザ・イヤーに選ばれるよう働きかけ、成功させた。トランプはバラード・パートナーズをエルドアンと共有しており、エルドアンはほかにアメリカのロビー会社と広告会社を五社、自分のために働かせている。二〇一七年には、トランプの国家安全保障問題担当のマイケル・フリンが、エルドアンのアメリカでの利益を代表する外国人エージェントとして、エルドアンからも同時に給料をもらっていた。これらの企業や個人はすべて、民主主義の利益を享受しながら、外国では大金と引き換えに専制政治家が民主主義を破壊するのを支援している[17]。

権威主義の歴史とアメリカとの関わりを考えたとき、トランプの権力獲得を神の正義と見る者もいるかもしれない。独裁政権や外国の占領に耐えたことのない国が、権威主義の手口を身をもって体験しているのである。民主主義国家の大きな特権である自由を当然視することは、その自由が攻撃されたときには弱点となる。かつてと同様、強権的な政治手法の斬新さは、熟練した評論家でさえも軌道を狂わせた。ジョージ・W・ブッシュ大統領は、トランプの二〇一七年の就任演説について参照する枠がなく、「おかしなたわ言」と表現したが、権威主義の歴史の文脈では完全に正常なものであった。一九二〇年代と一九三〇年代のイタリア人とドイツ人や、一九七三年のクーデター後の一部のチリ人のように、多くのアメリカ人は、嘘と過激な政治を信奉する人物であっても、ひとたび権力を握れば落ち着き、民主主義の規範や制度を遵守するだろうと信じていた。元ニューヨークタイムズのジャーナリスト、クライド・ハーバーマンは二〇二〇年三月に、誰よりも率直に次のようにツイートした。

今朝、二〇一六年一一月の自分の単純さについて考えている。トランプが醜悪な人物であることは誰もが知っていたが、私は大統領の座が彼を変え、その座によって彼が向上すると思っていた。これ以上の間違いはないだろう[18]。

多くの人が目の前に迫った危険の範囲を認識するころには、国家元首の破壊的な性格と統治スタイルの代償はあまりにも明白であることが多い。

コロナウイルスの発生と二〇二〇年の人種差別反対デモに対するトランプの対応は、それを象徴するものであった。コロナウイルス発生後の重要な最初の数週間、大統領は政府の疾病管理センターなどの専門家を隅へ追いやり、大量の偽情報を撒き散らした。大統領は新型コロナウイルスをインフルエンザと大差ないと言い、証明されていない、あるいは命に関わる危険な治療法を売り込み、大規模な検査を妨害した。検査が増えれば報告される症例が増え、自分は有能だという主張が損なわれ、アメリカ経済の再出発が遅れ、彼の再選が危ぶまれることになるからだ。トランプは潔癖症として知られているが、公の場では防護服の着用を拒否するなど、平常心を演出することに腐心した。彼の呼びかけに応じ、六月にタルサやフェニックスなどの屋内集会にマスクなしで集まった何千人もの人々は、彼のプロパガンダ・マシンの餌食となり、トランプに、病気にも負けない男らしいリーダーという姿を演じさせた。そのときには、アメリカは数か月にわたって感染率が世界一高い国になっていた[19]。

過去の権威主義者たちが行なった不正行為と同じように、トランプ政権はパンデミック関連の救済に割り当てられた資源を、支持者への報奨や後援者ネットワークの強化のためにも流用した。トランプの再選挙キャンペーンに採用されたソフトウェア開発会社ファンウェアは、二兆ドルの景気刺激策から二八五万ドルを受け取った。これは、平均的な支給額の一四倍である。分割統治戦術は、医療機器の争奪戦で各州を対立させた。トランプは共和党の知事や自分に敬意を払ってくれる人を優遇し、他の役人に対する国民の信頼を失墜させようとした。二〇二〇年四月の記者会見で、「もし失敗している知事がいれば、我々が守ってやる」と述べた。アダム・シフ下院議員は別の言い方で、大統領のアプローチをこう要約している。「知事は基本的に彼に忠誠を誓い、彼を称賛する。さもなければ報いを受けることになる」[20]。

シフが説明する権威主義的リーダーシップのモデルは、デモに対するトランプの反応の指針にもなっている。二〇二〇年五月二九日金曜日、デモ参加者がホワイトハウスの芝生付近の仮設フェンスを突破したとき、シークレットサービスはトランプをホワイトハウス敷地内の安全な地下壕に急行させた。トランプが一時間後に姿を現したときには、ワシントンを軍事占領地のような状態にする計画が進行中だった。週末には、ラコタ・ヘリコプターとブラックホーク・ヘリコプターがデモに来た群衆の頭上を旋回し、五〇〇〇人の州兵が首都に押し寄せた。必要であればアメリカ国民に対して使用するため、何万発もの弾薬も持参していた。FBI、司法省、刑務所局などの治安部隊も作戦に参加した。重武装した隊員の多くにははっきりと認識できる制服の記章がなく、一部の専門家は、二〇一四年のロシアによるクリミア併合時にプーチンが記章のない「リトルグリーンメン」部隊を使用したことを思い出した[21]。

ストロングマンが国民に対して抱く恐怖と嫌悪は、その権力が脅かされたときに最もはっきりと現れるものであり、それはトランプ大統領も同様であった。六月一日月曜日、マーク・エスパー国防長官を含む白人の側近を伴って、大統領はローズガーデンへ歩いていき、「プロのアナーキスト、暴徒、放火魔（中略）アンティファ」など、抗議活動に関与した「テロリスト」たちを非難した。そして、現地や州の役人に対し、もし彼らが騒動を終わらせないのであれば、「私がアメリカ軍を展開し、彼らの代わりに問題を素早く解決するつもりだ」と警告した。警告が本気であることを示すため演説のあいだ、ホワイトハウス前のラファイエット広場では治安部隊が催涙ガスや閃光弾、騎馬警察などを投入してデモ隊を排除した。その後、トランプは聖ヨハネ教会まで歩き、聖書を小道具のように持って写真撮影に応じた[22]。

トランプのプロパガンダ用演出と抗議行動への対処は、彼の評判をさらに悪化させ、長年の盟友たちは距離を置くようになった。トランプの強固な盟友(そしてモブツなどの独裁者の支持者)である福音派キリスト教徒のパット・ロバートソンは、法と秩序を重んじるというトランプのレトリックは無慈悲で危険だと非難した。トランプの元国防長官だったジェームズ・マティス将軍は、トランプは民主主義に対する脅威であると警告した。それでも、トランプが二〇二〇年七月にポートランドなどの都市でデモ参加者に対してこのような戦術をエスカレートさせて用いるのを阻止することはできなかった。予防的逮捕と、デモ参加者が特徴のないバンに押し込まれる光景は、エルドアンやピノチェトなどの独裁者が敵に対して行なった行為を連想させた[23]。

この日、トランプは「威圧しなければ時間の無駄だ」と述べ、権威主義者に共通する人生哲学を表明した。当時の彼の行動は、独裁者が権力を脅かされたときにどのように行動するかを実体験しているアメリカ人にとっては、あまりにも身近に感じられるものであった。「サダム。バシャール。カダフィ。みんなこれをやった」と、ヨーロッパとアジアでCIAの作戦を指揮したマーク・ポリメロプロスは、トランプがデモ隊に武力を行使したことについてツイートしている。ロバート・フォード元大使をはじめとする外交官たちは、リビア革命時のカダフィの最後の誓いである、反対者をひとり残らず追い詰めて殺すという行為を思い出した[24]。

しかし、このような比較は歴史のもうひとつの教訓を思い起こさせる。その教訓とは、ストロングマンの粘り強さと権力維持のために必要なことは何でもやるという意志とを決して過小評価してはならないというものだ。民主主義の崩壊の兆候を見抜く訓練を受けたCIAのアナリストや将校は、現職か元職かを問わず、二極化とデモ参加者に対する武力行使は権威主義者による弾圧の前触れであることが多いと警告している。元アナリストのゲイル・ヘルトは、「これは崩壊前の国々で起こることだ」と語った。元CIAの潜入捜査官アビゲイル・スパンバーガー下院議員（民主党、バージニア州選出）は、アメリカで激化する緊張について「私はこの台本を知っている」と警告した。緊急事態の行動は、能力も人気も低下している指導者にとって、特別な魅力がある[25]。

そのような時、プロパガンダは特別な重要性を持ち、指導者に仕える人々は、カリスマ的な力の衰えを補うために超過勤務をしなければならない。二〇二〇年六月八日、ホワイトハウスのケイリー・マケナニー報道官は記者団にブリーフィングを行なった。外では、大統領にとって状況は暗く見えた。一〇万人以上のアメリカ人がコロナウイルスで死亡し（世界全体の死亡者数は四〇万五〇〇〇人）、感染者はまだ急増していた。失業率は上昇し（二月に六二〇万人だった失業者は五月には二〇五〇万人に増加）、トランプ大統領の支持率は三八パーセントに低下し、五月からさらに七ポイント低下していた。しかしホワイトハウスの中では、過去に多くの権威主義国家を支えてきた魔法のような思考が支配的だった。「おはようございます、みなさん」とマケナニーは記者団に言った。「国家の偉大さへの移行が正式に始まりました」[26]。

ストロングマンの支配の特徴である絶え間ない嘘と腐敗行為、人命軽視の冷酷さは、絶望につながる。だからこそ、弾圧的な統治に対する抵抗の歴史を知ることがより一層重要になる。人々は何度も何度も、大きな決意と勇気を示し、命をかけて、違った社会を作り出せるという希望を持ち続けてきた。このプロセスは、あらゆる指導者が、残酷さを奨励して民衆の連帯を思いとどまらせるために投資する感情的な訓練を拒否することから始まるかもしれない。ムッソリーニは、成功の秘訣を尋ねたジャーナリストに、友情は権力行使の妨げになると指摘し、「心を砂漠に保つのだ」と言った。独裁政権下で育った若き映画監督アルベルト・ラットゥアーダにとって、この言葉はファシズムの悪いところをすべて集約していた。一九四一年、彼は次のような痛烈な診断を下した。

愛の不在は、回避できたかもしれない多くの悲劇をもたらした。愛という黄金の雨の代わりに、無関心という黒いマントが人々の上に落ちてきた。かくして人々は愛の目を失い、もはやはっきりと見ることができなくなった。（中略）ここにすべての価値観の崩壊と良心の破壊と無効化の起源がある[27]。

それから約八〇年後、モスクワのある大学生がこの感情に共鳴した。二〇一九年、モスクワ市議会の議席を求めて選挙運動をしていたイェゴール・ジューコフは、非暴力的な抗議活動を提唱し、ロシアの指導者を「狂人」と呼んだとして、プーチン政権から「過激派」として告発された。法廷での証言でジューコフは、キリスト教と伝統的な価値の擁護者であるというプーチン大統領の主張の偽善性を強調した。彼は、プーチンの腐敗と、「互いの人間性を失わせる」という彼の目的を指摘した。ジューコフにとって、キリスト教とは隣人を愛し、「世の中の重荷」を引き受けることであり、世俗的な統治の指針にもなるはずだと信じていた。「愛とは、信頼、共感、人間性、相互扶助、そして配慮です。このような愛の上に成り立つ社会は強い社会であり、おそらくあらゆる可能な社会の中で最も強い社会だろう」。ジューコフは検察側が望んだ四年の禁固刑ではなく三か月の保護観察処分になったが、三年間インターネットへの投稿が禁止された。プーチンは、ジューコフがロシアの未来――プーチンのいない未来――の代弁者であり、自分とは正反対の政治や倫理のモデルを提唱していることを認識していた[28]。

他者に心を開き、思いやりをもって相手を見ることは、ストロングマンの支配に対する選挙での効果的な反撃に何度もつながってきた。チリの野党が一九八八年に実施してピノチェトを退陣に追い込んだ「喜びがもうすぐやってくる」運動も、二〇一九年のイスタンブール市長選でエクレム・イマモールを勝利に導いた「過激な愛」という方針も、楽観主義と連帯とコミュニティー意識という感情を動かした。ストロングマンを依然として支持しながらも内心では気持ちが揺らいでいる人たちに、イマモールがやったように手を差し伸べることも、望ましい結果をもたらす可能性がある。そのような人たちは自分の判断を恥じて誤りを認めようとしないだろうが、適切なタイミングで、適切な寛容の心をもって接すれば、それが変わるかもしれない[29]。

経済の低迷、敗戦、国家の窃盗や暴力による疲弊、誤った対応による公衆衛生上の危機などが、ストロングマンの不正や無能の証拠を無視できないものにすることがある。公共の利益よりも自分の保身を優先することがこれほど明白で、倫理的なリーダーシップを定義する人間的資質――他者に共感し、他者のために行動する能力――がこれほど欠落しているタイプの支配者はほかにいない。さまざまな国で相次いで発覚してきたように、国が指導者を最も求めているとき、ストロングマンは指導者として最低最悪なのである。

社会に二極化と憎悪が拡散する事態に直面したとき、人々が取るべき道はふたつある。塹壕をもっと深く掘るか、それとも、連帯と愛と対話はストロングマンが最も恐れるものだということを踏まえ、境界線を越えて手を伸ばし、新たな破壊の連鎖を食い止めるかだ。歴史は、人間愛への希望と信念を持ち続けることと、今この時代に自由のために戦っている人々を支援することのふたつが大切であると教えてくれる。私たちは、民主主義の破壊と復活の一〇〇年を生き、死んでいった人々の物語とともに進んでいくことができる。この物語たちは、現代の私たちにとっての貴重な助言なのである。

訳者あとがき

二〇一〇年代以降、民主主義を取り巻く状況は世界各地で厳しさを増している。少し見回してみただけでも、ポピュリズムの拡大、権威主義の台頭、国民の分断をあおる政治家の登場など、民主主義を危うくしそうな要素が数多く見られる。「民主主義の危機」を訴える論評も多く、中には現在の状況を一〇〇年前のファシズム登場前夜に比する専門家もいる。このような状況下で民主主義を脅かしているのが、英語で「ストロングマン (strongman)」と呼ばれる強権的指導者だ。このストロングマンたちの系譜と実像を明らかにしようとしたのが、本書『新しい権威主義の時代』である。

本書の著者ルース・ベン＝ギアットは、現代を「ストロングマンの時代」と捉え、その嚆矢を、彼女が専門とするムッソリーニと見なしている。そして、彼からドナルド・トランプに至るまでの「ストロングマンの時代」を、「ファシズムによる権力奪取の時代」「軍事クーデターの時代」「新たな権威主義者の時代」に区分し、それぞれの時代で主要なストロングマンたちが、いかにして権力を奪取し、どのような支配の道具を用いて民主主義を破壊し、どのようにして権力を失っていったかを解明していく。

ベン＝ギアットは、ニューヨーク大学に勤める歴史学とイタリア学の教授で、ファシズムと権威主義的指導者とプロパガンダを専門としている。また、歴史学の知見を生かして、各種メディアで現代政治についてのコメンテーターも務めている。その彼女が執筆した本書はアメリカでも評価されており、とりわけ、アメリカが過去に反自由主義・反民主主義的なストロングマンたちの政権を支援してきたことを率直に指摘した点と、ドナルド・トランプをファシズムに連なる系譜に位置づけた点は、多くのアメリカ人読者からは驚きをもって受け止められた（この二点は、アメリカ人以外の読者にはそれほど意外なことではないだろう。アメリカの書評でこの点が注目されたのは、「アメリカは民主主義世界の盟主であり、民主主義諸国の模範である」というアメリカ人の自己認識が関係しているのかもしれない）。

本書は、豊富な資料と関係者へのインタビューに基づいてストロングマンの系譜と実像を明らかにしているが、ストロングマンのすべてを解き明かしているわけではない。例えば、本書ではストロングマンを男性に限定しているが、女性がストロングマンとなる可能性についても検討の余地はあるだろう。また、ストロングマンはどの民主主義国家にも出現する可能性がある普遍的なものなのか、それとも出現には何らかの文化的・社会的・思想的条件があるのかといった点や、国民がストロングマンを支持するメカニズムなど、考察すべき点はたくさんある。さらに、本書が出版された二〇二〇年以降も歴史は動いている。プーチンのロシアはウクライナに侵攻し、ドナルド・トランプは二〇二〇年大統領選挙に敗れたが二〇二四年選挙への立候補を狙っている。今後、ストロングマンと民主主義体制がどうなっていくかは予断を許さない。そのような現状において、本書が読者諸賢にとって、民主主義について危機意識を持って考える契機となれば、訳者として幸いである。

最後に、本書の翻訳にあたっては、原書房の大西奈己様と、オフィス・スズキの鈴木由紀子様にたいへんお世話になりました。この場を借りて御礼申し上げます。ありがとうございました。

小林朋則

二〇二三年二月

略語一覧

AKP　公正発展党（トルコ）
AN　国民同盟（イタリア）
CADA　芸術行動集団（チリ）
CBPUS　税関・国境取締局（アメリカ）
CEMA　母親センター財団（チリ）
CIA　中央情報局（アメリカ）
DINA　国家情報局（チリ）
EU　欧州連合
FPMR　マヌエル・ロドリゲス愛国戦線（チリ）
FSB　連邦保安庁（ロシア）
GOP　共和党（アメリカ）
ICEUS　移民・関税執行局（アメリカ）
IMF　国際通貨基金

KGB　国家保安委員会（旧ソ連）
MIR　革命左翼運動（チリ）
MSI　イタリア社会運動
NATO　北大西洋条約機構
NFSL　リビア救国国民戦線
NSDAP　国民社会主義ドイツ労働者党
NTC　国民暫定評議会（リビア）
OVRA　反ファシズム監視抑圧機関（イタリア）
PCI　イタリア共産党
PNF　国民ファシスト党（イタリア）
PSI　イタリア社会党
Rai　イタリア放送協会
RCC　革命評議会（リビア）
SA　突撃隊（ドイツ）
SS　親衛隊（ドイツ）
UN　国際連合（国連）

新《あたら》しい権威主義《けんいしゅぎ》の時代《じだい》

ストロングマンはいかにして民主主義《みんしゅしゅぎ》を破壊するか

下

●

2023 年 3 月 19 日　第 1 刷

著者……………ルース・ベン＝ギアット
訳者……………小《こ》 林《ばやし》 朋則《とものり》
装幀……………川島進
発行者……………成瀬雅人
発行所……………株式会社原書房
〒 160-0022 東京都新宿区新宿 1-25-13
電話・代表　03(3354)0685
http://www.harashobo.co.jp/
振替・00150-6-151594
印刷・製本……………シナノ印刷株式会社

ISBN978-4-562-07268-2, printed in Japan

◆著者
ルース・ベン＝ギアット（Ruth Ben-Ghiat）
ニューヨーク大学歴史学・イタリア学教授。MSNBC のオピニオン・コラムニスト。CNN、MSNBC 等のメディアで、権威主義、ファシズム、民主主義への脅威について解説している。

◆訳者
小林朋則（こばやし・とものり）
翻訳家。筑波大学人文学類卒。主な訳書に荘奕傑『古代中国の日常生活』、トールキン『トールキンのアーサー王最後の物語〈注釈版〉』（以上、原書房）、マッキンタイアー『ソーニャ、ゾルゲが愛した工作員』、アームストロング『イスラームの歴史――1400 年の軌跡』（以上、中央公論新社）など。

注

第七章　腐敗行為

1. Mobutu Sese Seko, 1976 年 5 月 20 日 , 引用元は Keith B. Richburg, “Mobutu: A Rich Man in Poor Standing,” *Washington Post*, 1991 年 10 月 3 日付 ; Rep. Stephen Solarz, in Léonce Ndikumana and James K. Boyce, “Congo's Odious Debt: External Borrowing and Capital Flight in Zaire,” *Development and Change* 29, no. 2 (1998): 208; David Smith, “Where Concorde Once Flew: The Story of President Mobutu's ‘African Versailles,’” *Guardian*, 2015 年 2 月 10 日付 ; James Brooke, “Mobutu's Village Basks in His Glory,” *New York Times*, 1988 年 9 月 29 日付 ; Michela Wrong, *In the Footsteps of Mr. Kurtz. Living on the Brink of Disaster in the Congo* (London: Fourth Estate, 2000), 213-31; Adam Zagorin, “Leaving Fire in his Wake: Mobutu Sese Seko,” *TIME*, 1983 年 2 月 22 日号 .
2. Acemoglu, Verdier, Robinson, “Kleptocracy”; Frantz and Ezrow, *Politics of Dictatorship*, 23; Thomas Turner and Crawford Young, *The Rise and Decline of the Zairian State* (Madison: University of Wisconsin Press, 1985).
3. Jean Nzuga Karl-i-Bond, *Mobutu, ou l'incarnation du Mal Zaïrois* (London: Rex Collings, 1982); Blaine Harden, “Mobutu Is Unchallenged ‘Messiah’ of Zaire,” *Washington Post*, 1987 年 11 月 10 日付 .
4. ザイールは、モブツ政権時代、銅とダイヤモンドとコバルトの世界トップクラスの輸出国だった . Ndikumana and Boyce, “Odious Debt,” 208-12; Kelly, *America's Tyrant*, 200; Anderson and Van Atta, “Mobutu in Search of an Image Boost”; Vanessa Ogle, “‘Funk Money’: The End of Empires, the Expansion of Tax Havens, and Decolonization as an Economic and Financial Event,” *Past and Present* に掲載予定 (2020).
5. Rasma Karklins, *The System Made Me Do It. Corruption in Post-Communist Societies* (New York: Routledge, 2005), 4-5, 25; Oskar Kurer, “Definitions of Corruption,” in *The Routledge Handbook of Political Corruption*, ed. Paul M. Heywood (London: Routledge, 2015), 30-39. すでに 1970 年代には、ザイールの事業予算のうち 15 ～ 20 パーセントが直接モブツに流れていた . Ndikumana and Boyce, “Odious Debt,” 206.
6. Gandhi, *Political Institutions*, 73-105; Desai, Olofsgård, Yousef, “Authoritarian Bargains.”
7. Daron Acemoglu, “Countries Fail the Same Way Businesses Do, Gradually and Then Suddenly,” *Foreign Affairs*, 2020 年 6 月 15 日号（ダロン・アセモグル「アメリカ社会の分裂と解体：唐突な国家破綻を回避するには」『フォーリン・アフェアーズ・リポート』2020 年 7 月号掲載）.
8. Devlin Barrett, Adam Entous, Ellen Nakashima, and Sari Horwitz, “Special Counsel Is Investigating Trump for Possible Obstruction of Justice, Officials Say,” *Washington Post*, 2017 年 6 月 14 日付 .
9. Nadia Popovich, Livia Albeck-Ripka, and Kendra Pierre-Louis, “95 Environmental Rules Being Rolled Back under Trump,” *New York Times*, 2019 年 12 月 21 日付（2020 年 5 月 20 日更新）; 最新情報については the Drilled News Climate & COVID-19 Policy Tracker: https://www.drilled-news.com/post/the-climate-covid-19-policy-tracker を参照 ; Evan Osnos, “Trump vs. the ‘Deep State,’” *New Yorker*, 2018 年 5 月 21 日号 ; Vanessa Barbara, “Where Do You Turn When the Anti-Corruption Crusaders Are Dirty?” *New York Times*, 2019 年 7 月 5 日付 ; Danielle Brant and Phillippe Watanabe, “Sob Bolsonaro, multas ambientais caem 34% para meno nivel em 24 anos,” *Folha de S. Paolo*, 2020 年 3 月 9 日付 .
10. Pompeo, in Jennifer Hansler, “Pompeo: Melting Sea Ice Presents New ‘Opportunities for Trade,’” CNN.com, 2019 年 5 月 7 日付 . 北極圏での中国とロシアの影響力に対抗するという名目で、アメリカはグリーンランドに 1210 万ドルの包括的援助を申し出た : Martin Selsoe Sorensen, “U.S. Aid for Greeland Prompts Praise and Suspicion in Denmark,” *New York*

Times, 2020 年 4 月 24 日付 ; Nina Martyris, "Buying Greenland? That's Nothing to Gabriel García Márquez," NPR.com, 2019 年 8 月 24 日付 .

11. Acemoglu, Verdier, Robinson, "Kleptocracy"; Wrong, *Footsteps*; Mack Smith, *Mussolini*, 175; Cliff Sims, *Team of Vipers: My 500 Extraordinary Days in the Trump White House* (New York: Thomas Dunne, 2019), 320.

12. Karl H. von Weigand, "Hitler Foresees His End," *Cosmopolitan*, 1939 年 4 月号 ; El-Kikhia, *Qaddafi*, 5; Maggie Haberman and Russ Buettner, "In Business and in Governing, Trump Seeks Victory in Chaos," *New York Times*, 2019 年 1 月 20 日付 ; Michael Morell, "I Ran the CIA. Now I'm Endorsing Hillary Clinton," *New York Times*, 2016 年 8 月 5 日付 .

13. Nordlinger, *Children*, 131-47, 197-205; Farfán and Vega, *La familia*; Michael Wolff, *Fire and Fury*, 27（ウォルフ『炎と怒り：トランプ政権の内幕』）.

14. Mauro Canali and Clemente Volpini, *Mussolini e i ladri del regime* (Milan: Mondadori, 2019), 147, 151; Ward, *Kushner, Inc.*; Andrea Bernstein, *American Oligarchs. The Kushners, the Trumps, and the Marriage of Money and Power* (New York: W. W. Norton, 2020); Kendzior, *Hiding in Plain Sight*; "EU Pursues Orbán Son in Law Case Despite Hungary Ending Probe," *Politico* (EU edition), 2018 年 11 月 8 日付 ; Lawrence Norman, "EU Fraud Office Finds Irregularities in Projects Linked to Hungarian Leader's Son-in-Law," *Wall Street Journal*, 2018 年 1 月 12 日付 ; Alexander Christie-Miller, "Erdogan's Son in Law linked to 'Isis Oil Trade,'" *Times*, 2015 年 12 月 5 日付 .

15. Mussolini, "Discorso sull' Ascensione"; Mattei, "Austerity."

16. 駐パレルモ・イギリス領事 James Dodds, in Duggan, *Fascist Voices*, 145; Seldes, *Sawdust Caesar*, 196-200（セルデス『ファッショの偶像』）; Salvatore Lupo, *Il fascismo. La politica in un regime totalitario* (Rome: Donzelli, 2000); Vittorio Coco, "Una carriera emergente in terra di mafia," in *Il fascismo dalle mani sporche. Dittatura, corruzione, affarismo*, ed. Paolo Giovannini and Marco Palla (Rome: Laterza, 2019), 141-62.

17. Canali and Volpini, *Mussolini e i ladri*, 45-46, 116-24; Ilaria Pavan, *Tra indifferenza e odio. Le conseguenze economiche delle leggi razziali in italia, 1938-1970* (Milan: Mondadori, 2019).

18. Emilio De Bono, in MacGregor Knox, "Mussolini and Hitler: Charisma, Regime, and National Catastrophe," in *Political Leadership, Nations and Charisma*, ed. Vivian Ibrahim and Margit Wunsch (New York: Routledge, 2012), 105. ムッソリーニは、1924 年、1929 年、1932 年、1935 年、1939 年、および 1943 年に内閣を改造している .

19. Mussolini, ミラノ知事宛の電報 , 1930 年 6 月 2 日付 , 引用元は Benito Mussolini, *Corrispondenza inedita*, ed. Duilio Susmel (Milan: Edizioni del Borghese, 1972), 114; Mack Smith, *Mussolini*, 127-30.

20. Canali and Volpini, *Mussolini e i ladri*, 183-204; Michela C. から Mussolini 宛ての手紙 , 1925 年 12 月 14 日付 , 出典は *Caro Duce*, 81; Romano Mussolini, *Il Duce*, 140.

21. 1935 年 1 月 31 日付の警察の報告書 , 引用元は Kershaw, "*Hitler Myth*," 98（ケルショー『ヒトラー神話』）; Kalder, *Library*, 136（カルダー『独裁者はこんな本を書いていた』）; Hitler, in Richard Evans, "Corruption and Plunder in the Third Reich," blog post at: https://www.richardjevans.com/lectures/corruption-plunder-third-reich/.

22. Jane Caplan, *Government without Administration* (Oxford: Clarendon Press, 1988); Knox, "Mussolini and Hitler," 105; Arendt, *Origins*, 396-409（アーレント『全体主義の起原』）; António Costa Pinto, "Ruling Elites, Political Institutions and Decision-Making in Fascist-Era Dictatorships: Comparative Perspectives," in *Rethinking the Nature of Fascism. Comparative Perspectives*, ed. António Costa Pinto (New York: Palgrave Macmillan, 2011), 204-7; Alexander De Grand, *Fascist Italy and Nazi Germany. The "Fascist" Style of Rule* (New

York: Routledge, 2004), 34-35; Otto Dietrich, *The Hitler I Knew. Memoirs of the Third Reich's Press Chief* (New York: Skyhorse, 2014), 92.

23. 「小さな独裁者たち」については Fathali M. Moghaddam, *The Psychology of Dictatorship* (Washington, DC: American Psychological Association, 2013), 77; Kershaw, "*Hitler Myth*," 96-104（ケルショー『ヒトラー神話』）; Evans, "Corruption and Plunder." 1935 年、政府はディー・カタコンベを閉鎖した。フィンクはエスターヴェーゲン収容所に 6 週間入れられ、公共の場での公演を 1 年間禁じられた。

24. Götz Aly, *Hitler's Beneficiaries* (New York: Metropolitan Books, 2007)（ゲッツ・アリー『ヒトラーの国民国家：強奪・人種戦争・国民的社会主義』[芝健介訳。岩波書店。2012 年]）; Kershaw, "*Hitler Myth*," 83（ケルショー『ヒトラー神話』）; Evans, "Corruption and Plunder."

25. Frantz and Ezrow, *Politics of Dictatorship*, 18-46; Huneeus, *Pinochet*, 1-3.

26. Constable and Valenzuela, *Enemies*, 118-22.

27. 元検察官については Constable and Valenzuela, *Enemies*, 115. 司法制度の懐柔については同書 116-36.

28. Spooner, *Soldiers*, 86-87, 102-3, 150; ピノチェトは、新たに中将の階級も創設し、将官への昇進スピードをアップさせた; Huneeus, *Pinochet*, 91-95; Cristóbal Peña, *La secreta vida*, 29; Anderson, "The Dictator."

29. Arriagada, *Pinochet*, 30; Erin Carlyle, "Meet Chemicals Billionaire Julio Ponce Lerou, Former Son-in-Law of the Chilean Dictator," *Forbes*, 2013 年 6 月 19 日号; Timothy L. O'Brien and Larry Rohter, "The Pinochet Money Trail," *New York Times*, 2004 年 12 月 12 日付; "Swiss Lead International Inquiry into Assets of Pinochet Family," *Irish Times*, 1999 年 2 月 15 日付.

30. González, *Conjura*; Stern, *Battling*, 57-58; Angélica Thumala Olave, "The Richness of Ordinary Life: Religious Justification among Chile's Business Elite," *Religion* 40, no. 1 (2010): 14-26; Huneeus, *Pinochet*, 162-68; Márquez, *Clandestine*, 29-30（ガルシア＝マルケス『戒厳令下チリ潜入記』）.

31. Jonathan Franklin, "Pinochet's Widow under Investigation on Suspicion of Swindling Millions," *Guardian*, 2016 年 8 月 18 日付; Nicholas O'Shaughnessy, "Pinochet's Lost Millions: The UK Connection," *Independent*, 2009 年 8 月 23 日付; David Leigh and Rob Evans, "Revealed: BAE's Secret (GB Pound)1m to Pinochet," *Guardian* (joint investigation with La Tercera), 2005 年 9 月 15 日付; Farfán and Vega, *Familia*, 109-46; Huneeus, *Pinochet*, 457-59.

32. Michael Ross, "What Have We Learned about the Resource Curse?" *Annual Review of Political Science* 18 (2015): 239-59; Jørgen Juel Andersen and Silje Aslaksen, "Oil and Political Survival," *Journal of Development Economics* 100, no.1 (2013): 89-106; Bueno de Mesquita and Smith, *Dictators' Handbook*（メスキータ、スミス『独裁者のためのハンドブック』）; Smith, "Oil Wealth and Regime Survival."

33. ADST, Josif へのインタビュー; van Genugten, *Libya*, 93-101; Anderson, *State and Social Transformation*, 262.

34. Pargeter, *Gaddafi*, 72-80; El-Kikhia, *Qaddafi*, 84-92; Arendt, *Origins*, 400（アーレント『全体主義の起原』）.

35. New York Times Wikileaks Archive, cable from Elizabeth Fritschle, political/economic chief, US Liaisons Office, Department of State, 2006 年 5 月 10 日付: https://archive.nytimes.com/www.nytimes.com/interactive/2010/11/28/world/20101128-cables-viewer.html#report/libya-06TRIPOLI198.

36. Jessica Donati and Marie-Louise Gumuchian, "Special Report: The Gaddafi Oil Papers," Reuters, 2011 年 12 月 23 日付; Jaber Emhemed Masaud Shariha, Bambang Supriyono, M. Mardiyono, Andy Fefta Wijaya, and Soesilo Zauhar, "Corruption in the Regime's Apparatus and State Institutions in Libya during Gaddafi's Rule," *International Refereed Journal of Engineering and Science* 3, no. 11 (2014): 1-3.

37. Vandewalle, *Libya*, 173-

94; "Libya Documents: A Programme to Enhance the International Reputation of Libya," *Guardian*, 2011年3月4日付; Kevin Bogardus, "PR Firm Books $1.2 Million from Gadhafi's Libya," *Hill*, 2011年7月18日付; Kawczynski, *Gaddafi*, 191-213; "Libya's Top 5 Corruption Scandals," Transparency International blog, 2014年7月28日付, at https://blog.transparency.org/2014/07/28/libyas-top-5-corruption-scandals-2/; van Genugten, *Libya*, 127-46.

38. John Markoff, "U.S. Group Reaches Deal to Provide Laptops to All Libyan Schoolchildren," *New York Times*, 2006年10月11日付; James S. Henry, "Gaddafi's Fellow Travellers," *Forbes*, 2011年8月26日号; Rajiv Syal and Jeevan Vasagar, "Anthony Gidden's Trip to See Gaddafi Vetted by Libyan Intelligence Chief," *Guardian*, 2011年3月4日付; *Delivered into Enemy Hands. U.S.-Led Rendition of Opponents to Gaddafi's Libya*, Human Rights Watch Report, 2012: https://www.hrw.org/sites/default/files/report_pdf/libya0912_web_0.pdf.

39. Anderson, "King of Kings"; Edwin Durgy, "Did Muammar Gaddafi Die the Richest Man in the World?" *Forbes*, 2011年10月25日号. 雑誌フォーブスはカダフィを最も裕福な男と見なしていないが、これは彼の財産の大半がリビア政府名義の口座に入っているからで、これも個人主義的な支配下では国家財政と個人の資産管理が混同されることを示す例となっている。

40. Guriev and Treisman, "Modern Dictators"; Bálint Magyar, *The Post-Communist Mafia State* (Budapest: Central European University Press, 2015); Anders Aslund, *Russia's Crony Capitalism: The Path from Market Economy to Kleptocracy* (New Haven: Yale University Press, 2019).

41. Leighann Spencer and Ali Yildiz, *The Erosion of Property Rights in Turkey*, Platform Peace & Justice, 2020, at: http://www.platformpj.org/wp-content/uploads/EROSION-OF-PROPERTY-RIGHTS-IN-TURKEY-1.pdf.

42. J. C. Sharman, *The Despot's Guide of Wealth Management* (Ithaca, NY: Cornell University Press, 2017); Zucman, *Hidden Wealth*（ズックマン『失われた国家の富』）; Alexander Cooley, John Heathershaw, and J. C. Sharman, "Laundering Cash, Whitewashing Reputations," *Journal of Democracy* 29, no. 1 (2018): 39-53; Luke Harding, "Revealed: The $2bn Offshore Trail That Leads to Vladimir Putin," *Guardian*, 2016年4月3日付; Jacob Rund, "House Passes Beneficial Ownership Disclosure Bill," *Bloomberg Law*, 2019年10月22日付; Foer, "Russian-Style Kleptocracy."

43. Hill and Gaddy, *Putin*, 216（ヒル、ガディ『プーチンの世界』）; Karklins, *System*, 36; Aslund, *Crony Capitalism*; Staff, "Richest 3% Russians Hold 90% Country's Financial Assets," *Moscow Times*, 2019年4月12日付.

44. 2012年のマグニツキー法により、アメリカは人権侵害に関与したロシア高官を対象にビザ発給の停止と資産凍結を行なえるようになった. Shelley, "Crime and Corruption," 194, 200-201; Dawisha, *Putin's Kleptocracy*, 317-18. 2013年の恩赦で1万人の実業家が釈放された. Owen Matthews, "Putin's Russia: Exile Businessmen," *Newsweek*, 2010年8月14日号; James Marson and Thomas Grove, "In Russia, the Corporate Raiders Are Often Cops," *Wall Street Journal*, 2018年8月7日付.

45. Anders Aslund, "Vladimir Putin Is Russia's Biggest Oligarch," *Washington Post*, 2019年6月5日付; Vanand Meliksetian, "A Watershed Moment for Gazprom," Oilprice.com, 2019年6月15日付: https://oilprice.com/Energy/Natural-Gas/A-Watershed-Moment-For-Gazprom.html; Dawisha, *Putin's Kleptocracy*, 326-31; ズベルバンクの報告書については, Leonid Bershidsky, "A Fired Analyst Got Too Close to Gazprom's Truth," *Bloomberg Opinion*, 2018年5月23日付.

46. Aslund, "Vladimir Putin Is Russia's Biggest Oligarch"; Nguyen, "Eric Trump Reportedly Bragged about Access to $100 Million in

Russian Money." Eric Trumpは、ほぼ20年間にわたりトランプ・オーガナイゼーションがドイツ銀行から20億ドルの融資を受けていたことには触れていない : Enrich, *Dark Towers*.
47. Rubini, "Le vicende giudiziarie," 138; Vannucci, "Controversial Legacy"; Dallara, "Powerful resistance"; Amedeo Benedetti, *Il linguaggio e la retorica della nuova politica italiana: Silvio Berlusconi e Forza Italia* (Genoa: Erga, 2004), 11-12.
48. Vannucci, "Controversial Legacy," 251; Berlusconi, in Stella and Rizzi, *Cosi parlò*, 25.
49. Berlusconi, in Ginsborg, *Berlusconi*, 84; Pierfranco Pellizzetti, *Fenomenologia di Berlusconi* (Rome: Manifestolibri, 2009), 56; Orsina, *Berlusconism*, 96; Vannucci, "Controversial Legacy."
50. Vannucci, "Controversial Legacy," 235.
51. Stratfor, "Italy's Interests in Libya," *Forbes*, 2011年3月31日号.
52. Putin, in Hill and Gaddy, *Putin*, 166-67, また280-84（ヒル、ガディ『プーチンの世界』）; Zygar, *Kremlin's Men*, 32-33, 36-37, 112-13, 118-23; Todd H. Hall, *Emotional Diplomacy* (Ithaca, NY: Cornell University Press, 2015), 94-100; Caroline Wyatt, "Bush and Putin: Best of Friends," BBC News, 2001年6月16日付.
53. Diodato and Niglia, *Berlusconi*, 91; Maurizio Carbone, "Russia's Trojan Horse in Europe? Italy and the War in Georgia," *Italian Politics*, 24 (2008): 138-40; Taylor, *Code of Putinism*; Angela Stent, *Putin's World: Russia against the West and with the Rest* (New York: Twelve, 2019); Mark Galeotti, *We Need to Talk about Putin: How the West Gets Him Wrong* (London: Ebury Press, 2019).
54. Diodato and Niglia, *Berlusconi*, 55-56, 105; Friedman, *My Way*, 138-43.
55. Carbone, "Trojan Horse"; *La Stampa* Staff, "Gaffe di Berslusconi che mima un mitra. Putin: 'Si, mi piacciono le belle donne,'" *La Stampa*, 2008年4月18日付 ; Spogli, 'Italy-Russia Relations" and "Scenesetter"; Michael Scherer, "Silvio Berlusconi, A Small Man," *TIME*, 2010年12月3日号. Spogliの懸念は、後任の大使David Thorneも抱いていた。これについては"Italy: Scandals Taking Toll on Berlusconi's Personal and Political Health," 2009年10月27日付 : https://www.theguardian.com/world/us-embassy-cables-documents/231600.
56. Olivia Nuzzi, "What Hope Hicks Knows," *New York*, 2018年3月18日号.
57. Philip Bump, "Nearly a Third of the Days He's Been President, Trump Has Visited a Trump-Branded Property," *Washington Post*, 2019年12月30日付 ; David Fahrenthold, Josh Dawsey, Jonathan O'Connell, and Michelle Ye Hee Lee, "When Trump Visits His Clubs, Government Agencies and Republicans Pay to Be Where He Is," *Washington Post*, 2019年6月20日付 ; David Leonhardt and Ian Prasad Philbrick, "Trump's Corruption: The Definitive List," *New York Times*, 2018年10月28日付.
58. Osnos, "'Deep State'"; Ashley Parker, Philip Rucker, and Josh Dawsey, "'Ready, Shoot, Aim': President Trump's Loyalty Tests Cause Hiring Headaches," *Washington Post*, 2018年4月29日付 ; Karklins, *System*, 153; Julia Ioffe, "Trump Is Waging War on America's Diplomats," *GQ*, 2019年12月3日号.
59. Conway, in Aaron Blake, "'Blah, Blah, Blah': This 2-Week-Old Kellyanne Conway Clip Looks a Lot Worse Today," *Washington Post*, 2019年6月13日付 ; Margaret Taylor, "I Vetted the State Department Whip Guy," *Lawfare*, 2019年7月1日付 ; Andrew Desiderio, "House Oversight Threatens to Subpoena Kellyanne Conway," *Politico*, 2019年6月23日付.
60. Osnos, "'Deep State'"; Kathryn Dunn Tenpas et al., *Tracking Turnover in the Trump Administration*, Brookings Report, 2019年4月 ; Anonymous, "I Am Part of the Resistance Inside the Trump Adminstration," *New York Times*, 2018年9月5日付 ; Rucker and Leonnig, *Stable Genius*; Alexander Nazaryan, *The Best People: Trump's Cabinet and the Siege on Washington* (New York: Hachette, 2019); Bob Woodward, *Fear: Trump in the White House* (New York:

Simon and Schuster, 2018)（ボブ・ウッドワード『FEAR 恐怖の男：トランプ政権の真実』［伏見威蕃訳。日本経済新聞出版社。2018年］）.

61. Dan Spinelli, "Report: Barr Protected Turkish Bank from Prosecution to Appease Erdogan," *Mother Jones*, 2020年2月15日号 ; Thorne 大使の "Italy: Scandals Taking Toll" に、ベルルスコーニの「運び屋」(bagman) ヴァレンティーノへの言及がある.

62. David Graham, "The Unchecked Corruption of Trump's Cabinet," *Atlantic*, 2019年5月20日 付 ; Osnos, "'Deep State'"; Dan Alexander, "Lies, China, and Putin: Solving the Mystery of Wilbur Ross's Missing Fortune," *Forbes*, 2019年6月18日号 ; Steven Mufson, "Wilbur Ross Owned Stock in a Company with Close Ties to Putin Associates. Now He's Facing Questions about What He Did with It," *Washington Post*, 2018年6月20日付.

63. Alan Rappeport, "Mnuchin Defends Plan to Lift Sanctions on Russian Oligarch's Companies," *New York Times*, 2019年1月10日付 ; Christina Maza, "Sanctioned Russian Oligarich's Company to Invest Millions in New Aluminum Plant in Mitch McConnell's State," *Newsweek*, 2019年4月15日 号 ; Tom Porter, "Russia State Media Mocked Trump by Calling Him 'Our Donald Ivanovych' and Complained US Politicians Had Lost Their Minds over Attempts to Impeach Him," *Business Insider*, 2019年11月7日付 ; Brendan Cole, "Trump's Praise of Putin Mocked on Russian TV with 'Señorita' Mashup," *Newsweek*, 2019年8月29日号.

64. James Comey, "How Trump Co-Opts Leaders Like Bill Barr," *New York Times*, 2019年5月1日付.

第八章　暴力

1. Cristina Godoy-Navarrete, in Kim Sengupta, "Victims of Pinochet's Secret Police Prepare to Reveal Details of Rape and Torture," *Independent*, 1998年11月9日付.

2. Styron, "Special Report on Chile," 258; Jean Améry, *Beyond the Mind's Limits. Contemplations by a Survivor on Auschwitz and Its Realities* (New York: Schocken Books, 1986), 39, 36, 24; Wolfgang Sofsky, *The Order of Terror. The Concentration Camp*, trans. William Templer (Princeton, NJ: Princeton University Press, 1997), 16-27.

3. Hannah Arendt, *On Violence* (New York: Harcourt, Brace and World, 1969), 56（ハンナ・アーレント「暴力について」、ハンナ・アーレント『暴力について：共和国の危機』［山田正行訳。みすず書房。2000年］所収）.

4. Styron, "Special Report on Chile," 247; Tubach, *German Voices*, 47.

5. Rubin, *Modern Dictators*, 298.

6. José Ortega y Gasset, *Man and People*, trans. Willard R. Trask (New York: W. W. Norton, 1957), 196（オルテガ『個人と社会：人と人びと』（新装復刊）［アンセルモ・マタイス、佐々木孝訳。白水社。2004年]); Michael Ebner, *Ordinary Violence in Mussolini's Italy* (Cambridge, UK: Cambridge University Press, 2010), 177-78; Mosse, *Nazi Culture*, xxxix; Eugen Nerdinger, in Annette Dumbach and Jud Newborn, *Sophie Scholl and the White Rose* (London: Oneworld Publications, 2018), 165-66.

7. Fitzpatrick and Lüdtke, "Energizing," 278. ヴュルツブルクでは、大衆の協力により、ゲシュタポの取り扱った事件の64パーセントが「人種的冒涜」と「ユダヤ人との交友」の問題に関するものだった : Darius Rejali, *Torture and Democracy* (Princeton, NJ: Princeton University Press, 2009), 494.

8. Timothy Snyder, *Black Earth. The Holocaust as History and Warning* (New York: Tim Duggan Books, 2015), 82-83（ティモシー・スナイダー『ブラックアース：ホロコーストの歴史と警告』（全2巻）［池田年穂訳。慶應義塾大学出版会。2016年］）; United Nations War Crimes Commission (UNWCC), PAG-3/2.0, reg no. 4551/Gr/It/35, microfilm p. 1340; また reg. no. 7054/Gr/It/88, microfilm 1589, および reg. no. 6804/Gr/It/76 charge no. 485/45, microfilm 1536.

9. Arendt, *Origins*（アー

レント『全体主義の起原』）; Isabel Hull, *Absolute Destruction: Military Culture and the Practices of War in Imperial Germany* (Ithaca, NY: Cornell University Press, 2006); Adam Hochschild, *King Leopold's Ghost: A Story of Greed, Terror, and Heroism in Colonial Africa* (New York: Houghton Mifflin, 1999); Andrea Pitzer, *One Dark Night: A Global History of Concentration Camps* (Boston: Little, Brown, 2017).

10. Douglas Porch, *Counterinsurgency: Exposing the Myths of the New Way of War* (Cambridge, UK: Cambridge University Press, 2013); Rejali, *Torture*, 電気ショック装置については 167-224, バスタブについては 108-119; Perseus Strategies, *The Kremlin's Political Prisoners*.

11. Mussolini, "Stato anti-Stato e fascismo"; 匿名の拷問官、引用元は John Perry, *Torture: Religious Ethics and National Security* (Princeton, NJ: Princeton University Press, 2005), 92.

12. Mussolini, "Fascismo," *Enciclopedia Treccani* (Milan: Istituto Trecccani, 1932) at: http://www.treccani.it/enciclopedia/fascismo_%28Enciclopedia-Italiana%29/.

13. Ruth Ben-Ghiat, "A Lesser Evil? Italian Fascism in/and the Totalitarian Equation," in *The Lesser Evil. Moral Approaches to Genocide Practices*, ed. Helmut Dubiel and Gabriel Motzkin (New York: Routledge, 2004), 137-53; Mimmo Franzinelli, *Il tribunale del Duce. La giustizia fascista e le sue vittime (1927-1943)* (Milano: Le Scie, 2017); Ebner, *Violence*, 11, 60-64, 188-91.

14. Pietro Badoglio 元帥から General Graziani 将軍への手紙, 1930 年 6 月 20 日付, 出典は Giorgio Rochat, *Guerre italiane in Libia e in Etiopia. Studi militari 1921-1939* (Treviso: Pagus, 1991), 61; Hom, *Empire's Mobius Strip*, 89-108; Ahmida, *Forgotten Voices*; Jamlila Sa'īd Sulaymān, in Katrina Yeaw, "Women, Resistance, and the Creation of New Gendered Frontiers in the Making of Modern Libya, 1890-1980," PhD dissertation, Georgetown University, 2017, 269-71. 人口は 11 万人から 4 万人に減り、30 万頭の動物が死んだ。8 万 5000 人から 11 万人が収容された. Knud Holmboe, *Desert Encounter. An Adventurous Journey through Italian Africa*, trans. Helga Holbek (London: George G. Harrap, 1936), 203, 103.

15. Mussolini から Emilio De Bono 将軍への手紙, 1935 年 3 月 8 日付, 出典は Mussolini, *Corrispondenza inedita*, 149-51; Bruce Strang, ed., *Collision of Empires: Italy's Invasion of Ethiopia and Its International Impact* (New York: Routledge, 2013); Mattioli, *Experimentierfeld*.

16. Emperor Haile Selassie, *League of Nations Official Journal*, Special Supplement 151, Records of the Sixteenth Ordinary Session of the Assembly, Plenary Meeting, June 30, 1936, 22-25; Thomas Mann, *Diaries 1918-1939* (New York: Harry N. Abrams, 1982), 1935 年の項, 246-47.

17. Dana Renga, Elizabeth Leake, and Piero Garofalo, *Internal Exile in Fascist Italy* (Bloomington: Indiana University Press, 2019); Ebner, *Violence*, 103-38; 収容所と、それを管理していたイタリア政府のきかんのリストは www.campifascisti.it; Vito Ailara and Massimo Caserta, *I relegati libici a Ustica dal 1911 al 1934* (Ustica: Centro Studi Isola di Ustica, 2012); Hom, *Empire's Mobius Strip*, 48-50. 1932 年にウスティカ島の収容所が閉鎖されると、被収容者の多くはポンツァ島へ送られた.

18. Aldo Pavia and Antonella Tiburzi, "I campi di concentramento italiani 1926-1940": http://www.storiaxxisecolo.it/deportazione/deportazionecampid.html.

19. Gianfranco Goretti and Tommaso Giartosio, *La città e l'isola: Omosessuali al confino nell'Italia fascista* (Rome: Donzelli, 2006), 154; Ebner, Violence, 196.

20. Mussolini, in Galeazzo Ciano, *Diario 1937-43* (Milan: Rizzoli, 1990), 1938 年 7 月 10 日の項, 1938, 156; Dina M からムッソリーニへの手紙, 1938 年 12 月, 出典は *Caro Duce*, 49-50; "Come coprire i vuoti"; Gherardo Casini, "Bonifica della cultura italiana," *L'Orto* (January 1938).

21. Mussolini, in Petacci, *Mus-*

solini segreto, 1938 年 10 月 9 日および同月 11 日の項, locations 6254-6258, 6275-6278 (Kindle edition).

22. Renzetti から Mussolini への手紙, 1934 年 7 月 14 日付, 出典は De Felice, *Mussolini e Hitler*, 302.

23. Hannah Arendt, "Social Science Techniques and the Study of Concentration Camps," *Jewish Social Studies* 12, no. 1 (1950): 58-59; Rejali, *Torture*, 499; Geoffrey Megargee and Martin Dean, eds., *Encyclopedia of Camps and Ghettos, 1933-1945* (Washington, DC: United States Holocaust Memorial Museum, 2009); Caplan, "Introduction," 1-18; Nikolaus Wachsmann, *KL. A History of the Nazi Concentration Camps* (New York: Farrar Straus and Giroux, 2015).

24. Pitzer, *Dark Night*, 166-75; Rejali, *Torture*, 92-104.

25. Victor Klemperer, *I Will Bear Witness: A Diary of the Nazi Years 1933-1941*, trans. Martin Chalmers (New York: Knopf, 1999); Cesarani, *Final Solution*, 158-59, 216-21; Caplan, "Introduction," in Herz, *Moringen*, 8-9. 1933 年 1 月時点でドイツに住むユダヤ人の人口は 52 万 3000 人だった。1939 年までに 30 万 4000 人がドイツを離れ、そのうち 10 万人は 1938 年の「水晶の夜」の後に脱出した.

26. Tubach, *German Voices*, 88-89; Goebbels, in Cesarani, *Final Solution*, 181-99.

27. 「徹底的浄化」という表現は、1938 年の師団長向け教範に記載されている。出典は Jensen, *Franco*, 78; Javier Rodrigo, "Exploitation, Fascist Violence, and Social Cleansing: An Exploration of Franco's Concentration Camps from a Comparative Perspective," *European Review of History* 19, no. 4 (2012): 553-73.

28. Paul Preston, "Franco and Hitler: The Myth of Hendaye, 1940," *Contemporary European History* 1, no. 1 (1992): 1-16; Wayne H. Bowen, *Spain during World War Two* (Columbia: University of Missouri Press, 2006).

29. UNWCC, 341/Y/It10 no.R/I/10, 1944 年 10 月 14 日付, 1078 Rab, 1079 Monigo. Hom, *Empire's Mobius Strip*, 110-12; Alessandra Kersevan, *I lager italiani. Pulizia etnica e campi di concentramento fascisti per civili jugoslavi 1941-1943* (Rome: Nutrimenti, 2008).

30. Schmitt, in Traverso, *Fire*, 73-74 (トラヴェルソ『ヨーロッパの内戦』); Mark Mazower, *Dark Continent: Europe's Twentieth Century* (New York: Vintage, 2009), 143-47 (マーク・マゾワー『暗黒の大陸：ヨーロッパの 20 世紀』[中田瑞穂・網谷龍介訳。未來社。2015 年]).

31. Hitler, 1939 年 8 月 22 日の命令, 出典は Timothy Snyder, *Bloodlands: Europe between Hitler and Stalin* (New York: Basic Books, 2012), 121 (ティモシー・スナイダー『ブラッドランド：ヒトラーとスターリン大虐殺の真実』(全 2 巻) [布施由紀子訳。筑摩書房。2015 年]); Omer Bartov, *Hitler's Army: Soldiers, Nazis, and War in the Third Reich* (New York: Oxford University Press, 1992); Friedrich M., 1939 年 9 月 13 日付の手紙, 引用元は Tubach, *German Voices*, 203-4; Jan Gross, *Neighbors. The Destruction of the Jewish Community in Jedwabne, Poland* (Princeton, NJ: Princeton University Press, 2001).

32. Snyder, *Bloodlands*, ix-x (スナイダー『ブラッドランド』); ドイツ陸軍最高司令部 (OKH), "Guidelines for the Behavior of Troops in Russia," 1941 年 5 月, 引用元は Martin Kitchen, *A World in Flames* (New York: Routledge, 1990), 72; Traverso, *Fire*, 104-11 (トラヴェルソ『ヨーロッパの内戦』); Bartov, *Hitler's Army*, 83; Mark Edele and Michael Geyer, "States of Exception. The Nazi-Soviet War as a System of Violence, 1939-1945," in *Beyond Totalitarianism*, ed. Fitzpatrick and Lüdtke, 345-95.

33. Evans, "Corruption and Plunder"; Aly, *Hitler's Beneficiaries* (アリー『ヒトラーの国民国家』); O'Connor, *Butcher*.

34. Herman Voss, "The Posen Diaries of the Anatomist Herman Voss," in *Cleansing the Fatherland. Nazi Medicine and Racial Hygiene*, ed. Götz Aly, Peter Chroust, and Christian Pross (Baltimore: Johns Hopkins University Press, 1994), 1941 年 9 月 30 日の項と 1942 年 4 月 27 日の項, 135, 141.

35. Christa Schroeder, in Low-

er, *Furies*, 5, また 6-8, 21, 36-37（ロワー『ヒトラーの娘たち』）.

36. Sofsky, *Order*, 23, 37-38; Raul Hilberg, in Claude Lanzmann, *Shoah. The Complete Text of the Acclaimed Holocaust Film* (New York: Da Capo Press, 1995), 61（クロード・ランズマン『ショアー』[高橋武智訳。作品社。1995 年]）.

37. Walter Rauff, 1942 年 6 月 5 日付の報告書，出典は Kate Millett, *The Politics of Cruelty. An Essay on the Literature of Political Imprisonment* (New York: W. W. Norton, 1994), 68.「ガス室」の統計は http://auschwitz.org/en/history/auschwitz-and-shoah/gas-chambers.

38. Doris Reiprich, 1984 年のインタビュー，出典は May Opitz, Katharina Oguntoye, and Dagmar Schulz, *Showing Our Colors. Afro-German Women Speak Out* (Amherst: University of Massachusetts Press 1992), 66; Voss, 1941 年 6 月 2 日の項，および Aly, "Medicine against the Useless," どちらも *Cleansing*, ed. Aly, Chroust, Pross, 105-6 および 22-98; Friedlander, "Exclusion and Murder." 安楽死の訓練を受けた看護師たちは、収容所でも働いていた : Lower, *Furies*（ロワー『ヒトラーの娘たち』）, 38. 死者数は : https://www.ushmm.org/learn/students/learning-materials-and-resources/mentally-and-physically-handicapped-victims-of-the-nazi-era/euthanasia-killings.

39. Primo Levi, *Survival in Auschwitz* (New York: Touchstone Books, 1996), 29, 88（プリーモ・レーヴィ『これが人間か：アウシュヴィッツは終わらない 改訂完全版』[竹山博英訳。朝日新聞出版。2017 年]）; Sofsky, *Order*, 82-93.

40. Nieves Ayress, in Archivio Chile, Centro de Estudios Miguel Enríquez, "El testimonio de Nieves Ayress Moreno se levanta con la fuerza de la Verdad fruente a los cobardes che niegan la tortura en Chile": http://www.archivochile.com/Derechos_humanos/testimo/hhddtestimo0006.pdf; Temma Kaplan, *Taking Back the Streets. Women, Youth, and Direct Democracy* (Berkeley: University of California Press, 2004), 15-39; Jorge Ramos, "This Is How Pinochet Tortured Me," *The Scholar and Feminist Online*, 2, no. 1 (2003).

41. その後エクアドルとペルーがコンドル作戦に加わり、より周縁的な役割を担った. Osni Geraldo Gomes, in Yglesias, ed., *Terror*, 43-50; McSherry, *Predatory States*. 1983 ～ 1984 年に米州学校はアメリカ・ジョージア州フォート・ベニングに移転した.

42. 筆者による S とのインタビュー.

43. Ravelli, "Far Right Militants"; Matteo Albanese and Pablo Del Hierro, *Transnational Fascism in the Twentieth Century: Spain, Italy and the Global Neofascist Network* (London: Bloomsbury Academic, 2016); Gerald Steinacher, *Nazis on the Run. How Hitler's Henchmen Fled Justice* (New York: Oxford University Press, 2011), 209-10. コロニア・ディグニダードには、陸軍の化学兵器施設もあった.

44. Olderock と Alejandra Holzapfel の発言，引用元は Alejandra Matus, "Ingrid Olderock," in *Los Malos*, ed. Guerriero, 144, 148.

45. Laurence Birns, "The Demise of a Constitutional Society," *New York Review of Books*, 1973 年 11 月 1 日号; Jack Chang, "Downstairs From Her Glittering Chilean Salon, There Was a Torture Chamber," McClatchy, 2008 年 8 月 3 日付; Ravelli, "Far Right Militants," 178-94.

46. General Carlos Prats González, *Una vida por la legalidad* (México: Fondo de Cultura Económica, 1975), 1973 年 9 月 21 日の項，92; Alejandro Carrió, *Los crímenes del Cóndor. El caso Prats y la trama de conspiraciones entre los servicios de inteligencia del Cono Sur* (Buenos Aires: Editorial Sudamericana, 2005).

47. Cristóbal Peña, "Contreras," 39-40; Karen De Young, David Montgomery, Missy Ryan, Ishaan Tharoor, and Jia Lynn Yang, "This Was Not an Accident. This Was a Bomb," *Washington Post*, 2016 年 9 月 20 日付; Guardiola-Rivera, *Death Foretold*, 387-95.

48. Cristóbal Peña, "Contreras"; NSA Archive, "Chile and the United States," 1987 年 10 月 6 日付, George P. Shultz から Ronald Reagan 大統

領への覚書 : https://nsarchive2.gwu.edu/NSAEBB/NSAEBB532-The-Letelier-Moffitt-Assassination-Papers/.

49. Sheila Cassidy, "Tortured in Chile," *Index on Censorship* 5, no. 2 (1976): 67-73; Israel Bórquez, in Constable and Valenzuela, *Enemies*, 131, 恩赦については 129-30; Stern, *Battling*.

50. Ayress, in Archivio Chile, "El testimonio de Nieves Ayress Moreno."

51. ファイサル・ザガッライは、間接的にリビア人のため働いていた元グリーンベレーに射殺された. Nadine Dahan, "How Khashoggi Case Brings Back Bad Memories for Libyan Exiles," *Middle East Eye*, 2018 年 10 月 15 日付 ; Matar, *Return*（マタール『帰還』）; CIA, Libya under Gaddafi: A Pattern of Aggression, 1986 report: https://www.cia.gov/library/readingroom/docs/CIA-RDP91B00874R000200060007-8.pdf.

52. Kawczynski, *Gaddafi*, 41, 88-111; L.S., 著者とのインタビュー ; Gaddafi, in Pargeter, *Libya*, 95; Vandewalle, *Libya*, 118-22.

53. Corri Zoli, Sahar Azar, and Shani Ross, *Patterns of Conduct. Libyan Regime Support for and Involvement in Acts of Terrorism*, UNHRC Commission of Inquiry into Human Rights Violations in Libya, 2011: https://papers.ssrn.com/sol3/papers.cfm?abstract_id=2004546.

54. 国務省、カダフィのテロリズムに関する報告書, 出典は *New York Times*, 1986 年 1 月 9 日 付 ; Seymour Hersh, "Target Qaddafi," *New York Times*, 1987 年 2 月 22 日 付 ; Abu Farsan, 引用元は Human Rights Watch, *Delivered*, 21, 111-16; van Genugten, *Libya*, 105-25.

55. Patrick J. McDonnell, "Notorious Libyan Prison Now a Symbol of Kadafi Era," *Los Angeles Times*, 2011 年 10 月 1 日 付 ; Matar, *Return*, 222, 226-30（マタール『帰還』）; Evan Hill, "Libya Survivor Describes 1996 Prison Massacre," *Al Jazeera*, 2011 年 10 月 21 日付 ; Gaddafi, in Pargeter, *Gaddafi*, 105.

56. Tolga の証言の引用元は Rachel Goldberg, "Kidnapped, Escaped, and Survived to Tell the Tale: How Erdogan's Regime Tried to Make Us Disappear," *Haaretz*, 2018 年 12 月 11 日 付 ; Erdoğan, in Alexa Liautaud, "Turkey's Spy Agency Has Secretly Abducted 80 Turkish Citizens Living Abroad," *Vice News*, 2018 年 4 月 10 日付 ; Rick Gladstone, "Turkish Secret Agents Seized 80 People in 18 Countries, Official Says," *New York Times*, 2019 年 4 月 5 日 付 ; Vidino, "Erdogan's Long Arm."

57. Gurlev, Treisman, "Modern Dictators"; Simon, "Muzzling the Media"; Stockholm Center for Freedom, "Turkey Has Detained More than 282,000."

58. Putin, 2001 年 2 月 1 日, 引用元は Knight, *Orders*, 145, またアンナ・ポリトコフスカヤについては 132-37.

59. Knight, *Orders*, 257-78.

60. Armin Rosen, "Inside Russia's Prison System," *Atlantic*, 2012 年 10 月 18 日付 ; Marc Bennetts, "Putin's Gulag," *Politico*, 2016 年 12 月 7 日 付 ; "Russia Admits Slave Labor Used at Pussy Riot Penal Colony," *Moscow Times*, 2018 年 12 月 25 日 付 ; Eli Lake, "What Is Vladimir Putin Afraid Of?" *Bloomberg*, 2019 年 4 月 30 日 付 ; Perseus Strategies, *The Kremlin's Political Prisoners*.

61. "Poison in the System," *BuzzFeed*, 2017 年 6 月 12 日 付 ; Knight, *Orders*, リトヴィネンコについては 145-87, ウラジーミル・カラ＝ムルザについては 278-81, レオニート・マルティニュークの 2016 年 10 月の発言は 303; Tom Peck, "Vladimir Kara-Murza, a Twice Poisoned Russian Dissident, Says 'If It Happens a Third Time, That'll Be It,'" *Independent*, 2017 年 3 月 18 日付 .

62. Trump and Bill O'Reilly, in Knight, *Orders*, 280; トランプはこの見解を、2015 年に MSNBC の番組 *Morning Joe* で放送された Joe Scarborough とのインタビューでも語っている. Philip Bump, "Trump Isn't Fazed by Vladimir Putin's Journalist-Murdering," *Washington Post*, 2015 年 12 月 18 日付、参照 .

63. Ayal Feinberg, Regina Branton, and Valerie Martinez-Ebers, "Counties That Hosted a 2016 Trump Rally

Saw a 226 Percent Increase in Hate Crimes," *Washington Post*, 2019 年 3 月 22 日付 ; Jeremy Diamond, "Trump on Protester: 'I'd Like to Punch Him in the Face,'" CNN.com, 2016 年 2 月 23 日付 ; ヘイトクライムに関する FBI の統計 : https://www.fbi.gov/news/pressrel/press-releases/fbi-releases-2017-hate-crime-statistics.

64. 数字の出典は、アメリカ移民税関執行局（ICE）2018 年度 ICE Enforcement and Removal Operations Report: https://www.ice.gov/doclib/about/offices/ero/pdf/eroFY2018Report.pdf; Hispanic Caucus のツイート , 2019 年 8 月 25 日付 : https://twitter.com/HispanicCaucus/status/1165690934820036609; Julie Hirschfeld David and Michael D. Shear, *Border Wars. Inside Trump's Assault on Immigration* (New York: Simon and Schuster, 2019).

65. John Fritze, "Trump Used Words Like 'Invasion' and 'Killer' to Discuss Immigration at Rallies 500 Times: USA Today Analysis," *USA Today*, 2019 年 8 月 9 日付 ; Julia Carrie Wong, "Trump Referred to Immigrant 'Invasion' in 2000 FB Ads, Analysis Reveals," *New York Times*, 2019 年 8 月 5 日付 ; Philip Rucker, "'How Do You Stop These People?': Trump's Anti-Immigrant Rhetoric Looms over El Paso Massacre," *Washington Post*, 2019 年 8 月 4 日付 .

66. Jason Zengerle, "How America Got to 'Zero Tolerance' on Immigration: The Inside Story," *New York Times Magazine*, 2019 年 7 月 16 日号 ; Jennifer Jacobs and Justin Sink, "White House Looked into Ways to Block Migrant Children from Going to School," *Bloomberg*, 2019 年 8 月 17 日付 ; Caitlin Dickerson, "'There Is a Stench': Soiled Clothes and No Baths for Migrant Children at a Texas Center," *New York Times*, 2019 年 6 月 21 日付 ; Michael Edison Hayden, "Miller Dismisses DACA in Emails, Mirroring Anti-Immigrant Extremists' Views," Hatewatch, Southern Poverty Law Center, January 14, 2020: https://www.splcenter.org/hatewatch/2020/01/14/miller-dismisses-daca-emails-mirroring-anti-immigrant-extremists-views.

67. Melissa Nann Burke, "Bethany: Migrant Children Still Being Separated from Parents at the Border," *Detroit News*, 2019年2月7日付; E. Kay Trimberger, "Separating Children of Immigrants and Unethical Adoptions," *Psychology Today*, 2018 年 7 月 18 日号 ; Maria Sacchetti, "ACLU: U.S. Has Taken Nearly 1000 Child Migrants from Their Parents Since Judge Ordered Stop to Border Separations," *Washington Post*, 2019 年 7 月 30 日付 ; AP, "The U.S. Has Held a Record 69,550 Children in Government Custody in 2019," NBCNews.com, 2019 年 11 月 12 日付 . ディック・アンド・ベッツィ・デヴォス財団は、2001 ～ 2015 年にベサニーに補助金として 34 万 3000 ドルを与え、デヴォスの義父が運営するリチャード・アンド・ヘレン・デヴォス財団は 75 万 5000 ドルを与えた . Kathryn Joyce, *The Child Catchers: Rescue, Trafficking, and the New Gospel of Adoption* (New York: Public Affairs, 2013); Jane Chambers, "Chile's Stolen Children," BBC, 2019 年 9 月 26 日付 .

68. Caitlin Dickerson and Zolan Kanno-Youngs, "Border Patrol Will Deploy Elite Tactical Agents to Sanctuary Cities," *New York Times*, 2020 年 2 月 14 日付 ; Maya Srikrishnan, "Border Report: The Link between Border Enforcement and Corruption," *Voice of San Diego*, 2019 年 10 月 14 日付 ; Ben Penn, "Human Trafficking Victims Blocked from Visas by Trump Wage Boss," *Bloomberg*, 2019 年 6 月 24 日付 ; Franklin Foer, "How Trump Radicalized ICE," *Atlantic*, 2018 年 9 月号 ; Jenn Budd, 筆者とのインタビュー .

69. James Sargent, Elinor Aspegren, Elizabeth Lawrence, and Olivia Sanchez, "Chilling First-Hand Reports of Migrant Detention Centers Highlight Smell of 'Urine, Feces,' Overcrowded Conditions," *USA Today*, 2019 年 7 月 17 日付 ; Cynthia Pompa, "Kids Keep Dying in CBP Detention Centers, and DHS Won't Take Accountability," ACLU.org, 2019 年 6 月 24 日付 : https://www.aclu.org/blog/immigrants-rights/immi-

grants-rights-and-detention/immigrant-kids-keep-dying-cbp-detention.

70. Sargent et al., "Chilling"; Jessica Bursztynsky, "The US Won't Provide Flu Vaccines to Migrant Families in Detention Camps," CNBC, 2019 年 8 月 20 日 付 ; Sam Levin, "Caged Alone 24 Hours a Day, Denied Medicine: Lawsuit Claims 'Torture' in Migrant Jails," *Guardian*, 2019 年 8 月 19 日 付 ; Mihir Zaveri, "El Paso Immigrant Center Is Dangerously Overcrowded, Authorities Warn," *New York Times*, 2019 年 5 月 31 日 付 ; Guardian Staff, "Texas Migrant Detention Facilities 'Dangerously Overcrowded'— US Government Report," *Guardian*, 2019 年 7 月 2 日 付 ; DHS Office of Inspector General report, 2019 年 7 月 2 日 公 表 : https://www.oig.dhs.gov/sites/default/files/assets/2019-07/OIG-19-51-Jul19.pdf.

71. Ken Klippenstein, "Saudi-Linked Lobby Group Pitched Film to Humanize Child Detention Camp," *The Young Turks*, 2019 年 9 月 6 日付 ; Aaron Rupar, "Trump Turns Shooting Migrants into a Punchline at Florida Rally," *Vox*, 2019 年 5 月 9 日付 .

第九章　抵抗運動

1. Georg Elser, in Chris Bowlby, "The Man Who Missed Killing Hitler by 13 Minutes," BBC, 2015 年 4 月 5 日 付 ; Roger Moorhouse, *Killing Hitler: The Plots, the Assassins, and the Dictator Who Cheated Death* (New York: Bantam Books, 2006), 49-78（ロジャー・ムーアハウス『ヒトラー暗殺』[高儀進訳。白水社。2007 年]）; Joachim Fest, *Plotting Hitler's Death. The Story of German Resistance* (New York: Metropolitan Books, 1996). 負傷者のうち 3 人が後に亡くなり、死亡者は合計で 8 名となった .
2. Mussolini, *My Autobiography* (New York: Charles Scribner's Sons, 1928), 237（ムッソリーニ『わが自叙傳』（ムッソリーニ全集、第 10 巻）[木村毅訳。改造社。1941 年]）; Gárcia Márquez, *Clandestine*, 36-37（ガルシア＝マルケス『戒厳令下チリ潜入記』）; Will Stewart, "Vladimir Putin Assassination Attempt 'Foiled,'" *Telegraph*, 2008 年 3 月 15 日付 .
3. Maria Castro, in Wright and Oñate, *Flight*, 89.
4. Guillo, in Natalia Pinazola, "El humor que desnudó a Pinochet," BBC Mundo, 2008 年 7 月 22 日付 ; Guillo, 著者とのインタビュー .
5. Maria Stephan and Erica Chenoweth, *Why Civil Resistance Works* (New York: Columbia University Press, 2012).
6. Mischa Gabowitsch, *Protest in Putin's Russia* (Cambridge, UK: Polity Press, 2017), 8-9; Marwan Kraidy, "Public Space, Street Art, and Communication in the Arab Uprisings," in *Bullets and Bulletins. Media and Politics in the Wake of the Arab Uprisings*, ed. Mohamed Zayani and Suzi Mirgani (New York: Oxford University Press, 2016), 116-21; Gárcia Márquez, *Clandestine*, 47-48（ガルシア＝マルケス『戒厳令下チリ潜入記』）.
7. Renato Gomez, in Constable and Valenzuela, *Enemies*, 165.
8. Duggan, *Fascist Voices*, 165; Moorhouse, *Killing Hitler*, 59（ムーアハウス『ヒトラー暗殺』）; Gissi, "Reproduction"; Maria Bucur, "Policing the Womb 2.0," *Public Seminar*, 2019 年 2 月 28 日付 .
9. Dorfman, *Homeland Security*, 98-100; Leonardo Sciascia, *Le parrocchie del Regelpetra* (1956) (Milan: Adelphi, 1991), 43; Matar, *Return*, 151（マタール『帰還』）; Hill, "Libya Survivor Describes 1996 Prison Massacre"; Paul Preston, "The Crimes of Franco," in *Looking Back at the Spanish Civil War*, ed. Jim Jump (London: Lawrence and Wishart, 2010), 181-82.
10. Dietrich Von Hildebrand, with John Crosby, *My Battle against Hitler: Defiance in the Shadow of the Third Reich* (New York: Image Books, 2016), 173; Eduardo Saavedra, in White and Oñate, *Flight*, 97.
11. Natalia Ginzburg, "Chiarezza," *Italia libera*, 1944 年 12 月 31 日付 .
12. Carlo Rosselli の 引 用 元 は Alberto Tarchiani, "L'impresa di Lipari," in *No al fascismo*, ed. Ernesto Rossi (Turin: Einaudi, 1963), 119; Caroline Moorhead, *A*

Bold and Dangerous Family: The Remarkable Story of an Italian Mother, Her Two Sons, and Their Fight against Fascism (New York: HarperCollins, 2017), 221-35, Francesco Cannata の電報 は 230; Isabelle Richet, *Women, Anti-Fascism, and Mussolini's Italy. The Life of Marion Cave Rosselli* (London: I.B. Tauris, 2018), 94-115; Stanislao Pugliese, *Carlo Rosselli. Socialist Heretic and Antifascist Exile* (Cambridge: MA: Harvard University Press, 1999).

13. Ebner, *Violence*, 74-102, 1930 年 5 月 1 日のプロパガンダ作戦については 78.
14. Stanislao Pugliese, ed., *Fascism and Anti-Fascism* (Manchester: Manchester University Press, 2001), 167; H. Stuart Hughes, *The United States and Italy* (Cambridge, MA: Harvard University Press, 1953), 102-5; Richet, *Women*, 87, 157; Pugliese, *Rosselli*, 84-120, 189-94.
15. George Orwell, Homage to Catalonia (New York: Harcourt Brace and World, 1952), 47（ジョージ・オーウェル『カタロニア讃歌』）; Bray, *Antifa*, 31-32.
16. Rosselli, *Oggi in Spagna, domani in italia* (Turin: Einaudi, 1967), 70-75; Mussolini, in Yvon de Begnac, *Palazzo Venezia: storia di un regime* (Rome: La Rocca, 1950), 613; Pugliese, *Rosselli*, 220.
17. 政治警察の報告書 , 1938 年 1 月 12 日付 , 4 月 7 日付 , 4 月 9 日付 , 5 月 8 日付 , 5 月 31 日付 , 所在はすべて ACS, MI, DGPS, DPP, b.132, f.K11; Giulia Veronesi, "Chi siamo," *Campo di Marte*, 1938 年 9 月 1 日付 .
18. Ben-Ghiat, *Empire Cinema*, 243-66.
19. 白バラ抵抗運動、1942 年の 1 通目の手紙からの引用 , 出典は Dumbach and Newborn, *White Rose*, 187; Christiane Moll, "Acts of Resistance: The White Rose in the Light of New Archival Evidence," in *Resistance against the Third Reich 1933-1990*, ed. Michael Geyer and John W. Boyer (Chicago: University of Chicago Press, 1994), 173-200.
20. 最初の引用は Hans Scholl, ふたつ目の引用は Sophie Scholl のもの , 出典は Moll, "Resistance," 181.
21. 白バラ抵抗運動 , 1 通目と 2 通目の手紙 , Dumbach and Newborn, *White Rose*, 189, 190.
22. Dumbach and Newborn, *White Rose*, 183; Hans Scholl, ゲシュタポによる尋問内容 , 出典は Moll, "Resistance," 192; George Axelsson, "Nazi Slur Stirred Students' Revolt," *New York Times*, 1943 年 4 月 18 日付 .
23. Moorhouse, *Killing Hitler*, 79-114; 248, 260-69（ムーアハウス『ヒトラー暗殺』）.
24. Klemens von Klemperer, "'What Is the Law That Lies behind These Words?' Antigone's Question and the German Resistance against Hitler," and Alfred G. Frei, "'In the End I Just Said O.K.': Political and Moral Dimensions of Escape Aid at the Swiss Border," both in *Resistance*, ed. Geyer and Boyer, 141-50, 75-88; Freya von Moltke and Helmuth James von Moltke, *Last Letters: the Prison Correspondence, 1944-1945*, eds. Dorothea von Moltke and Johannes von Moltke (New York: New York Review of Books, 2019); Mark Roseman, *Lives Reclaimed: A Story of Rescue and Resistance in Nazi Germany* (New York: Metropolitan Books, 2019).
25. 1939 年 5 月 4 日付 , ヴュルテンベルク州の役人への手紙 , *Nazi Culture*, 252; Richard Steigmann-Gall, *The Holy Reich. Nazi Conceptions of Christianity, 1919-1945* (Cambridge, UK: Cambridge University Press, 2003); Claudia Koonz, "Ethical Dilemmas and Nazi Eugenics: Single-Issue Dissent in Religious Contexts," in *Resistance*, eds. Geyer and Boyer, 15-38.
26. "Text of the State Department Report on Libya under Qaddafi," *New York Times*, 1986 年 1 月 9 日付 .
27. Muñoz, *Dictator's Shadow*, 160-81.
28. Pinochet, in Muñoz, *Dictator's Shadow*, 173-74. FPMR の戦闘員 1 名が脚を負傷し、地下診療所で手当を受けた。それ以外は無傷だった .
29. Muñoz, *Dictator's Shadow*, 177; CIA, "Chile: Pinochet under Pressure," 1984 年の報告書 : https://www.cia.gov/library/readingroom/docs/DOC_0000451427.pdf.
30. ADST, Barnes のインタビュー ; Arriagada, *Pino-*

chet, 40-45; Ensalaco, *Chile*, 125-55.

31. Arriagada, *Pinochet*, 49-55.
32. Rodolfo Seguel, in Constable and Valenzuela, *Enemies*, 242-43; Cooper, *Pinochet*, 71; CIA, "Chile: Pinochet under Pressure," 1-2.
33. Hunees, *Pinochet Regime*, 376-80; Constable and Valenzuela, *Enemies*, 122-23.
34. Constable and Valenzuela, *Enemies*, 260-68; Stern, *Battling*.
35. Fernando Balcells, in Robert Neustadt, *Cada Día: La Creación de un arte social* (Santiago: Editorial Cuarto Propio, 2001), 73. CADAは、社会学者バルセルス、作家ディアメラ・エルティト、詩人ラウル・スリタ。ヴィジュアル・アーティストのフアン・カスティージョとロティ・ローゼンフェルトで構成されていた.
36. Matus, *Doña Lucia*, 207-10; Anderson; "The Dictator"; 逮捕者数は Arriagada, *Pinochet*, 63; Elliot Abrams, in Tom Gjelten, "Augusto Pinochet: Villain to Some, Hero to Others," NPR, 2006 年 12 月 10 日 付 ; CIA, "Chile: Pinochet under Pressure," 5.
37. 1993 年に革命評議会にあった 70 の幹部職のうち、ワルファラ族は 24 を占め、カダフィ族は 42 を占めていた : El-Kikhia, *Qaddafi*, 160-63; Pargeter, *Libya*, 158-63.
38. Ross, "What Have We Learned about the Resource Curse?"; Lisa Anderson, "Qadhdhafi and His Opposition," *Middle East Journal* 40, no. 2 (1986), 225-28, これによると、毎年平均 3 件の政権打倒未遂が起こっていたのが、1980 年代初頭には 10 件に増えた ; CIA, "Libya: Qadhafi's Domestic and International Position"; Herbert H. Denton, "Libyan Officers Try to Murder Qaddafi, U.S. Sources Say," *Washington Post*, 1985 年 4 月 12 日付 ; L.S., 筆者とのインタビュー ; ADST, Josif へのインタビュー .
39. CIA, "Libyan Opposition Groups: Much Sound, Little Fury," 1987 report, 2; Alfred Hackensberger, "The Desolate Wasteland of Gaddafi's Education System," Qantara.de, 2012 年 1 月 13 日付 .
40. CIA, "Libyan Opposition Groups," 5-12.
41. "USA/Chad: Target Gaddafi," *Africa Confidential* 30, no. 1 (1989): 1-2; Matar, *Return*, 111（マタール『帰還』）.
42. Patrick Tucker, "One of the World's Top Protest Apps Was Just Blocked in Russia," *Defense One*, 2017 年 4 月 12 日付 ; Deibert, "Road to Unfreedom"; Charles Arthur, "Turkish Protestors Using Encryption Software to Evade Censors," *Guardian*, 2013 年 6 月 4 日付 ; Ellen Ioanes, "Hong Kong Protesters Use 'Pokemon Go' and Tinder to Organize as Police Crack Down on Protests," *Business Insider*, 2019 年 8 月 7 日付 .
43. Enikolopov, Makarin, and Petrova, "Social Media"; Tufekci, *Twitter*; Clay Shirky, "The Political Power of Social Media," *Foreign Policy* (January-February 2011); Diana Matar, "Narratives and the Syrian Uprising," in *Bullets*, ed. Ziyani and Mirgani, 89-106; "Masked Men Raid Office of Russian Opposition Leader Sobol," *Radio Free Europe Liberty*, 2019 年 8 月 10 日付 , 以下に動画あり : https://www.rferl.org/a/russia-lyubov-sobol-opposition/30103137.html; Natalia Vasilyeva, "Russian Police Raid Opposition Activists' Homes in 43 Cities," AP, 2019 年 9 月 12 日付 ; Will Vernon, BBC, 2019 年 9 月 13 日付 , ノヴォシビルスクの活動家 Sergei Boyko のドローンの写真のリツイート : https://twitter.com/BBCWillVernon/status/1172456679675432960.
44. Christopher Mele, "Russia Bans a Not-So-Manly Image of Putin," *New York Times*, 2017 年 4 月 6 日付 ; Constable and Valenzuela, *Enemies*, 178.
45. Ellen Ioanes and Reuters, "Hong Kong Protestors Are Forming a Human Chain 30 Years After the Baltic Way Democratic Protests," *Business Insider*, 2019 年 8 月 23 日付 .
46. "Russian Calendar Girls in Putin Birthday Battle," BBC News, 2010 年 10 月　日付 ; Miriam Elder, "Russian Journalism Students Hit Back with Rival Anti-Putin Calendar," *Guardian*, 2010 年 10 月 7 日 付 ; Sperling, *Sex*.
47. Sarah Oates, *Revolution Stalled: The Political Limits of the Internet in the*

Post-Soviet Sphere (Oxford: Oxford University Press, 2013); Alfred B. Evans, Jr., "Civil Society and Protest," in *Putin's Russia*, ed. Wegren, 103-25; Gabowitsch, *Protest*, 181. ヴォイナのパフォーマンスは、プーチンの当時の被後見人メドヴェージェフを大統領にし、プーチンが首相として政府をコントロールし続けられるようにした、新たな「タンデム政権」に抗議するものだった．

48. Kira Sokolova, in Gabowitsch, *Protest*, 46-51, また 2-10, 27; Enikolopov, Makarin, and Petrova, "Social Media."

49. Pussy Riot, in Gabowitsch, *Protest*, 164-73, また 16-17, 34-36; Eliot Bornstein, *Pussy Riot: Speaking Punk to Power* (London: Bloomsbury, 2020).

50. Yegor Zhukov, in Evan Gershkovich, "Trying to Maintain Momentum as Election Approaches, Moscow Protests Again," *Moscow Times*, 2019 年 8 月 31 日付；Marc Bennetts, "Russia Passes Law to Jail People for 15 Days for 'Disrespecting Government,'" *Guardian*, 2019 年 3 月 6 日付 March; Lake, "What Is Vladimir Putin Afraid Of?"

51. Francesca Ebel, "Russian Protestors Aided by Digital Tools, Self-Organizing," AP, 2019 年 9 月 6 日付；Gershkovich, "Trying to Maintain Momentum"; Lucian Kim, "'The Government Is Very Afraid': Meet Moscow's New Opposition Leader, Lyubov Sobol," NPR, 2019 年 8 月 21 日付．

52. Sabina Guzzanti, in Boria, "Silenced Humor," 103. トークショーの司会者で皮肉屋のダニエレ・ルッタッツィは、出演する Rai のテレビ番組「サティリコン Satyricon」を 2001 年に打ち切られた。

53. Ginsborg, *Berlusconi*, 163-66; Dallara, "Powerful Resistance."

54. Paolo Ceri, "Challenging from the Grass Roots: The Girotondi and the No Global Movement," in *Resisting*, ed. Albertazzi et al., 83-93; Ginsborg, *Berlusconi*, 169-74.

55. Cristian Vaccari, "Web Challenges to Berlusconi," in *Resisting*, ed. Albertazzi et al., 140-43. Beppe Grillo, "L'etat c'est moi!" 2005 年 8 月 29 日付のブログ記事：https://web.archive.org/web/20050830182506/http:/www.beppegrillo.it/.

56. Orsina, *Berlusconism*, 123-33; Nanni Moretti, in Ceri, "Challenging," 92, James Newell, "Italy during the Berlusconi Years," 19-31, および Brooks and Ross, "Splinters of Resistance," 231-40, 以上 3 点はいずれも *Resisting*, ed. Albertazzi et al.

57. "Una manifestazione nazionale per chiedere le dimissioni di Berlusconi," フェイスブックのページと呼びかけ文は：https://www.facebook.com/pg/no.berlusconi.day/about/; Lorenzo Coretti and Daniele Pica, "The Rise and Fall of Collective Identity in Networked Movements: Communication Protocols, Facebook, and Anti-Berlusconi Protest," *Information, Communication and Society* 18, no. 8 (2015): 951-67.

58. Cinzia Padovani, "Berlusconi's Italy: The Media between Structure and Agency," *Modern Italy* 20, no. 1 (2015), 49. Rai1 のニュース番組「TG1」の別のキャスター、エリーザ・アンザルドは、2011 年に「TG1」を降板した．Nadia Urbinati, Michela Marzano, and Barbara Spinelli, "Contro il machismo di Berlusconi," *La Repubblica*, 2009 年 10 月 22 日付．

59. Gloria Steinem, in Diana Bruk, "Here's the Full Transcript of Gloria Steinem's Historic Women's March Speech," Elle.com, 2017 年 1 月 21 日付；Dana Fisher, *American Resistance: From the Women's March to the Blue Wave* (New York: Columbia University Press, 2019); Jan-Werner Müller, "Reviving Civil Disobedience," *Project Syndicate*, 2018 年 12 月 21 日付；Marie Berry and Erica Chenoweth, "Who Made the Women's March?" and Doug McAdam, "Putting Donald Trump in Historical Perspective," in *The Resistance. The Dawn of the Anti-Trump Opposition Movement*, ed. David S. Meyer and Sidney Tarrow (New York: Oxford University Press, 2018), 75-89 and 27-53.

60. ハワイの Teresa Shook が 2016 年 11 月 9 日にフェイスブックページを作った。すぐに同様のページ

が作られた。ページ制作者のひとり Bob Bland はファッションデザイナーで、Vanessa Wruble、Tamika D. Mallory、Carmen Perez、Linda Sarsour とともにウィメンズマーチの組織委員会の一員となった。アメリカ以外でも、80 か国で 273 のマーチが実施され、200 万人以上が参加した。

61. Colleen Shalby, "A record Number of Women Are Running for Office. This Election Cycle, They Didn't Wait for an Invite," *Los Angeles Times*, 2018 年 10 月 10 日付 ; Fisher, *American Resistance*.

62. Chris Mooney, "Historians Say the March for Science Is 'Pretty Unprecedented,'" *Washington Post*, 2017 年 4 月 22 日 付 ; James Doubek, "Thousands Protest at Airports Nationwide against Trump's Immigration Order," NPR, 2017 年 1 月 29 日 付 ; Jillian Stampher, "More Than 1,200 Comcast Employees Are Walking Off Their Jobs to Protest Trump Immigration Ban," *Geekwire*, 2017 年 2 月 2 日付 ; Tierney McAfee, "'Not My Presidents Day': Thousands Protest President Trump in Rallies across U.S.," *TIME*, 2017 年 2 月 20 日号 ; Michael C. Dorf and Michael S. Chu, "Lawyers as Activists: From the Airport to the Courtroom," in *Resistance*, ed. Meyer and Tarrow, 127-42.

63. Megan E. Brooker, "Indivisible: Invigorating and Redirecting the Grassroots," in *Resistance*, ed. Meyer and Tarrow, 162-86; Nadia Prupis, "Groups Nationwide Create Campaign of 'United Resistance' to Trump," *Common Dreams*, 2017 年 1 月 10 日付 . United Resistance の現在のパートナーについては : http://www.unstoppabletogether.org.

64. Erica Chenoweth and Jeremy Pressman, "In July, the Trump-Era Wave of Protests Started Taking a Back Seat to Campaign Rallies," *Washington Post*, 2018 年 10 月 19 日付 ; Maria J. Stephan, "An Inside-Outside Strategy for Defending the US Republic," *openDemocracy*, 2017 年 1 月 27 日付 ; Meyer and Tarrow, "Introduction," in *Resistance*, ed. Meyer and Tarrow, 1-26; Molly Ball, "Trench Lawfare: Inside the Battles to Save Democracy from the Trump Administration," *TIME*, 2020 年 6 月 25 日号 ; Greg Sargent, "A Blueprint for Resistance to Trump Has Emerged. Here's What It Looks Like," *Washington Post*, 2019 年 2 月 10 日付 .

65. Daniel Hemel and Eric Posner, "The Strongest Pushback against the President Came from His Own Branch of Government," *New York Times*, 2019 年 4 月 23 日付 ; Elaina Plott, "Ignoring Trump's Orders, Hoping He'll Forget," *Atlantic*, 2019 年 5 月 15 日付 ; J. W. Verret, "The Mueller Report Was My Tipping Point," *Atlantic*, 2019 年 4 月 23 日付 ; Maria J. Stephan, "Staying True to Yourself in the Age of Trump: A How-To Guide for Federal Employees," *Washington Post*, 2017 年 2 月 10 日付 ; Anonymous, *A Warning* (New York: Twelve, 2019).

66. Black Lives Matter website, 2020 年 6 月 26 日閲覧 : https://blacklivesmatter.com/about; Jelani Cobb, "An American Spring of Reckoning," *New Yorker*, 2020 年 6 月 14 日号 .

67. Amanda Barroso and Rachel Minkin, "Recent Protest Attendees Are More Racially and Ethnically Diverse, Younger Than Americans Overall," FactTank, 2020 年 6 月 24 日付 , この記事は Pew Research Survey の結果を要約しており、そのオリジナル・リンクは次のとおり : https://www.pewresearch.org/fact-tank/2020/06/24/recent-protest-attendees-are-more-racially-and-ethnically-diverse-younger-than-americans-overall/. 活動と群衆の統計の出典は、Jeremy Pressman and Erica Chenoweth, Crowd Counting Consortium: https://sites.google.com/view/crowdcountingconsortium/home.

68. "Hischfield Davis and Shear, *Border Wars*, 329-37; Jeremy Scahill, "The Counterinsurgency Paradigm; How US Politics Have Become Paramilitarized," *Intercept*, 2018 年 11 月 25 日 付 ; Tanvi Misra, "Militarization of Local Police Isn't Making Anyone Safer," *CityLab*, 2018 年 8 月 30 日付 ; Susie Cagle, "'Protestors as Ter-

rorists': Growing Number of States Turn Anti-Pipeline Activism into a Crime," *Guardian*, 2019年7月8日付. 国際非営利法制センター（International Center for Not-for-Profit Law）が、抗議活動を規制する州法の状況を次のウェブページで追跡している: http://www.icnl.org/usprotestlaw-tracker/.

69. Danielle Schulkin, "White Supremacist Infiltration of US Police Forces: Fact-Checking National Security Advisor O'Brien," *Just Security*, 2020年6月1日付; The Plain View Project の解説とデータベースは、次のウェブページで閲覧できる: https://www.plainviewproject.org/. Will Carless and Michael Corey, "To Protect and Slur," 2019年6月14日付, 報告書, Center for Investigative Reporting: https://www.revealnews.org/article/inside-hate-groups-on-facebook-police-officers-trade-racist-memes-conspiracy-theories-and-islamophobia/.

70. Trump の2020年6月9日のツイート: https://twitter.com/realDonaldTrump/status/1270333484528214018; Betsy Woodruff Swan, "Trump Says He's Naming Antifa a 'Terrorist Organization.' Can He Do That?" *Politico*, 2020年5月31日付; Department of Justice, "Attorney General William P. Barr's Statement on Riots and Domestic Terrorism," 2020年5月31日付: https://www.justice.gov/opa/pr/attorney-general-william-p-barrs-statement-riots-and-domestic-terrorism; Barr, "Memo for all Heads of Department Components and US Attorneys," 2020年6月26日付, *Huffington Post* の司法省担当記者 Ryan Reilly が入手: https://twitter.com/ryanjreilly/status/1276641618574131200; Ruth Ben-Ghiat, "How Journalists Become Objects of Hate," CNN.com, 2020年6月11日付.

71. 2019年、トランプはNBCに対して連邦通信委員会による調査などの「報復措置」を取ると脅し、そのため番組でトランプ役を演じたアレック・ボールドウィンは自分の家族が襲われるのではないかと懸念した. Ellen Cranley, "Trump Seemingly Threatens 'SNL' with Federal Investigation over Critical Sketch," *Business Insider*, 2019年3月17日付; Kate Lyons, "Alec Baldwin Fears for Family's Safety after Trump 'Retribution' Threats," *Guardian*, 2019年2月21日付; Rob Rogers, "I Was Fired for Making Fun of Trump," *New York Times*, 2018年6月15日付; "SVA Gets Politically Charged for 'Art As Witness,'" 2018年10月4日付: https://sva.edu/features/sva-gets-politically-charged-for-art-as-witnesrob.

72. Robin Bell への著者によるインタビュー.

73. Ates Ilyas Bassoy (彼の2019年の選挙運動マニュアル「過激な愛」が、選挙戦略にヒントを与えた), in Carlotta Gall, "How a Message of Unity and Mistakes by Erdogan Tipped the Istanbul Election," *New York Times*, 2019年6月26日付; Suleyman Celebri（Imamoğlu の側近）, in Ali Kucukgocmen and Organ Coskun, "Losing Its Luster— How Erdogan's Party Campaign Put Off Istanbul Voters," Reuters, 2019年4月5日付.

74. Ekrem Imamoğlu, "How I Won the Race for Mayor of Istanbul— And How I'll Win Again," *Washington Post*, 2019年6月4日付; Kucukgocmen and Coskun, "Luster"; Gall, "Unity"; Melvyn Ingleby, "A Turkish Opposition Leader Is Fighting Erdogan with 'Radical Love,'" *Atlantic*, 2019年6月14日付.

75. Imamoğlu, "How I Won the Race"; Ingleby, "Opposition Leader"; Kucukgocmen and Coskun, "Luster"; Gall, "Unity."

76. Imamoğlu, "How I Won the Race"; Ingleby, "Opposition Leader."

第一〇章　終焉

1. Gaddafi, in "Gaddafi Defiant as State Teeters," *Al Jazeera*, 2011年2月23日付.
2. Post, *Leaders*, 68; Constable and Valenzuela, *Enemies*, 319には、ピノチェトが1990年にパトリシオ・エイルウィンの大統領就任式から帰るときに卵とトマトを投げつけられたことが記されている.
3. Trump, in Eliana Johnson and Daniel Lippman, "Trump's 'Truly Bizarre'

Visit to Mt. Vernon," *Politico*, 2019 年 4 月 10 日付 ; Taylor, *Code of Putinism*, 34-35; Stanislav Belkovsky, in "Putin's Revenge," PBS, *Frontline*, 2018 年 7 月 13 日，書き起こしは：https://www.pbs.org/wgbh/frontline/film/putins-way/transcript/.

4. Barbara Geddes, Joseph Wright, and Erica Frantz, "Autocratic Breakdowns and Regime Transitions: A New Data Set," *Perspectives on Politics* 12, no. 2 (2014), 325; Klaas, *Despot's Accomplice*, 123-33; Mussolini, in Seldes, *Sawdust Caesar*, 367（セルデス『ファッショの偶像』）; Desai, Olofsgård, Yousef, "Authoritarian Bargains," 7; Henk E. Goemans, Kristian Skrede Gleditsch, and Giacomo Chiozza, "Introducing Archigos: A Dataset of Leaders," *Journal of Peace Research* 46, no. 269 (2009): 269-83; Frantz and Ezrow, *Politics of Dictatorship*, 2-3.
5. Wrong, *Footsteps*, 215, Kelly, *America's Tyrant*, 250-57; Abu Fida, caretaker of Rabat European Cemetery, in "20 Years Later, Mobutu's Body Still in Moroccan Burial Place," *Daily Nation*, 2017 年 9 月 7 日付 ; Anderson and Van Atta, "Mobutu."
6. Fermi, *Mussolini*, 193（フェルミ『ムッソリーニ』）; Geddes, Wright, Frantz, "Autocratic Breakdowns," 314.
7. Ciano, *Diario*, 1939 年 8 月 11 ～ 12 日、および 25 日 の 項 , 326-27, 334; Goeschels, *Mussolini and Hitler*, 154-89.
8. Braglia, *Donna Rachele*, 207; Lina Romani, 1940 年 6 月 15 日付の手紙 , in Caro *Duce*, 145-46.
9. James J. Sadkovitch, "The Italo-Greek War in Context: Italian Priorities and Axis Diplomacy," *Journal of Contemporary History* 28, no. 3 (1993): 439-64; Mussolini, in Duggan, *Fascist Voices*, 340-41.
10. Duggan, *Fascist Voices*, 168, 230, 379-83; Maria Pia di Bella, "A Duce's Trajectory," in *The Death of the Father. An Anthropology of the End in Political Authority*, ed. John Borneman (New York: Berghahn, 2004), 45-46.
11. Friedrich-Karl von Plehwe, *The End of an Alliance. Rome's Defection from the Axis in 1943* (New York: Oxford University Press, 1971), 103（F・K・フォン・プレーヴェ『独伊枢軸同盟の崩壊』［鹿島平和研究所訳。鹿島研究所出版会。1973 年 ］）; Giuseppe Bottai, *Diario, 1935-1944* (Milan: Rizzoli, 1982), 1941 年 1 月 17 日および 21 日の項 , 246-47.
12. Duggan, *Fascist Voices*, 386-93; von Plehwe, *End of an Alliance*, 39-48（プレーヴェ『独伊枢軸同盟の崩壊』）; Goeschels, *Mussolini and Hitler*, 248-49.
13. Braglia, *Donna Rachele*, 240-48.
14. Emanuele Artom, *Diario di un partigiano ebreo: Gennaio 1940-febbraio 1944* (Turin: Bollati Boringhieri, 2008), 1943 年 9 月 9 日の 項 , 55; Claudio Pavone, *A Civil War: A History of the Italian Resistance* (New York: Verso, 2013); Goeschels, *Mussolini and Hitler*, 254-90.
15. Simon Levis Sullam, *The Italian Executioners. The Genocide of the Jews of Italy* (Princeton, NJ: Princeton University Press, 2018), 50-58; Anna Saxon, 筆者とのインタビュー ; Duggan, *Fascist Voices*, 305-18. リジエラ・ディ・サン・サッビアは、ドイツに併合されたアドリア海沿岸地区の一部だった。ユダヤ人の資産没収については、Pavan, *Tra indifferenza e odio*; Valerio Antonelli, Raffaele D'Alessio, Roberto Rossi, and Warwick Funnell, "Accounting and the Banality of Evil: Expropriation of Jewish Property in Fascist Italy (1939-1945)," *Accounting, Auditing and Accountability Journal* 31, no. 8 (2018): 2165-91.
16. Wu Ming, "Partigiani migranti. La Resistenza internazionalista contro il fascismo italiano," 2019 年 1 月 15 日付 : https://www.wumingfoundation.com/giap/2019/01/partigiani-migranti/.
17. Ada Gobetti, *Diario partigiano* (Turin: Einaudi, 1972), 15（アーダ・ゴベッティ『パルチザン日記：1943-1945：イタリア反ファシズムを生きた女性』［戸田三三冬監修・解説。堤康徳訳。平凡社。1995 年］）; Nicolas Virtue, "'Ha detto male di Garibaldi,'" in *The Concept of Resistance in*

Italy, ed. Maria Laura Mosco and Pietro Pirani (Lanham, MD: Rowman and Littlefield, 2017), 153-70; Elio Barontini, *Ilio Barontini. Fuoriscito, internazionalista e partigiano* (Rome: Edizioni Robin, 2013).

18. Mussolini, *Storia di un anno. Il tempo del bastone e della carota* (Milan: Mondadori, 1945), 145; Kalder, *Library*, 110-12（カルダー『独裁者はこんな本を書いていた』）; Tullio Cianetti, in Duggan, *Fascist Voices*, 236.
19. Sergio Luzzato, Il corpo del Duce: Un cadavere tra immaginazione, storia e memoria (Turin: Einaudi, 1998); Bello, "Duce's Journey"; Margaret Schwartz, Dead Matter: The Meaning of Iconic Corpses (Minneapolis: University of Minnesota Press, 2015); Curzio Malaparte, Mussolini. Il grande imbecille (Milan: Luni Editrice, 1999), 90.
20. Rachele Mussolini, Bruno D'Agostini とのインタビュー, 1946 年 2 月 12 ～ 15 日, in Braglia, *Donna Rachele*, 275.
21. André Gide, 1940 年 7 月 7 日, in O'Connor, *Butcher*, 141-42; Josef Ranald, *How to Know People by Their Hands* (New York: Modern Age Books, 1938), 123.
22. Kershaw, *"Hitler Myth,"* 169-99, 202（ケルショー『ヒトラー神話』）; Traverso, *Fire*, 112-18（トラヴェルソ『ヨーロッパの内戦』）; 199; Irene Guenther, *Nazi Chic?* (New York: Berg, 2004), 220-223, 229, 252.
23. General Walter Warlimont, in Laurence Rees, *Hitler's Charisma* (New York: Pantheon Press, 2012), 200; Kershaw, *"Hitler Myth,"* 182-87（ケルショー『ヒトラー神話』）.
24. Kershaw, *"Hitler Myth,"* 200-25 (Schweinfurt and Stuttgart quotes, 200, 221)（ケルショー『ヒトラー神話』）; Post, *Leaders*, 52-53; General Franz Halder, in Rees, *Hitler's Charisma*, 265. Leaders, 52-53; General Franz Halder, in Rees, *Hitler's Charisma*, 265.
25. Cesarani, *Final Solution*, 746-59; Guenther, *Nazi Chic?*, 261; Hitler, in Moorhouse, *Killing Hitler*, 285, シュペーアについては 291-92（ムーアハウス『ヒトラー暗殺』）; Martin Kitchen, *Albert Speer, Hitler's Architect* (New Haven: Yale University Press, 2017), 265-67.
26. Guenther, *Nazi Chic?*, 263; Longerich, *Goebbels*, 686-87; Anton Joachimsthaler, *Hitlers Ende: Legenden und Dokumente* (Munich: Verlag Harbig, 2003).
27. Christian Goeschels, *Suicide in Nazi Germany* (New York: Oxford University Press, 2009), 149-72; "Suicides: Nazis Go Down to Defeat in a Wave of Selbstmord," *Life Magazine*, 1945 年 5 月 14 日号 ; Paula Hitler, in Hancock, *Tyrannical Minds*, 266.
28. Preston, "Franco and Hitler"; Sánchez, *Fear*, 23-24; Rosendorf, *Franco*; Salvador de Madariaga, *España. Ensayo de historia contemporanea* (Madrid: Espasa-Calpe, 1979), 511.
29. Nazario Lazano, in Sánchez, *Fear*, 33. 1977 年の恩赦は、交渉された民主化プロセスの一部であり、内戦時の弾圧というテーマを国民の議論から外すものでもあった .
30. Zoé de Kerangst, "Beyond Local Memories: Exhumations of Francoism's Victims as Counter-Discourse during the Spanish Transition to Democracy," in *The Twentieth Century in European Memory*, ed. Tea Sinbæk Andersen and Barbara Törnquist-Plewa (Leiden: Brill, 2017), 104-21; Alfredo González-Ruibal, *An Archeology of the Contemporary Era* (New York: Routledge, 2019).
31. Martin Diaz, in Nuño Dominguez, "Un sonajero une a una madre fusilada y su hijo 83 años despues," *El Pais*, 2019 年 6 月 23 日付 ; Almudena Álvarez/Efe, "Martín recupera el sonajero que llevaba su madre cuando fue asesinada en la Guerra Civil hace 83 años," *El Periódico*, 2019 年 6 月 22 日付 ; González-Ruibal, *Archeology*. González-Ruibal は、カトリーナ・ムニョスの遺骨を発掘した考古学チームの一員だった .
32. Raphael Minder, "Franco's Remains Are Exhumed and Reburied after Bitter Battle," *New York Times*, 2019 年 10 月 24 日付 ; Carlos E. Cué, "Los restos de Franco saldrán del Valle de los Caidos antes del 25 de octubre," *El Pais*, 2019 年 10 月 12 日付 .
33. Spooner, *Soldiers*, 151-52;

Constable and Valenzuela, *Enemies*, 289-91, 296-300; ADST, Harry Barnes, Elizabeth Barnes, and George Jones (Deputy Chief of Mission, US embassy, Santiago), Charles Stuart Kennedy によるインタビュー, Jones は 1996 年 Barnes たちは 2001 年 : https://adst.org/2016/06/chile-burn-victims-case-containment-vs-human-rights-pinochet/; ADST, Roe and Barnes, Kennedy によるインタビュー.

34. Constable and Valenzuela, *Enemies*, 300-5.「連帯の代理人」は、1988 年 1 月だけで 1780 人の逮捕者を記録した. Huneeus, *Pinochet*, 407-9; Stern, *Battling*, 358-60; 1987 CIA report: "Pinochet and the Military: An Intelligence Assessment": https://www.cia.gov/library/readingroom/docs/DOC_0000451568.pdf.
35. Constable and Valenzuela, *Enemies*, 300-10; Mark Palmer, *Breaking the Real Axis of Evil. How to Oust the World's Last Dictators by 2025* (Lanham, MD.: Rowman and Littlefield, 2005), 110-25; Huneeus, *Pinochet*, 409-10.
36. Stern, *Battling*, 360-70.
37. Stern, *Battling*, 354.
38. さらにピノチェトは、彼の下で働いた公務員が将来追放されるのを防ぐ法律を成立させ、秘密警察を陸軍情報部に組み込んで人権侵害に対する捜査が及ばないようにした.
39. Matus, "Ingrid Olderock,"145; Peña, "Contreras," 43-55; Muñoz, *Dictator's Shadow*, 274-79, 有罪の統計については 283; Elizabeth Liras, "Human Rights in Chile: The Long Road to Truth Justice and Reconcilation," in *After Pinochet: The Chilean Road to Democracy and the Market*, ed. Silvia Borzutsky and Lois Hecht Oppenheim (Gainesville: University Press of Florida, 2006), 3-25.
40. Pinochet, *Camino Recorrido*, vol. 3, part 2, 159, 204, 220.
41. Ingrid Wuerth, "Pinochet's Legacy Reassessed," *American Journal of International Law* 106, no. 73 (2012): 731-68; Mary E. Black, "Diagnosing Pinochet Syndrome," *British Medical Journal* 332, no. 7534 (2006): 185.
42. Sengupta, "Victims"; Liras, "Human Rights," 13.
43. Huneeus, *Pinochet*, 456-60; Leigh and Evans, "Revealed"; Farfán and Vega, *La Familia*, 109-46; Muñoz, *Dictator's Shadow*, 283-96.
44. Muñoz, *Dictator's Shadow*, 301; Cristóbal Edwards, "Pinochet's Long Goodbye," *TIME*, 2006 年 12 月 15 日号 ; Pedro Lemebel, "Farewell, Meatbag: On the Death of Pinochet," NACLA.org, 2008 年 4 月 10 日付, at: https://nacla.org/article/farewell-meatbag-death-pinochet; 初出は "Las exequias del fiambre," in La Nación, 2006 年 12 月 17 日付.
45. Dorfman, *Homeland Security*, 102; Francesca Lessa, "Operation Condor on Trial: Justice for Transnational Human Rights Crimes in South America," *Journal of Latin American Studies* 51, no. 2 (2019): 413; Lorenzo Tondo, "Italian Court Jails 24 over South American Operation Condor," *Guardian*, 2019 年 7 月 8 日付.
46. Ian Black, "Libya Power Struggle Results in Arrest of Journalists," BBC, 2010 年 11 月 8 日付 ; van Genugten, *Libya*, 127-46; Vandewalle, *Libya*, 173-203; Carola Richter, "Libyan Broadcasting under al-Qadhafi: The Politics of Pseudo-Liberalization," in *National Broadcasting and State Policy in Arab Countries*, ed. Tourya Guaaybess (New York: Palgrave Macmillan, 2013), 150-65.
47. Eric Lichtblau, David Rohde, and James Risen, "Shady Dealings Helped Qaddafi Build Fortune and Regime," *New York Times*, 2011 年 3 月 24 日付, この記事によると、肩代わりしたのかを「特定するのを拒んだ」とある. David Rose, "The Lockerbie Deal," *Vanity Fair*, 2011 年 1 月 26 日 号 ; New York Times Wikileaks Archive, 2009 年 2 月 4 日付, 駐リビア大使 Gene A. Cretz からの電報 : https://archive.nytimes.com/www.nytimes.com/interactive/2010/11/28/world/20101128-cables-viewer.html#report/libya-09TRIPOLI99.
48. David Wagner and Aram Roston, "Donald and the Dictator," *Buzzfeed*, 2016 年 6 月 7 日付. 取引を仲介したのはカダフィの広告会社ブラウンロイドジェームズだった.
49. Gaddafi, in Pargeter, *Gadd-*

afi, 105; Mahmoud Cherif Bassiouni, *Libya from Repression to Revolution. A Record of Armed Conflict and International Law Violations. 2011-2013* (Leiden: Martin Ninjhus Publishers, 2013), 123-96; van Genugten, *Libya*, 148-63; Ali Abdullatif Ahmida, "Social Origins of Dictatorship and the Challenge for Democracy," *Journal of the Middle East and Africa* 3, no. 1 (2012): 70-81.

50. Anne Barnard, "Libya's War-Tested Women Hope to Keep New Power," *New York Times*, 2011 年 9 月 12 日付 .

51. Akram Al-Warfalli, in "Gaddafi's Son in Civil War Warning," *Al Jazeera*, 2011 年 2 月 21 日付 ; Wolfgang Lacher, "Families, Tribes, and Cities in the Libyan Revolution," *Middle East Policy Council* 18, no. 4 (2011): 140-54.

52. Gaddafi, in Christine Amanpour, "'My People Love Me': Moammar Gaddafi Denies Demonstrations against Him Anywhere in Libya," ABCNews.com, 2011 年 2 月 28 日 付 ; Gaddafi, in Hancock, *Tyrannical Minds*, 155; Gaddafi, in Michael Tomasky, "Gaddafi's Speech," *Guardian*, 2011 年 3 月 17 日 付 ; Jerrold M. Post, "Qaddafi under Siege," *Foreign Policy*, 2011 年 3 月 15 日付 ; "Gaddafi: 'Voy a entrar en Bengasi como Franco entró en Madrid,'" *La Razón*, 2011 年 3 月 18 日付 .

53. Amandla Thomas-Johnson and Simon Hooper, "'Sorted' by MI5: How UK Govt Sent British-Libyans to Fight Gaddafi," *Middle East Eye*, 2019 年 1 月 29 日付 ; Hill, "Libya Survivor," Al Jazeera, 2011 年 10 月 21 日付 .

54. Nick Squires, "Libya: Colonel Gaddafi 'not brave enough to do a Hitler,'" *Daily Telegraph*, 2011 年 8 月 20 日 付 ; Bassiouni, *Libya*, 197-288.

55. Damien McElroy, "Colonel Gaddafi Died after Being Stabbed with Bayonet, Says Report," *Telegraph*, 2012 年 10 月 17 日 付 ; Peter Beaumont and Chris Stephen, "Gaddafi's Last Words as He Begged for Mercy: 'What Did I Do to You?'" *Guardian*, 2011 年 10 月 22 日 付 ; Anderson, "King of Kings"; Rania El Gamal, "Libya Ends Public Showing of Gaddafi's Body," Reuters, 2011 年 10 月 24 日付 .

56. Bassiouni, *Libya*, 529, 554, 630, 662, 741, 799; Soraya, in Cojean, *Harem*, 7; Sara Sidner and Amir Ahmed, "Psychologist: Proof of Hundreds of Rape Cases during Libya's War," CNN, 2011 年 5 月 23 日付 . 一夫多妻制は、カダフィ政権下では合法だったが、夫がふたり目以降の妻を得るには最初の妻の同意が必要だった。現在では、女性の許可は必要なくなった。国際刑事裁判所に調査結果を提出したセルギワは、2014 年に国会議員に選出された。2019 年に彼女は誘拐され、今もまだ見つかっていない。Samar Auassoud, in "Libyan Women"; Karlos Zurutuza, "Libyan Women Lose Hope in the Revolution," DW.com, 2018 年 12 月 12 日付 .

57. Matar, *Return*, 222（マタール『帰還』）.

58. "Berlusconi: 'sic transit Gloria mundi,'" *Corriere della sera*, 2011 年 10 月 20 日付 ; van Genugten, *Libya*, 153-54.

59. Beppe Severgnini, "Il Cavaliere spiegato di posteri. Dieci motivi per 20 anni di 'regno,'" *Corriere della sera*, 2010 年 10 月 27 日付 ; Urbinati, Marzano, Spinelli, "Contro il machismo"; Boni, *Il superleader*.

60. Orsina, *Berlusconismo*, 133; Berlusconi, in Filippo Ceccarelli, "'Io star e tycoon': Va in scena il falò delle vanità," *La Repubblica*, 2010 年 12 月 6 日付 .

61. Padovani, "Berlusconi's Italy," 50; Friedman, *My Way*, 158-59; Tom Kington, "George Clooney Called as Witness in Silvio Berlusconi Trial," *Guardian*, 2012 年 10 月 19 日付 .

62. Andrea Benvenuti, "Between Myth and Reality: The Euro Crisis and the Downfall of Silvio Berlusconi," *Journal of Modern Italian Studies* 22, no. 4 (2017), 512-29.

63. Benvenuti, "Myth and Reality"; Spogli, "Italy-Russia Relations"; Evans, Harding, and Hooper, "WikiLeaks Cables." これらの出来事に対するベルルスコーニの見解については Friedman, *My Way*, 211-51.

64. BBC Staff, "The Many Trials of Silvio Berlusconi Explained," BBC, 2014 年 5 月 6 日付 ; Rubini, "Le vicende giudiziarie." フォルツァ・

イタリアは得票率が29.4パーセントだったのに対し、中道左派は29.8パーセントだった ; Christopher Brennan, "Italy's Berlusconi Gives Putin Duvet Cover with Their Picture on It as Birthday Gift," *Daily News*, 2017年10月9日付.

65. Editorial Staff, "Emilio Fede, condannato a 4 anni e 7 mesi non va in carcere: 'Enorme sofferenza,'" *Milano Today*, 2019年10月12日付 ; Ed Vulliamy, "Berlusconi Ally Marcello Dell'Utri Caught in Lebanon after Fleeing Italy," *Guardian*, 2014年4月12日付 ; BBC, "The Many Trials."
66. Friedman, *My Way*, 259; Bill Emmott, "The Bunga Bunga Party Returns to Italy," *Project Syndicate*, 2018年1月4日付 ; Barbie Latza Nadeau, "Cracking Oral Sex Jokes, Power Pervert Berlusconi Mounts a Comeback While Italy Laughs at Weinstein Victims," *Daily Beast*, 2017年10月15日付.
67. Franco "Bifo" Berardi, 2011年11月15日のFacebookへの投稿, 出典は*Skizo-Mails* (Dijon: Les Presses du Reél, 2012), 96-97; Redazione ANSA, "Matteo Salvini, pulizie di masse," ANSA, 2017年2月19日付.
68. Ben Berkowitz and Everett Rosenfeld, "Donald Trump Forms Presidential Exploratory Committee," CNBC, 2015年3月18日付 ; Berlusconi, in Friedman, *My Way*, 272-73; Norris, "Measuring Populism Worldwide"; Manifesto Project: https://manifesto-project.wzb.eu/; Ben Walker, "How Do Trump's Republicans Compare to the Rest of the World's Political Parties?" *New Statesman*, 2020年6月6日号, インタラクティブな図表付き.

終章

1. Ludovico Greco, in Duggan, *Fascist Voices*, 281.
2. Guilloへの筆者のインタビュー ; Allert, *Hitler Salute*, 93-94; Ortega y Gasset, *Man and People*, 198（オルテガ『個人と社会』）; González-Ruibal, *Archeology*.
3. Ruth Ben-Ghiat, "Why Are So Many Fascist Monuments Still Standing?" *New Yorker*, 2017年10月5日号 ; Tom Philipps, "Pinochet Retreat Turns into Marijuana Plantation," *Guardian*, 2011年7月7日付.
4. Rosselli, in Richet, *Women*, 130. ロッセッリの陳述は、ジョヴァンニ・バッサネージのために証言したときのものである。バッサネージは反イタリア・ファシズムのメッセージをミラノ上空でばらまいた後、イタリア・スイス国境のスイス側で墜落し、1930年にルガーノで裁判を受けた。ロッセッリは、バッサネージの飛行活動に一部資金を出していた。
5. Retired Chilean officer, in Spooner, *Soldiers*, 14; Hunees, *Pinochet*, 459; Bartov, *Hitler's Army*; Jaber et al., "Corruption"; El Issawi, "Libya Media," 33; Geddes, Wright, Franz, "Autocratic Breakdown," 321.
6. 1960年から2010年までに184の国々で実施された研究によると、民主主義国での経済成長は「重要で規模も大きい」という : Daron Acemoglu, Suresh Naidu, Pascual Restrepo, and James A. Robinson, "Democracy Does Cause Growth," Journal of Political Economy 127, no. 1 (2019): 47.
7. Han, *Life in Debt*; Erik Meyersson, "Political Man on Horseback: Coups and Development," Stockholm Institute for Transition Economics, paper, 2016年4月5日付, at: https://www.hhs.se/en/research/institutes/site/publications/2015-political-man-on-horseback/; Michael McFaul and Kathryn Stoner-Weiss, "The Myth of the Authoritarian Model: How Putin's Crackdown Holds Russia Back," *Foreign Affairs* 87, no. 1 (2008): 68-80, 82-84（マイケル・マクフォール、キャサリン・ストーナー＝ウェイス「独裁体制と経済成長に因果関係はあるのか：ロシア権威主義経済モデルの虚構」『フォーリン・アフェアーズ・リポート』2008年3月号掲載）.
8. Edna Bonhomme, "The Disturbing Rise of 'Femonationalism,'" *N+1*, 2019年5月7日付 ; Michaela Köttig, Renate Bitzan, and Andrea Petö, eds., *Gender and Far Right Politics in Europe* (New York: Palgrave Macmillan, 2017).
9. Piero Gobetti, *La rivoluzione liberale. Saggio sulla politica della lotta in Italia* (Fano: Aras Edizioni, 2016); Piero

Rachetto, "Fascismo," in *Poesie della Resistenza* (Turin: Voci Nuove, 1973), 13; Jon Blitzer, "A Scholar of Fascism Sees Similarities in Trump," *New Yorker*, 2016年11月4日号.

10. Fallaci, *Interview*, 12; Elsa Morante, "Pagine di diario, 1945," in *Paragone letteratura*, 39, no. 7, new series (1988): 3-16; Svetlana Alexievich, in Rachel Donadio, "The Laureate of Russian Misery," *New York Times*, 2016年5月21日付; Yalcin Akdogan, *Political Leadership and Erdogan* (Cambridge, UK: Cambridge Scholars Publishing, 2018), 40.
11. Malaparte, *Tecnica*, 240（マラパルテ『クーデターの技術』）; Post, *Leaders*, 191-92.
12. Mussolini, in Ciano, *Diario*, 1940年1月29日の項, 391.
13. Guriev and Treisman, "Modern Dictators"; Marlies, "Authoritarianism"; New York Times Staff, "Fact-Checking Trump's 2020 State of the Union Address and the Democratic Response," *New York Times*, 2020年2月5日付; Norah O'Donnell, 2020年2月4日のツイート : https://onl.sc/6eV7niS
14. Karklins, *System*, 155-68. アフリカのリーダーシップにおける業績に対するモ・イブラヒム賞（通称、モ・イブラヒム賞）については https://mo.ibrahim.foundation/prize.
15. Martha Nussbaum, *Political Emotions. Why Love Matters for Justice* (Cambridge, MA: Harvard University Press, 2013), 2; Ruth Ben-Ghiat, "Liberals Are Reclaiming Patriotism from the Right," CNN.com, 2017年7月2日付; George Packer, "We Are Living in a Failed State," *Atlantic*, 2020年6月.
16. Kate Ackley, "Before Trump Meeting, Hungary Hired a Powerhouse K Street Firm," *Roll Call*, 2019年5月22日付; Clay Fuller, *Dismantling the Authoritarian-Corruption Nexus*, American Enterprise Institute Report, 2019年7月8日付; Elsa Peraldi, "Kleptocracy—A Global Phenomenon, with Local Consequences," *Global Integrity* blog post, 2019年6月13日付: https://www.globalintegrity.org/2019/06/13/kleptocracy/.
17. Adam Klasfeld, "Boom Times for Turkey's Lobbyists in Trump's Washington," *Courthouse News*, 2019年10月31日付; Peter Baker and Matthew Rosenberg, "Michael Flynn Was Paid to Represent Turkey's Interests during Trump Campaign," *New York Times*, 2017年3月10日付; Dan Spinelli, "How Jack Abramoff's Old Lobbying Firm Became Turkey's Biggest Defender," *Mother Jones*, 2019年11月7日号; Brogan, "Torturers' Lobby"; Ben Judah and Nate Sibley, "The West Is Open for Dirty Business," *Foreign Policy*, 2019年10月5日付.
18. Clyde Habermanのツイート, 2020年3月21日付 : https://twitter.com/ClydeHaberman/status/1241347252821602304.
19. Dylan Scott and Rani Molla, "How the US Stacks Up to Other Countries in Confirmed Coronavirus Cases," *Vox*, 2020年4月27日号; Dan Mangan, "Trump Dismissed Coronavirus Pandemic Worry in January— Now Claims He Long Warned about It," CNBC, 2020年3月17日付; Philip Rucker, Josh Dawsey, Yasmeen Abutaleb, and Lena H. Sun, "Trump Floats Another Bogus Coronavirus Cure— And His Administration Scrambles to Stop People from Injecting Disinfectants," *Washington Post*, 2020年4月24日付; McKay Coppins, "Trump's Dangerously Effective Coronavirus Propaganda," *Atlantic*, 2020年3月11日付.
20. Stephen Gandel and Graham Kates, "Phunware, a Data Firm for Trump Campaign, Got Millions in Coronavirus Small Business Help," CBSNews.com, 2020年4月23日付. トランプや共和党への献金者が経営する企業は、税金を原資とする融資のため割り振られた6000億ドルから利益を得た。例えばトランプへの献金者モンティ・ベネットが経営する大手ホテル・チェーンのアシュフォード・ホスピタリティー・トラストは、中小企業向けの資金から9610万ドルを受け取った. Ilma Hasan, "Trump-Tied Companies Receive Millions in Small Business Aid," Open-Secrets.org, 2020年5月1日付; Trump, in Amber Phillips, "What You Need to

Know from Tuesday's White House Coronavirus Briefing," *Washington Post*, 2020 年 8 月 8 日付 ; Rep. Adam Schiff, in Michelle Goldberg, "Trump to Governors: I'd Like You to Do Us a Favor, Though," *New York Times*, 2020 年 3 月 30 日付 ; Marcy Gordon and Mary Clare Jalonick, "Treasury Chief Refusing to Disclose Recipients of Aid," AP News, 2020 年 6 月 12 日付 .

21. Matt Zapotosky, "Trump Threatens Military Action to Quell Protests, and the Law Would Let Him Do It," *Washington Post*, 2020 年 6 月 1 日 付 ; Thomas Gibbons-Neff, Eric Schmitt, and Helene Cooper, "Aggressive Tactics by National Guard, Ordered to Appease Trump, Wounded the Military, Too," *New York Times*, 2020 年 6 月 10 日 付 ; Greg Miller, "CIA Veterans Who Monitored Crackdowns Abroad See Troubling Parallels in Trump's Handling of Protests," *Washington Post*, 2020 年 6 月 2 日付 .

22. Trump 大統領の抗議活動に対する Rose Garden でのスピーチ , 書き起こし , CNN.com, 2020 年 6 月 1 日 付 ; Philip Rucker and Ashley Parker, "Lafayette Square Clash, Still Reverbating, Becomes an Iconic Episode in Donald Trump's Presidency," *Washington Post*, 2020 年 6 月 13 日付 .

23. Sarah Pulliam Bailey, "Televangelist Pat Robertson Blasts Trump for His Protest Response," *Washington Post*, 2020 年 6 月 2 日付 ; Jeffrey Goldberg, "James Mattis Denounces President Trump, Describes Him as a Threat to the Constitution," *Atlantic*, 2020 年 6 月 3 日 付 ; Mike Baker, Thomas Fuller, Sergio Olmos, "Federal Agents Push into Portland Streets, Stretching Limits of Their Authority," *New York Times*, 2020 年 7 月 25 日付 .

24. Marc Polymeropoulos, in Miller, "CIA Veterans Who Monitored Crackdowns"; Ambassador Robert Ford and Ambassador Dennis Ross, in Tony Badran, "Bringing the Middle East Back Home," *Tablet*, 2020 年 6 月 7 日付 , オリジナルのツイートは : https://twitter.com/fordrs58/status/1267521267294494724 および https://twitter.com/AmbDennisRoss/status/1267608046261481477; Franklin Foer, "The Trump Regime Is Beginning to Topple," *Atlantic*, 2020 年 6 月 6 日付 .

25. Helt and Spanberger in Miller, "CIA Veterans"; Spanberger のツイートは : https://twitter.com/RepSpanberger/status/1267649988831690756.

26. Jessie Yeung, Steve George, and Emma Reynolds, "June 8 Coronavirus News," CNN, 2020 年 6 月 9 日 付 ; Rakesh Kochhar, "Unemployment Rose Higher in Three Months of COVID-19 Than It Did in Two Years of the Great Recession," Facttank, Pew Research Center, 2020 年 6 月 11 日 付 ; Jennifer Agiesta, "CNN Poll: Trump Losing Ground to Biden Amid Chaotic Week," CNN, 2020 年 6 月 8 日付 ; White House, "Press Briefing by Press Secretary Kayleigh McEnany, 2020 年 6 月 8 日 付 : https://www.whitehouse.gov/briefings-statements/press-briefing-press-secretary-kayleigh-mcenany-060820/.

27. Mussolini, in Mack Smith, *Mussolini*, 57; Alberto Lattuada, *Occhio quadrato* (1941), in *Alberto Lattuada fotografo*, ed. Piero Berengo Gardin (Florence: Alinari, 1982), 15.

28. Masha Gessen, "A Powerful Statement of Resistance from a College Student on Trial in Moscow," *New Yorker*, 2019 年 12 月 7 日号 .

29. Franklin Foer, "Cory Booker's Theory of Love," *Atlantic*, 2018 年 12 月 17 日付 ; Arlie Russel Hochschild, *Strangers in Their Own Land: Anger and Mourning on the American Right* (New York: The New Press, 2016) （A・R・ホックシールド『壁の向こうの住人たち：アメリカの右派を覆う怒りと嘆き』［布施由紀子訳。岩波書店。2018 年］）; イタリア・ファシズムの支持者たちのあいだでのこの現象については Duggan, *Fascist Voices*, 383; Bassoy, in Gall, "Message of Unity"; Peter Wehner, トランプ支持者について : "To indict him would be to indict themselves."「信頼できる情報源（Reliable Sources）」についての Brian Stelter によるインタビュー , CNN, 2019 年 10 月 13 日 付 : https://www.cnn.com/

videos/tv/2019/10/13/exp-former-bush-aide-trump-is-mentally-not-well.cnn.

主要参考文献

インタビュー

Guillo Bastías, サンティアゴ（チリ）、2018年11月9日。

Robin Bell, ニューヨーク、2018年3月11日。

Jenn Budd, 電話インタビュー、2019年8月4日。

L.S., 電子メール・インタビュー、2019年2月～4月。

S., サンティアゴ（チリ）、2018年11月8日。

Anna Saxon, ニューヨーク、2016年6月17日。

アーカイブ

Archivio Centrale dello Stato, Rome

Archivio Chile, Centro de Estudios Miguel Enríquez（デジタル）

Association for Diplomatic History and Training, Oral History Collections（デジタル）

CIA, Freedom of Information Act Electronic Reading Room（デジタル）

Istituto Luce, Archivio Cinematografico（デジタル）

National Security Agency Archive（デジタル）

New York Times Wikileaks Archive（デジタル）

The Nixon Tapes, www.nixontapes.org（デジタル）

Richard Nixon Presidential Library and Museum, Yorba Linda, CA

Ruth First Papers（デジタル）

United Nations Archives, New York

雑誌論文、報告書、学位論文

Acemoglu, Daron. "Countries Fail the Same Way Businesses Do, Gradually and Then Suddenly." *Foreign Affairs*, June 15, 2020.（ダロン・アセモグル「アメリカ社会の分裂と解体：唐突な国家破綻を回避するには」『フォーリン・アフェアーズ・リポート』2020年7月号掲載）

Acemoglu, Daron, Suresh Naidu, Pascual Restrepo, and James A. Robinson. "Democracy Does Cause Growth." *Journal of Political Economy* 127, no. 1 (2019): 47-100.

Acemoglu, Daron, and Murat Ucer. "The Ups and Downs of Turkish Growth, 2002-2015: Political Dynamics, the European Union and the Institutional Slide." Working Paper no. 21608. Cambridge, MA: National Bureau of Economic Research, October 2015.

Acemoglu, Daron, Thierry Verdier, and James A. Robinson. "Kleptocracy and Divide-and-Rule: A Model of Personal Rule." *Journal of the European Economic Association* 2, nos. 2-3 (2004): 162-92.

Ahmida, Ali Abdullatif. "Social Origins of Dictatorship and the Challenge for Democracy." *Journal of the Middle East and Africa* 3, no. 1 (2012): 70-81.

Andersen, Jørgen Juel, and Silje Aslaksen. "Oil and Political Survival." *Journal of Development Economics* 100, no. 1 (2013): 89-106.

Anderson, Lisa. "Qadhdhafi and His Opposition." *Middle*

East Journal 40, no. 2 (1986): 225-37.

Antonelli, Valerio, Raffaele D'Alessio, Roberto Rossi, and Warwick Funnell. "Accounting and the Banality of Evil: Expropriation of Jewish Property in Fascist Italy (1939-1945)." *Accounting, Auditing and Accountability Journal* 31, no. 8 (2018): 2165-91.

Arendt, Hannah. "Social Science Techniques and the Study of Concentration Camps." *Jewish Social Studies* 12, no.1 (1950): 49-64.

Beckendorf, Ingo. "Russia: Putin Satire as 'Extremist Material' on Prohibition List," European Centre for Press and Media Freedom. November 5, 2017. https://www.ecpmf.eu/archive/news/legal/russia-putin-satire-as-extremist-material-on-prohibition-list.html. [リンク切れ]

Beiser, Elana. *Hundreds of Journalists Jailed Globally Becomes the New Normal.* Committee to Protect Journalists, December 13, 2018. https://cpj.org/reports/2018/12/journalists-jailed-imprisoned-turkey-china-egypt-saudi-arabia/.

Benvenuti, Andrea. "Between Myth and Reality: The Euro Crisis and the Downfall of Silvio Berlusconi." *Journal of Modern Italian Studies* 22, no. 4 (2017): 512-29.

Black, Mary E. "Diagnosing Pinochet Syndrome." *British Medical Journal* 332, no. 7534 (2006): 185.

Blackwell, Stephen. "Saving the King: Anglo-American Strategy and British Counter-Subversion Operations in Libya, 1953-59." *Middle Eastern Studies* 39, no. 1 (2003): 1-18.

Brogan, Pamela. *The Torturers' Lobby. How Human Rights-Abusing Nations Are Represented in Washington.* Washington, DC: The Center for Public Integrity, 1992. https://cloudfront-files-1.publicintegrity.org/legacy_projects/pdf_reports/THETORTURERSLOBBY.pdf.

Bucur, Maria. "Policing the Womb 2.0." *Public Seminar*. February 2019.

Canali, Mauro. "The Matteotti Murder and the Origins of Mussolini's Totalitarian Dictatorship." *Journal of Modern Italian Studies* 14, no. 2 (2009): 143-67.

Carbone, Maurizio. "Russia's Trojan Horse in Europe? Italy and the War in Georgia." *Italian Politics* 24 (2008): 135-51.

Casini, Gherardo. "Bonifica della cultura italiana." *L'Orto*. January 1938.

Cassidy, Sheila. "Tortured in Chile." *Index on Censorship* 5, no. 2 (1976): 67-73.

Cimino, Antonino. "Italiani espulsi dalla Libia." Tesi di laurea, Università di Palermo, 2010.

"Come coprire i vuoti." *Vita Universitaria*. October 5, 1938.

Cooley, Alexander, John Heathershaw, and J. C. Sharman. "Laundering Cash, Whitewashing Reputations." *Journal of Democracy* 29, no. 1 (2018): 39-53.

Coretti, Lorenzo, and Daniele Pica. "The Rise and Fall of Collective Identity in Networked Movements: Communication Protocols, Facebook, and Anti-Berlusconi Protest." *Information, Communication and Society* 18, no. 8 (2015): 951-67.

Corporate Europe Observatory. *Spin Doctors to the Autocrats: European PR Firms Whitewash Repressive Regimes*. January 20, 2015 report. https://corporateeurope.org/sites/default/files/20150120_spindoctors_mr.pdf.

Csaky, Zselyke. *Dropping the Democratic Façade*. Freedom House Nations in Transit 2020 report. https://freedomhouse.org/sites/default/files/2020-05/NIT_2020_FINAL_05062020.pdf.

Dallago, Francesca, and Michele Roccato. "Right-Wing Authoritarianism: Big Five and Perceived Threat to Safety." *European Journal of Personality* 24, no. 2 (2010): 106-22.

Dallara, Cristina. "Powerful Resistance against a Long-Running Personal Crusade: The Impact of Silvio Berlusconi on the Italian Judicial System." *Modern Italy* 20, no. 1 (2015): 59-76.

Deibert, Ronald. "The Road to Unfreedom: Three Painful Truths about Social Media." *Journal of Democracy* 30, no. 1 (2019): 25-39.

Desai, Raj M., Anders Olofsgård, and Tarik M. Yousef. "The

Logic of Authoritarian Bargains: A Test of a Structural Model." Brookings Global Economy and Development Working Paper no. 3 (January 2007).

Devine, Jack. "What Really Happened in Chile," *Foreign Affairs* 93, no. 4 (2014): 26-35.

Dunlop, John G. "Aleksandr Dugin's Foundation of Geopolitics." *Demokratizatskiya* 23, no. 1 (2004): 41-58.

Durante, Ruben, Paolo Pinotti, and Andrea Tesei. "The Political Legacy of Entertainment TV." *American Economic Review* 109, no. 7 (2019): 2497-530.

El-Issawi, Fatima. *Libya Media Transition. Heading to the Unknown*. Polis Report, London School of Economics, 2013. http://eprints.lse.ac.uk/59906/1/El-Issawi_Libya-media-transition_2013_pub.pdf.

Enikolopov, Ruben, Maria Petrova, and Ekaterina Zhuravskaya. "Media and Political Persuasion: Evidence from Russia." *American Economic Review* 101, no. 7 (2011): 3253-85.

Erbaggio, Pierluigi. "Writing Mussolini: Il Duce's American Biographies on Paper and on Screen." PhD dissertation. University of Michigan, 2016.

Evans, Richard J. "Corruption and Plunder in the Third Reich." https://www.richardjevans.com/lectures/corruption-plunder-third-reich/.

Ezrow, Natasha. "Authoritarianism in the 21st Century." *Politics and Governance* 6, no. 2 (2018): 83-86.

Fedele, Santi. "Francesco Saverio Nitti dal lungo esilio al rientro in Italia." *Humanities* 1, no. 1 (2012): 1-18.

Fishman, Joel. "The Postwar Career of Nazi Ideologue Johann von Leers, aka Omar Amin, the 'First Ranking German' in Nasser's Egypt." *Jewish Political Studies Review* 26, nos. 3-4 (2014): 54-72.

Frantz, Erica. "Authoritarian Politics: Trends and Debates." *Politics and Governance* 6, no. 2 (2018): 87-89.

Frantz, Erica, and Andrea Kendall-Taylor, "A Dictator's Toolkit: Understanding How Co-optation Affects Repression in Dictatorships." *Journal of Peace Research* 51, no. 3 (2014): 332-46.

Frey, William H. *The US Will Become 'Minority White' in 2045, Census Projects*. Brookings Institute, March 14, 2018. https://www.brookings.edu/blog/the-avenue /2018/03/14/the-us-will-become-minority-white-in-2045-census-projects/.

Fuller, Clay. *Dismantling the Authoritarian-Corruption Nexus*. American Enterprise Institute Report. July 8, 2019. https://www.aei.org/research-products/report/dismantling-authoritarian-corruption-nexus.

Geddes, Barbara, Joseph Wright, and Erica Frantz. "Autocratic Breakdowns and Regime Transitions: A New Data Set." *Perspectives on Politics* 12, no. 2 (2014): 313-31.

Giomi, Elisa. "Da 'Drive in' alla 'Makeover Television'. Modelli femminili e di rapporto fra I sessi nella TV belusconiana (e non)." *Studi culturali* 9, no. 1 (2012): 3-28.

Glasius, Marlies. "What Authoritarianism Is ... and Is Not: A Practice Perspective." *International Affairs* 94, no. 3 (May 2018): 513-33.

Goemans, Henk E., Kristian Skrede Gleditsch, and Giacomo Chiozza. "Introducing Archigos: A Dataset of Leaders." *Journal of Peace Research* 46, no. 2 (2004): 269-83.

Gunther, Richard, José Ramón Montero, and José Ignacio Wert. "Media and Politics in Spain: From Dictatorship to Democracy." Working Paper 176. Institut de Ciències Politiques i Socials, 1999.

Guriev, Sergei, and Daniel Treisman. "How Modern Dictators Survive: An Informational Theory of the New Authoritarianism." NBER Working Paper 21136 (April 2015).

Hahl, Oliver, Minjae Kim, and Ezra W. Zuckerman Sivan. "The Authentic Appeal of the Lying Demagogue: Proclaiming the Deeper Truth about Political Illegitimacy." *American Sociological Review* 83, no. 1 (2018): 1-33.

Herr, Orna. "How Is Chinese Censorship Affecting Reporting of the Coronavi-

rus?" *Index on Censorship*, February 5, 2020.
Human Rights Watch. *Delivered into Enemy Hands. U.S.-Led Rendition of Opponents to Gaddafi's Libya*. Human Rights Watch Report, 2012. https://www.hrw.org/sites/default/files/report_pdf/libya0912_web_0.pdf.
Jain, Varsha, Meetu Chawla, B. E. Ganesh, and Christopher Pich. "Exploring and Consolidating the Brand Personality Elements of the Political Leader." *Spanish Journal of Marketing* 22, no. 3 (2018): 295-318.
Jones, Benjamin F., and Benjamin A. Olken. "Do Leaders Matter? Leadership and Growth since World War II." *Quarterly Journal of Economics* 120, no. 3 (2005): 835-64.
Kavanagh, Jennifer, and Michael D. Rich. *Truth Decay: An Initial Expl ration of the Diminishing Role of Facts and Analysis in American Public Life*. RAND Corporation Report, 2018. https://www.rand.org/pubs/research_reports/RR2314.html.
Lacher, Wolfgang. "Families, Tribes, and Cities in the Libyan Revolution." *Middle East Policy Council* 18, no. 4 (2011): 140-54.
Lambertson, F. W. "Hitler, the Orator: A Study in Mob Psychology." *Quarterly Journal of Speech* 28, no. 2 (1942): 123-31.
Lemebel, Pedro. "Farewell, Meatbag: On the Death of Pinochet." *NACLA.org*, April 10, 2008. https://nacla.org/article/farewell-meatbag-death-pinochet.
Lessa, Francesca. "Operation Condor on Trial: Justice for Transnational Human Rights Crimes in South America." *Journal of Latin American Studies* 51, no. 2 (2019): 409-39.
Malka, Ariel, Yphtach Lelkes, Bert N. Bakker, and Eliyahu Spivack. "Who Is Open to Authoritarian Governance within Western Democracies?" *Perspectives on Politics*, forthcoming.
Marchesi, Milena. "Reproducing Italians: Contested Biopolitics in the Age of 'Replacement Anxiety'." *Anthropology & Medicine* 19, no. 2 (2012): 171-88.
Mattei, Clara Elisabetta. "Austerity and Repressive Politics: Italian Economists in the Early Years of the Fascist Government." *The European Journal of the History of Economic Thought* 24, no. 5 (October 2017): 998-1026.
McFaul, Michael, and Kathryn Stoner-Weiss. "The Myth of the Authoritarian Model: How Putin's Crackdown Holds Russia Back." *Foreign Affairs* 87, no. 1 (2008): 68-80, 82-84.（マイケル・マクフォール、キャサリン・ストーナー＝ウェイス「独裁体制と経済成長に因果関係はあるのか：ロシア権威主義経済モデルの虚構」『フォーリン・アフェアーズ・リポート』2008年3月号掲載）
Merjian, Ara. "Fascist Revolution, Futurist Spin: Renato Berilli's Continuous Profile of Mussolini and the Face of Fascist Time." *Oxford Art Journal* 42, no. 3 (2019): 307-33.
Meyersson, Erik. "Political Man on Horseback: Coups and Development." Stockholm: Institute for Transition Economics, April 5, 2016. https://www.hhs.se/en/research/institutes/site/publications/2015-political-man-on-horseback/.
Mondini, Sara, and Carlo Semenza. "Research Report: How Berlusconi Keeps His Face." *Cortex* 42, no. 3 (2006): 332-35.
Morante, Elsa. "Pagine di diario, 1945." *Paragone letteratura* 39, no. 7, new series (1988): 3-16.
Ndikumana, Léonce, and James Boyce. "Congo's Odious Debt: External Borrowing and Capital Flight in Zaire." *Development and Change* 29, no. 2 (1998): 195-217.
Norris, Pippa. "Measuring Populism Worldwide." Harvard Kennedy School Faculty Research Working Paper No. RWP20-002, February 2020. https://www.hks.harvard.edu/publications/measuring-populism-worldwide
Ogle, Vanessa. "'Funk Money': The End of Empires, the Expansion of Tax Havens, and Decolonization as an Economic and Financial Event." *Past and Present*. Forthcoming, 2020.
Olave, Angélica Thumala. "The Richness of Ordinary Life:

Religious Justification among Chile's Business Elite." *Religion* 40, no. 1 (2010): 14-26.

Orrenius, Pia, and Madeline Zavodny. "Do Immigrants Threaten US Public Safety?" *Journal on Migration and Human Security* 7, no. 3 (2019): 52-61.

Padovani, Cinzia. "Berlusconi's Italy: The Media between Structure and Agency." *Modern Italy* 20, no. 1 (2015): 41-57.

Palacio, Manuel. "Early Spanish Television and the Paradoxes of a Dictator General." *Historical Journal of Film, Radio, and Television* 25, no. 4 (2005): 599-617.

Papini, Giovanni. "Maschilità." *Quaderni della Voce*, series III, no. 25 (1915).

Pasquino, Gianfranco. "The Five Faces of Silvio Berlusconi: The Knight of Anti-Politics." *Modern Italy* 12, no. 1 (2007): 39-54.

Perseus Strategies. *The Kremlin's Political Prisoners. Advancing a Political Agenda by Crushing Dissent*. Washington, DC: May 2019 Report. https://www.perseus-strategies.com/wp-content/uploads/2019/04/The-Kremlins-Political-Prisoners-May-2019.pdf.

Polyak, Gábor. "How Hungary Shrunk the Media," *Mérték Media Monitor*, February 14, 2019, at European Centre for Press and Media Freedom. https://www.ecpmf.eu/news/threats/how-hungary-shrunk-the-media. [リンク切れ]

Polyakova, Alina, and Chris Meserole. *Exporting Digital Authoritarianism: The Russian and Chinese Models*. Brookings Institute Policy Brief, Democracy and Disorder Series, 2019, https://www.brookings.edu/research/exporting-digital-authoritarianism/: 1-22.

Pomerantsev, Peter, and Michael Weiss. *The Menace of Unreality: How the Kremlin Weaponizes Information, Culture and Money*. The Interpreter Project Report, Institute of Modern Russia, 2014. https://imrussia.org/media/pdf/Research/Michael_Weiss_and_Peter_Pomerantsev__The_Menace_of_Unreality.pdf

Preston, Paul. "Franco and Hitler: The Myth of Hendaye, 1940." *Contemporary European History* 1, no. 1 (1992): 1-16.

Preston, Paul. "General Franco as Military Leader." *Transactions of the Royal Historical Society* 4 (1994): 21-41.

Ragnedda, Massimo. "Censorship and Media Ownership in Italy in the Era of Berlusconi." *Global Media Journal: Mediterranean Edition* 9, no. 1 (2014), 13.

Ramos, Jorge. "This Is How Pinochet Tortured Me." *The Scholar and Feminist Online* 2, no. 1 (2003).

Ravelli, Galadriel. "Far-Right Militants and Sanctuaries in the Cold War: The Transnational Trajectories of Italian Neo-Fascism." PhD dissertation. University of Bath, 2017.

Robinson, Linda, Todd C. Helmus, Raphael S. Cohen, Alireza Nader, Andrew Radin, Madeline Magnuson, and Katya Migacheva. *Modern Political Warfare. Current Practices and Possible Responses*. RAND Corporation Report, 2018. https://www.rand.org/pubs/research_reports/RR1772.html.

Rodrigo, Javier. "Exploitation, Fascist Violence and Social Cleansing: A Study of Franco's Concentration Camps from a Comparative Perspective." *European Review of History* 19, no. 4 (2012): 553-73.

Ross, Michael. "What Have We Learned about the Resource Curse?" *Annual Review of Political Science* 18 (2015): 239-59.

Rupprecht, Tobias. "Formula Pinochet: Chilean Lessons for Russian Liberal Reformers during the Soviet Collapse, 1970-2000." *Journal of Contemporary History* 51, no. 1 (2016): 165-86.

Sadkovich, James J. "The Italo-Greek War in Context: Italian Priorities and Axis Diplomacy." *Journal of Contemporary History* 28, no. 3 (1993): 439-64.

Salvemini, Gaetano. "Mussolini's Battle of Wheat." *Political Science Quarterly* 46, no. 1 (1931): 25-40.

Saz, Ismael. "Fascism and Empire: Fascist Italy against Republican Spain." *Mediterranean Historical Review* 13, nos. 1-2 (1998): 116-34.

Selassie, Haile. *League of Nations Official Journal*.

Special Supplement 151. Records of the Sixteenth Ordinary Session of the Assembly, Plenary Meeting, June 30, 1936: 22-25.

Shahbaz, Adrian. *Freedom on the Net 2018: The Rise of Digital Authoritarianism*. New York: Freedom House, 2018. https://freedomhouse.org/report/freedom-net/2018/rise-digital-authoritarianism.

Sharia, Jaber Emhemed Masaud, Bambang Supriyono, M. Mardiyono, Andy Fefta Wijaya, and Soesilo Zauhar. "Corruption in the Regime's Apparatus and State Institutions in Libya during Gaddafi's Rule." *International Refereed Journal of Engineering and Science* 3, no. 11 (2014): 1-3.

Simon, Joel. "Muzzling the Media: How the New Autocrats Threaten Press Freedom." *World Policy Journal* 23, no. 2 (2006): 51-61.

Smith, Benjamin. "Oil Wealth and Regime Survival in the Developing World, 1960-1999." *American Journal of Political Science* 48, no. 2 (2004): 232-46.

Spencer, Leighann, and Ali Yildiz. *The Erosion of Property Rights in Turkey*. Platform Peace & Justice, 2020. Accessed March 18, 2020. http://www.platformpj.org/wp-content/uploads/EROSION-OF-PROPERTY-RIGHTS-IN-TURKEY-1.pdf.

Swan, Alessandra Antola. "The Iconic Body: Mussolini Unclothed." *Modern Italy* 21, no. 4 (2016): 361-81.

Tenpas, Kathryn Dunn, Elaine Kamarck, and Nicholas W. Zeppos. *Tracking Turnover in the Trump Administration*. Washington, DC: Brookings Institution Report, 2018.

Tol, Gonul. "Turkey's Bid for Religious Leadership." *Foreign Affairs*, January 10, 2019.（ギョニュル・トル「イスラム世界におけるトルコのソフトパワー：宗教・文化外交の目的は何か」『フォーリン・アフェアーズ・リポート』2019年3月号掲載）

Travaglio, Marco. "Il caso Schifani cominicia ora." *Micromega* 4 (2008).

Vaccari, Christian. "The Features, Impact, and Legacy of Berlusconi's Campaigning Language and Style." *Modern Italy* 20, no. 1 (2015): 25-39.

Vannucci, Alberto. "The Controversial Legacy of 'Mani Pulite': A Critical Analysis of Italian Corruption and Anti-Corruption Policies." *Bulletin of Italian Politics* 1, no. 2 (2009): 233-64.

Veronesi, Giulia. "Chi siamo." *Campo di Marte*, September 1, 1938.

Viñas, Angel, and Carlos Collado Seidel. "Franco's Request to the Third Reich for Military Assistance." *Contemporary European History* 11, no. 2 (2002): 191-210.

Wiley, Stephen Bert. "Transnation: Chilean Television Infrastructure and Policy as National Space, 1969-1996." PhD dissertation. University of Illinois at Urbana-Champaign, 1999.

Wuerth, Ingrid. "Pinochet's Legacy Reassessed." *American Journal of International Law* 106, no. 73 (2012): 731-68.

Yeaw, Katrina. "Women, Resistance, and the Creation of New Gendered Frontiers in the Making of Modern Libya, 1890-1980." PhD dissertation. Georgetown University, 2017.

Zakaria, Fareed. "The Rise of Illiberal Democracy." *Foreign Affairs* 76, no. 6 (1997): 22-43.（ファリード・ザカリア「市民的自由なき民主主義の台頭」『中央公論』1998年1月号掲載）

Zoli, Corri, Sahar Azar, and Shani Ross. *Patterns of Conduct. Libyan Regime Support for and Involvement in Acts of Terrorism*. UNHRC Commission of Inquiry into Human Rights Violations in Libya Report, 2011.

書籍

Acosta, Jim. *Enemy of the People: A Dangerous Time to Tell the Truth in America*. New York: HarperCollins, 2019.

Addis, Elisabetta, Valeria E. Russo, and Lorenza Sebesta, eds. *Women Soldiers: Images and Realities*. Basingstoke, UK: Macmillan, 1994.

Adorno, Theodor, Else Frenkel-Brunswik, Daniel Levinson, and R. Nevitt Sanford. *The Authoritarian Personality*. New York: Harper and Row, 1950.（T・W・アドルノ『権威主義

的パーソナリティ』［田中義久・矢沢修次郎・小林修一訳。青木書店。1980年］ ＊抄訳）

Agamben, Giorgio. *State of Exception*. Translated by Kevin Attell. Chicago: University of Chicago Press, 2005.（ジョルジョ・アガンベン『例外状態』［上村忠男・中村勝己訳。未來社。2007年］）

Ahmida, Ali. *Forgotten Voices. Power and Agency in Colonial and Postcolonial Libya*. New York: Routledge, 2005.

Ailara, Vito, and Massimo Caserta. *I relegati libici a Ustica dal 1911 al 1934*. Ustica: Centro Studi Isola di Ustica, 2012.

Akdogan, Yalcin. *Political Leadership and Erdoğan*. Cambridge, UK: Cambridge Scholars Publishing, 2018.

Albanese, Giulia. *La Marcia su Roma*. Rome: Laterza, 2006.

Albanese, Matteo, and Pablo Del Hierro. *Transnational Fascism in the Twentieth Century: Spain, Italy and the Global Neofascist Network*. London: Bloomsbury Academic, 2016.

Alberta, Tim. *American Carnage*. New York: HarperCollins, 2019.

Albertazzi, Daniele, Nina Rothenberg, Charlotte Ross, and Clodagh Brook, eds. *Resisting the Tide. Cultures of Opposition under Berlusconi*. New York: Continuum, 2011.

Aliano, David. *Mussolini's National Project in Argentina*. Madison, NJ: Farleigh Dickinson Press, 2012.

Allert, Tilman. *The Hitler Salute. On the Meaning of a Gesture*. New York: Picador, 2009.

Aly, Götz. *Hitler's Beneficiaries*. New York: Metropolitan Books, 2007.（ゲッツ・アリー『ヒトラーの国民国家：強奪・人種戦争・国民的社会主義』［芝健介訳。岩波書店。2012年］）

Aly, Götz, Peter Chroust, and Christian Pross, eds. *Cleansing the Fatherland. Nazi Medicine and Racial Hygiene*. Baltimore: Johns Hopkins University Press, 1994.

Amadori, Alessandro. *Madre Silvio. Perché la psicologia profonda di Berlusconi è più femminile che maschile*. Milano: Mind Edizioni, 2011.

Amendola, Giorgio. *Un'isola*. Milan: Rizzoli, 1980.

Améry, Jean. *Beyond the Mind's Limits. Contemplations by a Survivor on Auschwitz and Its Realities*. New York: Schocken Books, 1986.

Amnesty International. *Report on Torture*. New York: Farrar, Straus and Giroux, 1975.（アムネスティ・インターナショナル編『現代の拷問：世界の政治犯は訴える』［清水俊雄訳。柘植書房。1975年］）

Andersen, Tea Sinbæk, and Barbara Törnquist-Plewa, eds. *The Twentieth Century in European Memory*. Leiden, Neth.: Brill, 2017.

Anderson, Lisa. *The State and Social Transformation in Tunisia and Libya, 1830-1980*. Princeton, NJ: Princeton University Press, 1986.

Anonymous. *A Warning*. New York: Twelve, 2019.

Apor, Balázs, Jan C. Behrends, Polly Jones, and E. A. Rees, eds. *The Leader Cult in Communist Dictatorships*. New York: Palgrave Macmillan, 2004.

Arendt, Hannah. *Eichmann in Jerusalem*. New York: Viking Press, 1964.（ハンナ・アーレント『エルサレムのアイヒマン：悪の陳腐さについての報告』（新版）［大久保和郎訳。みすず書房。2017年］）

Arendt, Hannah. *On Violence*. New York: Harcourt Brace and World, 1969.（ハンナ・アーレント「暴力について」、ハンナ・アーレント『暴力について：共和国の危機』［山田正行訳。みすず書房。2000年］所収）

Arendt, Hannah. *Origins of Totalitarianism*. New York: Meridian Press, 1958.（ハンナ・アーレント『全体主義の起原』（新版）［大久保和郎・大島通義・大島かおり訳。みすず書房。2017年］）

Arriagada, Genaro. *Pinochet. The Politics of Power*. Boston: Unwin Hyman, 1988.

Arthurs, Joshua, Michael Ebner, and Kate Ferris, eds. *The Politics of Everyday Life in Fascist Italy: Outside the State?* New York: Palgrave Macmillan, 2017.

Artom, Emanuele. *Diario di un partigiano ebreo: Gennaio 1940-febbraio 1944*. Turin: Bollati Boringhieri, 2008.

Aslund, Anders. *Russia's Crony Capitalism: The Path from Market Economy to Kleptocracy*. New Haven: Yale University Press, 2019.

Bainville, Jacques. *Les Dictateurs*. Paris: Denoël et Steele, 1935.

Baldinetti, Anna. *The Origins of the Libyan Nation. Colonial Legacy, Exile and the Emergence of the Nation-State*. New York: Routledge, 2010.

Barontini, Elio. *Ilio Barontini. Fuoriscito, internazionalista e partigiano*. Rome: Edizioni Robin, 2013.

Barrett, Wayne. *Trump: The Deals and the Downfall*. New York: HarperCollins, 1992.

Bartov, Omer. *Hitler's Army: Soldiers, Nazis, and War in the Third Reich*. New York: Oxford University Press, 1992.

Bassiouni, Mahmoud Cherif. *Libya: From Repression to Revolution. A Record of Armed Conflict and International Law Violations, 2011-2013*. Leiden, Neth.: Martin Ninjhus Publishers, 2013.

Bastianini, Giuseppe. *Uomini cose fatti. Memorie di un ambasciatore*. Milan: Vitagliano, 1959.

Bastías, Guillermo. *Pinochet Illustrado*. Santiago: Editorial Genus, 2008.

Bawden, John R. *The Pinochet Generation: The Chilean Military in the Twentieth Century*. Tuscaloosa: University of Alabama Press, 2016.

Beachy, Robert. *Gay Berlin: Birthplace of a Modern Identity*. New York: Knopf, 2014.

Becker, Ernest. *The Birth and Death of Meaning*. New York: Free Press, 1971.

Benadusi, Lorenzo. *The Enemy of the New Man: Homosexuality in Fascist Italy*. Translated by Suzanne Dingee and Jennifer Pudney. Madison: University of Wisconsin Press, 2012.

Benedetti, Amedeo. *Il linguaggio e la retorica della nuova politica italiana: Silvio Berlusconi e Forza Italia*. Genoa: Erga, 2004.

Ben-Ghiat, Ruth. *Fascist Modernities: Italy, 1922-1945*. Berkeley: University of California Press, 2001.

Ben-Ghiat, Ruth. *Italian Fascism's Empire Cinema*. Bloomington: Indiana University Press, 2015.

Ben-Ghiat, Ruth, and Mia Fuller, eds. *Italian Colonialism*. New York: Palgrave Macmillan, 2005.

Ben-Ghiat, Ruth, and Stephanie Malia Hom, eds. *Italian Mobilities*. New York: Routledge, 2015.

Benjamin, Walter. *Illuminations*. Edited by Hannah Arendt. Translated by Harry Zohn. New York: Schocken, 1968.

Benkler, Yochai, Robert Faris, and Hal Roberts. *Network Propaganda: Manipulation, Disinformation, and Radicalization in American Politics*. New York: Oxford University Press, 2018.

Beradt, Charlotte. *The Third Reich of Dreams*. Translated by Adriane Gottwald. Chicago: Quadrangle Books, 1966.

Berardi, Francesco Bifo. *Skizo-Mails*. Dijon: Les Presses du Reél, 2012.

Berlet, Chip, ed. *Trumping Democracy: From Reagan to the Alt-Right*. New York: Routledge, 2020.

Berlusconi, Silvio. *Una storia italiana*. Milan: Mondadori, 2001.

Berman, Sheri. *Democracy and Dictatorship in Europe from the Ancien Régime to the Present Day*. New York: Oxford University Press, 2019.

Bernstein, Andrea. *American Oligarchs. The Kushners, the Trumps, and the Marriage of Money and Power*. New York: W. W. Norton, 2020.

Bertellini, Giorgio. *Divo/Duce. Promoting Film Stardom and Political Leadership in 1920s America*. Berkeley: University of California Press, 2019.

Bianco, Mirella. *Gaddafi: Voice from the Desert*. London: Longman, 1975.

Birns, Laurence. *The End of Chilean Democracy: An IDOC Dossier on the Coup and Its Aftermath*. New York: Seabury Press, 1974.

Bloch, Marc. *Royal Touch: Sacred Monarchy and Scrofula in England and France*. Toronto: McGill-Queen's University Press, 1973.（マルク・ブロック『王の奇跡：王権の超自然的性格に関する研究／特にフランスとイギリスの場合』［井上泰男・渡邊昌美共訳。刀水書房。1998 年］）

Boni, Federico. *Il Superleader. Fenomenologia mediatica

di Silvio Berlusconi. Rome: Meltemi, 2008.
Bonsaver, Guido. *Censorship and Literature in Fascist Italy*. Toronto: University of Toronto Press, 2007.
Borgese, G. A. *Goliath. The March of Fascism*. New York: Viking, 1937.
Borneman, John, ed. *Death of the Father. An Anthropology of the End in Political Authority*. New York: Berghahn, 2004.
Bornstein, Eliot. *Pussy Riot: Speaking Punk to Power*. London: Bloomsbury, 2020.
Borzutzky, Silvia, and Lois Hecht Oppenheim, eds. *After Pinochet: The Chilean Road to Democracy and the Market*. Gainesville: University Press of Florida, 2006.
Bosworth, Richard. *Claretta: Mussolini's Last Lover*. New Haven: Yale University Press, 2017.
Bosworth, Richard. *Mussolini*. London: Bloomsbury, 2011.
Bottai, Giuseppe. *Diario, 1935-1944*. Milan: Rizzoli, 1982.
Bowen, Wayne H. *Spain during World War Two*. Columbia: University of Missouri Press, 2006.
Boyd, Douglas A. *Broadcasting in the Arab World*. Ames: University of Iowa Press, 1999.
Braglia, Elena Bianchini. *Donna Rachele*. Milan: Mursia, 2007.
Bray, Mark. *Antifa: The Anti-Fascist Handbook*. New York: Melville House, 2017.
Brown, Archie. *The Myth of the Strong Leader: Political Leadership in the Modern Age*. New York: Basic Books, 2014.
Bueno de Mesquita, Bruce, James D. Morrow, Randolph M. Siverson, and Alastair Smith. *The Logic of Political Survival*. Cambridge, MA.: MIT Press, 2003.
Bueno de Mesquita, Bruce, and Alastair Smith. *The Dictator's Handbook: Why Bad Behavior Is Almost Always Good Politics*. New York: Public Affairs, 2011.（ブルース・ブエノ・デ・メスキータ、アラスター・スミス『独裁者のためのハンドブック』［四本健二・浅野宜之訳。亜紀書房。2013 年］）
Burgwyn, James. *The Legend of the Mutilated Victory. Italy, the Great War and the Paris Peace Conference, 1915-1919*. Westport, CT: Praeger Press, 1993.
Burleigh, Michael, and Wolfgang Wipperman. *The Racial State. Germany, 1933-1945*. Cambridge, UK: Cambridge University Press, 1991.（M・バーリー、W・ヴィッパーマン『人種主義国家ドイツ：1933-45』［柴田敬二訳。刀水書房。2001 年］）
Burleigh, Nina. *Golden Handcuffs. The Secret History of Trump's Women*. New York: Gallery Books, 2018.
Bytwerk, Randall. *Bending Spines: The Propagandas of Nazi Germany and the German Democratic Republic*. East Lansing: Michigan State University Press, 2004.
Cagaptay, Soner. *Erdoğan's Empire: Turkey and the Politics of the Middle East*. London: I.B. Tauris, 2019.
Canali, Mauro. *La scoperta dell'Italia. Il fascismo raccontato dai corrispondenti americani*. Venice: Marsilio, 2017.
Canali, Mauro, and Clemente Volpini. *Mussolini e i ladri del regime. Gli arrichimenti illeciti del fascismo*. Milan: Mondadori, 2019.
Canterbury, Douglas C. *Neoextractivism and Capitalist Development*. New York: Routledge, 2018.
Caplan, Jane. *Government without Administration: State and Civil Service in Weimar and Nazi Germany*. Oxford: Clarendon Press, 1988.
Caro Duce. Lettere di donne italiane a Mussolini 1922-1943. Milan: Rizzoli, 1989.
Carrió, Alejandro. *Los crímenes del Cóndor. El caso Prats y la trama de conspiraciones entre los servicios de inteligencia del Cono Sur*. Buenos Aires: Editorial Sudamericana, 2005.
Casanova, Julian. *A Short History of the Spanish Civil War*. London: I.B. Tauris, 2013.
Casey, Steven, and Jonathan Wright, eds. *Mental Maps in the Era of Two World Wars*. New York: Palgrave Macmillan, 2008.
Césaire, Aimé. *Discourse on Colonialism*. New York: Monthly Review Press, 2000.（エメ・セゼール「植民地主義論」、エメ・セゼール『帰郷ノート　植民地主義論』［砂野幸稔訳。平凡社。2004 年］所収）

Cesarani, David. *Final Solution. The Fate of the Jews, 1933-1949*. New York: St. Martin's Press, 2016.

Cheeseman, Nicholas, and Brian Klaas. *How to Rig an Election*. New Haven: Yale University Press, 2019.

Ciano, Galeazzo. *Diario 1937-43*. Milan: Rizzoli, 1990.

Cojean, Annick. *Gaddafi's Harem*. New York: Grove Press, 2013.

Constable, Pamela, and Arturo Valenzuela. *A Nation of Enemies. Chile under Pinochet*. New York: W. W. Norton, 1993.

Cooper, Marc. *Pinochet and Me. A Chilean Anti-Memoir*. New York: Verso, 2000.

Corbin, Alain, Jean-Jacques Courtine, and Georges Vigarello, eds. *A History of Virility*. New York: Columbia University Press, 2016.（A・コルバン、J-J・クルティーヌ、G・ヴィガレロ監修『男らしさの歴史』（全3巻）［鷲見洋一・小倉孝誠・岑村傑監訳。藤原書店。2016～2017年］）

Darnton, Robert. *Censors at Work. How States Shaped Literature*. New York: W. W. Norton, 2014.

David, Julie Hirschfeld, and Michael D. Shear. *Border Wars. Inside Trump's Assault on Immigration*. New York: Simon and Schuster, 2019.

Dawisha, Karen. *Putin's Kleptocracy: Who Owns Russia?* New York: Simon and Schuster, 2015.

De Begnac, Yvon. *Palazzo Venezia: Storia di un Regime*. Rome: La Rocca, 1950.

De Felice, Renzo. *Mussolini e Hitler. I Rapporti Segreti, 1922-1933*. Rome: Laterza, 2013.

De Felice, Renzo. *Mussolini il rivoluzionario, 1883-1920*. Turin: Einaudi, 1965.

De Grand, Alexander. *Fascist Italy and Nazi Germany. The "Fascist" Style of Rule*. New York: Routledge, 2004.

De Grazia, Victoria. *How Fascism Ruled Women*. Berkeley: University of California Press, 1992.

Del Boca, Angelo. *Gli italiani in Libia. Dal fascismo a Gheddafi*. Milan: Mondadori, 1994.

Del Boca, Angelo. *Mohamed Fekini and the Fight to Free Libya*. New York: Palgrave Macmillan, 2011.

Del Buono, Oreste, ed. *Eia, Eia, alalà: La stampa italiana sotto il fascismo*. Milan: Feltrinelli, 1971.

Delmer, Sefton. *Trail Sinister. An Autobiography, Volume One*. London: Secker and Warburg, 1961.

De Madariaga, Salvador. *España. Ensayo de Historia Contemporanea*. Madrid: Espasa-Calpe, 1979.

Dietrich, Otto. *The Hitler I Knew. Memoirs of the Third Reich's Press Chief*. New York: Skyhorse, 2014.

Diggins, John Patrick. *Mussolini and Fascism: The View from America* (1972). Princeton, NJ: Princeton University Press, 2015.

Di Giulio, Francesca, and Federico Cresti, eds. *Rovesci della fortuna. La minoranza italiana in Libia dalla seconda guerra mondiale all'espulsione 1940-1970*. Ariccia, Italy: Aracne, 2016.

Dikötter, Frank. *How to Be a Dictator. The Cult of Personality in the Twentieth Century*. London: Bloomsbury, 2019.

Diodato, Emidio, and Federico Niglia. *Berlusconi 'The Diplomat': Populism and Foreign Policy in Italy*. New York: Palgrave Macmillan, 2019.

Dorfman, Ariel. *Homeland Security Ate My Speech*. New York: OR Books, 2017.

Dubiel, Helmut, and Gabriel Motzkin, eds. *The Lesser Evil: Moral Approaches to Genocide Practices*. New York: Routledge, 2004.

Duggan, Christopher. *Fascism and the Mafia*. New Haven: Yale University Press, 1989.

Duggan, Christopher. *Fascist Voices. An Intimate History of Mussolini's Italy*. New York: Oxford University Press, 2013.

Dumbach, Annette, and Jud Newborn. *Sophie Scholl and the White Rose*. London: Oneworld Publications, 2018.

Dunn, Kevin. *Imagining the Congo. The International Relations of Identity*. New York: Palgrave Macmillan, 2003.

Eatwell, Roger, and Matthew Goodwin. *National Populism. The Revolt against Liberal Democracy*. New York: Penguin Random House, 2018.

Eberle, Henrik, ed. *Letters to Hit-*

ler. Translated by Steven Rendall. Cambridge, UK: Polity Press, 2012.
Ebner, Michael R. *Ordinary Violence in Mussolini's Italy*. Cambridge, UK: Cambridge University Press, 2010.
El-Kikhia, Mansour O. *Libya's Qaddafi. The Politics of Contradiction*. Gainesville: University Press of Florida, 1997.
Ellul, Jacques. *Propaganda. The Formation of Men's Attitudes*. New York: Vintage Books, 1973.
Enciclopedia Treccani. Edited by Giovanni Treccani. Milan: Istituto Trecccani, 1932.
Enrich, David. *Dark Towers: Deutsche Bank, Donald Trump, and an Epic Trail of Destruction*. New York: Custom House, 2020.
Ensalaco, Mark. *Chile under Pinochet: Recovering the Truth*. Philadelphia: University of Pennsylvania Press, 1999.
Errázuriz, Luis Hernán, and Gonzalo Leiva Quijada. *El Golpe Estético. Dictadura Militar en Chile 1973-1989*. Santiago: Ocholibros, 2012.
Esposito, Roberto. *Bios: Biopolitcs and Philosophy*. Translated by Timothy Campbell. Minneapolis: University of Minnesota Press, 2008.
Etlin, Richard, ed. *Art, Culture, and Media under the Third Reich*. Chicago: University of Chicago Press, 2002.
Evans, Richard. *The Coming of the Third Reich*. New York: Penguin, 2003.（リチャード・J・エヴァンズ『第三帝国の到来』（全2巻）［山本孝二訳。白水社。2018年］）
Falasca-Zamponi, Simonetta. *Fascist Spectacle*. Berkeley: University of California Press, 1997.
Fallaci, Oriana. *Interview with History*. Translated by John Shepley. Boston: Houghton Mifflin, 1976.
Farcau, Bruce W. *The Coup. Tactics in the Seizure of Power*. Westport, CT: Praeger, 1994.
Farfán, Claudia, and Fernando Vega. *La familia. Historia Privada de los Pinochet*. Santiago: Random House Mondadori, 2009.
Fellini, Federico. *Fellini on Fellini*. Translated by Isabel Quigley. New York: Delacorte Press, 1976.（フェリーニ述、コスタンツォ・コスタンティーニ編著『フェリーニ・オン・フェリーニ』［中条省平・中条志穂訳。キネマ旬報社。1997年］）
Fermi, Laura. *Mussolini*. Chicago: University of Chicago Press, 1961.（ローラ・フェルミ『ムッソリーニ』［柴田敏夫訳。紀伊國屋書店。1967年］）
Ferrario, Rachele. *Margherita Sarfatti: La regina dell'arte nell'Italia fascista*. Milan: Mondadori, 2015.
Fest, Joachim. *Hitler*. New York: Mariner Books, 2002.（ヨアヒム・フェスト『ヒトラー』（全2巻）［赤羽龍夫ほか訳。河出書房新社。1975年］）
Fest, Joachim. *Plotting Hitler's Death. The Story of German Resistance*. New York: Metropolitan Books, 1996.
Finchelstein, Federico. *A Brief History of Fascist Lies*. Berkeley: University of California Press, 2020.
Finchelstein, Federico. *From Fascism to Populism in History*. Berkeley: University of California Press, 2017.
Fisher, Dana. *American Resistance: From the Women's March to the Blue Wave*. New York: Columbia University Press, 2019.
Franco, Francisco. *Discursos y mensajes del Jefe del Estado 1955-1959*. Madrid: Dirección General de Información Publicaciones Españolas, 1960.
Frantz, Erica. *Authoritarianism: What Everyone Needs to Know*. New York: Oxford University Press, 2018.（エリカ・フランツ『権威主義：独裁政治の歴史と変貌』［上谷直克・今井宏平・中井遼訳。白水社。2021年］）
Frantz, Erica, and Natasha Ezrow. *The Politics of Dictatorship. Institutions and Outcomes in Authoritarian Regimes*. Boulder, CO: Lynne Rienner, 2011.
Franzinelli, Mimmo. *Il Duce e le donne. Avventure e passioni extraconiugali di Mussolini*. Milan: Mondadori, 2013.
Franzinelli, Mimmo. *Squadristi. Protagonisti e techniche della violenza fascista, 1919-1922*. Milan: Mondadori, 2003.
Franzinelli, Mimmo. *Il tribunale del Duce. La giustizia fas-*

cista e le sue vittime (1927-1943). Milan: Le Scie, 2017.

Friedman, Alan. *My Way. Berlusconi in His Own Words*. London: Biteback Publishing, 2015.

Fry, Michael. *Hitler's Wonderland*. London: John Murray, 1934.

Fuller, Mia. *Moderns Abroad. Architecture, Cities, and Italian Imperialism*. New York: Routledge, 2006.

Gabowitsch, Mischa. *Protest in Putin's Russia*. Cambridge, UK: Polity Press, 2017.

Gaddafi, Muammar. *Escape to Hell and Other Stories*. Toronto: Hushion House, 1998.

Gaddafi, Muammar. *My Vision. Conversations and Frank Exchanges of Views with Edmond Jouve*. Translated by Angela Parfitt. London: John Blake, 2005.

Galeotti, Mark. *We Need to Talk about Putin: How the West Gets Him Wrong*. London: Ebury Press, 2019.

Gandhi, Jennifer. *Political Institutions under Dictatorship*. Cambridge, UK: Cambridge University Press, 2008.

Geddes, Barbara. *How Dictatorships Work. Power, Personalization, and Collapse*. Cambridge, UK: Cambridge University Press, 2018.

Gellately, Robert, and Nathan Stoltzfus, eds. *Social Outsiders in Nazi Germany*. Princeton, NJ: Princeton University Press, 2018.

Gessen, Masha. *The Future Is History: How Totalitarianism Reclaimed Russia*. New York: Riverhead Books, 2017.

Gessen, Masha. *The Man without a Face: The Unlikely Rise of Vladimir Putin*. New York: Riverhead Books, 2012.（マーシャ・ゲッセン『そいつを黙らせろ：プーチンの極秘指令』[松宮克昌訳。柏書房。2013年]）

Geyer, Michael, and John W. Boyer, eds. *Resistance against the Third Reich: 1933-1990*. Chicago: University of Chicago Press, 1994.

Geyer, Michael, and Sheila Fitzpatrick, eds. *Beyond Totalitarianism: Stalinism and Nazism Compared*. Cambrdige, UK: Cambridge University Press, 2009.

Ginsborg, Paul. *Silvio Berlusconi. Television, Power, and Patrimony*. New York: Verso, 2004.

Ginsborg, Paul, and Enrica Asquer, eds. *Berlusconismo. Analisi di un fenomeno*. Rome: Laterza, 2011.

Giovannini, Paolo, and Marco Palla. *Il fascismo dalle mani sporche. Dittatura, corruzione, affarismo*. Rome: Laterza, 2019.

Gobetti, Ada. *Diario partigiano*. Turin: Einaudi, 1972.（アーダ・ゴベッティ『パルチザン日記：1943-1945：イタリア反ファシズムを生きた女性』[戸田三三冬監修・解説。堤康徳訳。平凡社。1995年]）

Gobetti, Piero. *La rivoluzione liberale. Saggio sulla politica della lotta in Italia*. Fano, Italy: Aras Edizioni, 2016.

Goebbels, Joseph. *Die Tagebücher von Joseph Goebbels*. Vol. 1. *Sämtliche Fragmente: Aufzeichnungen 1923-1941*. Edited by Elke Fröhlich. Munich: K.G. Saur Verlag, 1998-2006.

Goeschels, Christian. *Mussolini and Hitler: The Forging of the Fascist Alliance*. New Haven: Yale University Press, 2018.

Goeschels, Christian. *Suicide in Nazi Germany*. New York: Oxford University Press, 2009.

González, Mónica. *La Conjura. Los mil y un dias del golpe*. Santiago: Ediciones B Chile, 2000.

González-Ruibal, Alfredo. *An Archeology of the Contemporary Era*. New York: Routledge, 2019.

Goretti, Gianfranco, and Tommaso Giartosio. *La Città e l'Isola: Omosessuali al confino nell'Italia fascista*. Rome: Donzelli, 2006.

Görtemaker, Heike B. *Eva Braun. Life with Hitler*. New York: Knopf, 2011.（ハイケ・B・ゲルテマーカー『ヒトラーに愛された女：真実のエヴァ・ブラウン』[酒寄進一訳。東京創元社。2012年]）

Goscilo, Helena, ed. *Putin as Celebrity and Cultural Icon*. New York: Routledge, 2013.

Goscilo, Helena, and Vlad Strukov, eds. *Celebrity and Glamour in Contemporary Russia: Shocking Chic*. New York: Routledge, 2011.

Graham, Helen. *The Spanish Civil War. A Very Short Intro-*

duction. New York: Oxford University Press, 2005.
Green, Jeffrey Edward. *Eyes of the People. Democracy in an Age of Spectatorship*. New York: Oxford University Press, 2010.
Gross, Jan. *Neighbors. The Destruction of the Jewish Community in Jedwabne, Poland*. Princeton, NJ: Princeton University Press, 2001.
Guaaybess, Tourya, ed. *National Broadcasting and State Policy in Arab Countries*. New York: Palgrave Macmillan, 2013.
Guardiola-Rivera, Oscar. *Story of a Death Foretold. The Coup against Salvador Allende, September 11, 1973*. London: Bloomsbury, 2013.
Guenther, Irene, *Nazi Chic?* New York: Berg, 2004.
Guerriero, Leila, ed. *Los Malos*. Santiago: Ediciones Diego Portales, 2015.
Gundle, Stephen, Christopher Duggan, and Giuliana Pieri, eds. *The Cult of the Duce: Mussolini and the Italians*. Manchester, UK: Manchester University Press, 2015.
Guzzanti, Paolo. *Mignottocrazia. La sera andavamo a ministre*. Rome: Aliberti, 2010.
Hall, Todd H. *Emotional Diplomacy*. Ithaca, NY: Cornell University Press, 2015.
Han, Clara. *Life in Debt. Times of Care and Violence in Neoliberal Chile*. Berkeley: University of California Press, 2012.
Hancock, Dean. *Tyrannical Minds. Psychological Profiling, Narcissism, and Dictatorship*. New York: Pegasus Books, 2019.
Herz, Gabriele. *The Women's Camp in Moringen. A Memoir of Imprisonment in Nazi Germany 1936-1937*. Edited by Jane Caplan. New York: Berghahn, 2006.
Hetherington, Marc J., and Jonathan D. Weiler. *Authoritarianism and Polarization in American Politics*. Cambridge, UK: Cambridge University Press, 2009.
Hett, Benjamin Carter. *Burning the Reichstag*. New York: Oxford University Press, 2014.
Heywood, Paul, ed. *Routledge Handbook of Political Corruption*. New York: Routledge, 2015.
Higginbotham, Virginia. *Spanish Film under Franco*. Austin: University of Texas Press, 1988.
Hill, Fiona, and Clifford Gaddy. *Mr. Putin. Operative in the Kremlin*. Washington, DC: Brookings Institution Press, 2013.（フィオナ・ヒル、クリフォード・G・ガディ『プーチンの世界：「皇帝」になった工作員』［濱野大道・千葉敏生訳。新潮社。2016 年］）
Hitler, Adolf. *Mein Kampf*. Translated by Ralph Manheim. Boston: Houghton Mifflin, 1999.（アドルフ・ヒトラー『わが闘争：完訳』（改版）［平野一郎・将積茂訳。角川文庫。2001 年］）
Hochschild, Adam. *King Leopold's Ghost: A Story of Greed, Terror, and Heroism in Colonial Africa*. New York: Houghton Mifflin, 1999.
Hochschild, Arlie Russel. *Strangers in Their Own Land: Anger and Mourning on the American Right*. New York: The New Press, 2016.（A・R・ホックシールド『壁の向こうの住人たち：アメリカの右派を覆う怒りと嘆き』［布施由紀子訳。岩波書店。2018 年］）
Hockenos, Paul. *Free to Hate. The Rise of the Right in Post-Communist Europe*. New York: Routledge, 1993.
Holmboe, Knud. *Desert Encounter. An Adventurous Journey through Italian Africa*. Translated by Helga Holbek. London: George G. Harrap, 1936.
Hom, Stephanie Malia. *Empire's Mobius Strip. Historical Echoes in Italy's Crisis of Migration and Detention*. Ithaca, NY: Cornell University Press, 2019.
Hughes, H. Stuart. *The United States and Italy*. Cambridge, MA.: Harvard University Press, 1953.
Hull, Isabel. *Absolute Destruction: Military Culture and the Practices of War in Imperial Germany*. Ithaca, NY: Cornell University Press, 2006.
Huneeus, Carlos. *The Pinochet Regime*. Translated by Lake Sagaris. Boulder: Lynne Rienner, 2007.
Ibrahim, Vivian, and Margit Wunsch. *Political Leadership, Nations and Charisma*. New York: Routledge, 2012.
Ignazi, Piero. *Postfascisti? Dal Movimento sociale italiano ad Alleanza Nazionale*.

Bologna: Il Mulino, 1994.
Isikoff, Michael, and David Corn. *Russian Roulette: The Inside Story of Putin's War on America and the Election of Donald Trump*. New York: Twelve, 2018.
Jansen, Jan C., and Jürgen Osterhammel. *Decolonization: A Short History*. Translated by Jeremiah Riemer. Princeton, NJ: Princeton University Press, 2017.
Jensen, Geoffrey. *Franco: Soldier, Commander, Dictator*. Dulles, VA: Potomac Books, 2005.
Joachimsthaler, Anton. *Hitlers Ende: Legenden und Dokumente*. Munich: Verlag Harbig, 2003.
Jones, Raymond. *Adwa: African Victory in an Age of Empire*. Cambridge, MA: Harvard University Press, 2011.
Joubert, Alain. *Le moustache d'Adolf Hitler, et autres essais*. Paris: Gallimard, 2016.
Joyce, Kathryn. *The Child Catchers: Rescue, Trafficking, and the New Gospel of Adoption*. New York: Public Affairs, 2013.
Jump, Jim, ed. *Looking Back at the Spanish Civil War*. London: Lawrence and Wishart, 2010.
Kakutani, Michiko. *The Death of Truth. Notes on Falsehood in the Age of Trump*. New York: Penguin, 2018.（ミチコ・カクタニ『真実の終わり』［岡崎玲子訳。集英社。2019 年］）
Kalder, Daniel. *The Infernal Library: On Dictators, the Books They Wrote, and Other Catastrophes of Literacy*. New York: Henry Holt, 2018.（ダニエル・カルダー『独裁者はこんな本を書いていた』（全2巻）［黒木章人訳。原書房。2019 年］）
Kallis, Aristotle. *Fascist Ideology: Territory and Expansionism in Italy and Germany, 1922-1945*. New York: Routledge, 2000.
Kaplan, Temma. *Taking Back the Streets. Women, Youth, and Direct Democracy*. Berkeley: University of California Press, 2004.
Karklins, Rasma. *The System Made Me Do It. Corruption in Post-Communist Societies*. New York: Routledge, 2005.
Karl-i-Bond, Jean Nguza. *Mobutu, ou l'incarnation du Mal Zaïrois*. London: Rex Collings, 1982.
Kawczynski, Daniel. *Seeking Gaddafi: Libya, the West and the Arab Spring*. London: Biteback Publishing, 2011.
Kelly, Sean. *America's Tyrant. The CIA and Mobutu of Zaire*. Washington, DC: American University Press, 1993.
Kendzior, Sarah. *Hiding in Plain Sight. The Invention of Donald Trump and the Erosion of America*. New York: Flatiron Books, 2020.
Kersevan, Alessandra. *Lager italiani. Pulizia etnica e campi di concentramento fascisti per civili jugoslavi 1941-1943*. Rome: Nutrimenti, 2008.
Kershaw, Ian. *The "Hitler Myth": Image and Reality in the Third Reich*. Oxford: Oxford University Press, 1987.（イアン・ケルショー『ヒトラー神話：第三帝国の虚像と実像』［柴田敬二訳。刀水書房。1993 年］）
Kertzer, David. *The Pope and Mussolini: The Secret History of Pius XI and the Rise of Fascism in Europe*. New York: Random House, 2014.
Kissinger, Henry. *White House Years*. Boston: Little, Brown, 1979.（ヘンリー・キッシンジャー『キッシンジャー秘録』（全5巻）［斎藤彌三郎ほか訳。小学館。1979 ～ 80 年］）
Kissinger, Henry. *Years of Upheaval*. Boston: Little, Brown, 1982.（H・A・キッシンジャー『キッシンジャー激動の時代』（全3巻）［読売新聞・調査研究本部訳。小学館。1982 年］）
Kitchen, Martin. *A World in Flames*. New York: Routledge, 1990.
Kitchen, Martin. *Albert Speer, Hitler's Architect*. New Haven: Yale University Press, 2017.
Klaas, Brian. *The Despot's Accomplice. How the West Is Aiding and Abetting the Decline of Democracy*. New York: Oxford University Press, 2016.
Klemperer, Viktor. *I Will Bear Witness. A Diary of the Nazi Years 1933-1941*. Translated by Martin Chalmers. New York: Knopf, 1999.
Knight, Amy. *Orders to Kill. The Putin Regime and Political Murder*. New York: Thom-

as Dunne, 2017.
Knipp, Kersten. *Die Kommune der Faschisten Gabriele D'Annunzio, die Republik von Fiume und die Extreme des 20. Jahrhundert*. Stuttgart: WBG Theiss, 2019.
Knopp, Guido. *Hitler's Women*. New York: Routledge, 2003.
Koonz, Claudia. *The Nazi Conscience*. Cambridge, MA: Belknap Press, 2003.（クローディア・クーンズ『ナチと民族原理主義』［滝川義人訳。青灯社。2006年］）
Korherr, Riccardo. *Regresso delle nascite: Morte dei popoli*. Rome: Unione Editoriale d'Italia, 1928.
Kornbluh, Peter. *The Pinochet File: A Declassified Dossier on Atrocity and Accountability*. New York: The New Press, 2003.
Köttig, Michaela, Renate Bitzan, and Andrea Petö, eds. *Gender and Far Right Politics in Europe*. New York: Palgrave Macmillan, 2017.
Kretsedemas, Philip, Jorge Capetillo-Ponce, and Glenn Jacobs, eds. *Migrants Marginality*. London: Routledge, 2013
Kubizek, August. *The Young Hitler I Knew*. Translated by E. V. Anderson. Boston: Houghton Mifflin, 1955.（アウグスト・クビツェク『アドルフ・ヒトラー：我が青春の友』［船戸満之・宗宮好和・桜井より子・宍戸節太郎訳。MK出版社。2004年］）（アウグスト・クビツェク『アドルフ・ヒトラーの青春：親友クビツェクの回想と証言』［橘正樹訳。三交社。2005年］）
Lanzmann, Claude. *Shoah. The Complete Text of the Acclaimed Holocaust Film*. New York: Da Capo Press, 1995.（クロード・ランズマン『ショアー』［高橋武智訳。作品社。1995年］）
Lattuada, Alberto. *Alberto Lattuada fotografo*. Edited by Piero Berengo Gardin. Florence: Alinari, 1982.
Leeson, Robert, ed. *Hayek: A Collaborative Biography: Part XIII: "Fascism" and Liberalism in the (Austrian) Classical Tradition*. Basingstoke, UK: Palgrave Macmillan, 2018.
Lendval, Paul. *Orbán: Hungary's Strongman*. New York: Oxford University Press, 2018.
Levi, Primo. *Survival in Auschwitz*. New York: Touchstone Books, 1996.（プリーモ・レーヴィ『これが人間か：アウシュヴィッツは終わらない 改訂完全版』［竹山博英訳。朝日新聞出版。2017年］）
Levitsky, Steven, and Daniel Ziblatt. *How Democracies Die*. New York: Crown Books, 2018.（スティーブン・レビツキー、ダニエル・ジブラット『民主主義の死に方：二極化する政治が招く独裁への道』［濱野大道訳。新潮社。2018年］）
Linz, Juan J. *Totalitarian and Authoritarian Regimes*. Boulder: Lynne Rienner, 2000.（J・リンス『全体主義体制と権威主義体制』［高橋進監訳。法律文化社。1995年］）
Livingston, Michael. *The Fascists and the Jews of Italy: Mussolini's Race Laws, 1938-1945*. Cambridge, UK: Cambridge University Press, 2014.
Longerich, Peter. *Goebbels: A Biography*. New York: Random House, 2015.
Lower, Wendy. *Hitler's Furies: German Women in the Nazi Killing Fields*. New York: Houghton Mifflin, 2013.（ウェンディ・ロワー『ヒトラーの娘たち：ホロコーストに加担したドイツ女性』［石川ミカ訳。明石書店。2016年］）
Ludwig, Emil. *Talks with Mussolini*. Translated by Eden and Cedar Paul. Boston: Little, Brown, 1933.
Lupo, Salvatore. *Il fascismo. La politica in un regime totalitario*. Rome: Donzelli, 2000.
Lusane, Clarence. *Hitler's Black Victims. The Historical Experiences of Afro-Germans, European Blacks, Africans, and African-Americans in the Nazi Era*. New York: Routledge, 2002.
Luzzato, Sergio. *Il corpo del Duce: Un cadavere tra immaginazione, storia e memoria*. Turin: Einaudi, 1998.
Machtan, Lothar. *The Hidden Hitler*. Translated by John Brownjohn. New York: Basic Books, 2001.（ロータル・マハタン『ヒトラーの秘密の生活』［赤根洋子訳。文藝春秋。2002年］）
Mack Smith, Denis. *Mussolini*. New York: Alfred A. Knopf, 1982.

Magyar, Bálint. *The Post-Communist Mafia State*. Budapest: Central European University Press, 2015.

Malaparte, Curzio. *Mussolini. Il grande imbecille*. Milan: Luni Editrice, 1999.

Malaparte, Curzio. *Tecnica del colpo di Stato*. Florence: Vallecchi, 1994.（クルツィオ・マラパルテ『クーデターの技術』［手塚和彰・鈴木純訳。中央公論新社（中公文庫）。2019年］）

Mangan, James Anthony, ed. *Shaping the Superman. The Fascist Body as Political Icon*. London: Frank Cass, 1999.

Mann, Thomas. *Diaries 1918-1939*. New York: Harry N. Abrams, 1982.

Manne, Kate. *Down Girl: The Logic of Misogyny*. New York: Oxford University Press, 2018.（ケイト・マン『ひれふせ、女たち：ミソジニーの論理』［小川芳範訳。慶應義塾大学出版会。2019年］）

Márquez, Gabriel García. *Clandestine in Chile. The Adventures of Miguel Littín*. Translated by Asa Zatz. New York: Henry Holt, 1986.（G・ガルシア＝マルケス『戒厳令下チリ潜入記：ある映画監督の冒険』［後藤政子訳。岩波書店（岩波新書）。1986年］）

Maschmann, Melita. *Account Rendered. A Dossier on My Former Self*. Translated by Geoffrey Strachan. New York: Abelard-Shuman, 1965.

Matar, Hisham. *The Return: Fathers, Sons and the Land in Between*. New York: Random House, 2016.（ヒシャーム・マタール『帰還：父と息子を分かつ国』［金原瑞人・野沢佳織訳。人文書院。2018年］）

Matard-Bonnard, Marie-Anne. *L'Italia fascista e la persecuzione degli ebrei*. Bologna: Mulino, 2007.

Mattioli, Aram. *Experimentierfeld der Gewalt: der Abessinienkrieg und seine international Bedeutung, 1935-1941*. Zürich: Orell Füssli, 2005.

Mattioli, Aram. *"Viva Mussolini!" Die Aufwertung des Faschismus im Italien Berlusconis*. Paderborn, Germany: Ferdinand Schöningh, 2010.

Matus, Alejandra. *Doña Lucia. La biografia no autorizada*. Santiago: Ediciones B, 2013.

Mayorga, Patricia. *Il condor nero. L'internazionale fascista e i rapporti segreti con il regime di Pinochet*. Milan: Sperling and Kupfer, 2003.

Mazower, Mark. *Dark Continent: Europe's Twentieth Century*. New York: Vintage, 2009.（マーク・マゾワー『暗黒の大陸：ヨーロッパの20世紀』［中田瑞穂・網谷龍介訳。未來社。2015年］）

McLean, Nancy. *Democracy in Chains: The Deep History of the Radical Right's Stealth Plan for America*. New York: Viking, 2017.

McSherry, Patrice. *Predatory States: Operation Condor and Covert War in Latin America*. Lanham, MD: Rowman and Littlefield, 2005.

Megargee, Geoffrey, and Martin Dean, eds. *Encyclopedia of Camps and Ghettos, 1933-1945*. Washington, DC: United States Holocaust Memorial Museum, 2009.

Meyer, David S., and Sidney Tarrow, eds. *The Resistance. The Dawn of the Anti-Trump Opposition Movement*. New York: Oxford University Press, 2018.

Meyer, Thomas. *Media Democracy. How the Media Colonize Politics*. Cambridge, UK: Polity Press, 2002.

Migone, Gian Giacomo. *The United States and Italy. The Rise of American Finance in Europe*. Cambridge, UK: Cambridge University Press, 2015.

Millett, Kate. *The Politics of Cruelty. An Essay on the Literature of Political Imprisonment*. New York: W. W. Norton, 1994.

Moghaddam, Fathali M. *The Psychology of Dictatorship*. Washington, DC: American Psychological Association, 2013.

Moghaddam, Fathali M. *Threat to Democracy: The Appeal of Authoritarianism in an Age of Uncertainty*. Washington, DC: American Psychological Association, 2019.

Moorhead, Caroline. *A Bold and Dangerous Family: The Remarkable Story of an Italian Mother, Her Two Sons, and Their Fight against Fascism*. New York: HarperCollins, 2017.

Moorhouse, Roger. *Killing Hitler: The Plots, the Assassins, and the Dictator Who Cheated Death*. New York: Bantam Books, 2006.（ロジャー・ムーアハウス『ヒトラー暗殺』［高儀進訳。白水社。2007 年］）

Moradiellos, Enrique. *Franco: Anatomy of a Dictator*. London: I.B. Tauris, 2018.

Mosco, Maria Laura, and Pietro Pirani. *The Concept of Resistance in Italy*. Lanham, MD: Rowman and Littlefield, 2017.

Mosse, George. *Nazi Culture. A Documentary History*. New York: Schocken Books, 1966.

Mudde, Cas. *The Far Right Today*. Oxford: Polity Press, 2019.

Mudde, Cas. *Populism: A Very Short Introduction*. New York: Oxford University Press, 2017.（カス・ミュデ、クリストバル・ロビラ・カルトワッセル『ポピュリズム：デモクラシーの友と敵』［永井大輔・高山裕二訳。白水社。2018 年］）

Müller, Jan-Werner. *What Is Populism?* Philadelphia: University of Pennsylvania Press, 2016.（ヤン＝ヴェルナー・ミュラー『ポピュリズムとは何か』［板橋拓己訳。岩波書店。2017 年］）

Munizaga, Giselle, and Carlos Ochsenius. *El discurso publico de Pinochet*. Buenos Aires: Consejo Latinoamericano de Ciencias Sociales, 1983.

Munn, Michael. *Hitler and the Nazi Cult of Film and Fame*. New York: Skyhorse, 2013.

Muñoz, Heraldo. *The Dictator's Shadow: Life under Augusto Pinochet*. New York: Basic Books, 2008.

Mussolini, Benito. *Corrispondenza inedita*. Edited by Duilio Susmel. Milan: Edizioni del Borghese, 1972.

Mussolini, Benito. *My Autobiography*. New York: Charles Scribner's Sons, 1928.（ムッソリーニ『わが自叙傳』（ムッソリーニ全集、第 10 巻）［木村毅訳。改造社。1941 年］）

Mussolini, Benito. *Opera Omnia*. Edited by Edoardo and Duilio Susmel. 44 vols. Florence: La Fenice, 1951-1980.

Mussolini, Benito. *Scritti e Discorsi*. Vol. VI. Milan: Ulrico Hoepli Editore, 1934.

Mussolini, Benito. *Storia di un anno. Il tempo del bastone e della carota*. Milan: Mondadori, 1945.

Mussolini, Romano. *Il Duce Mio Padre*. Milan: Rizzoli 2004.

Nazaryan, Alexander. *The Best People: Trump's Cabinet and the Siege on Washington*. New York: Hachette, 2019.

Neustadt, Robert. *Cada Dia: La Creación de un arte social*. Santigao: Editorial Cuarto Propio, 2001.

Niewert, David. *Alt-America: The Rise of the Radical Right in the Age of Trump*. New York: Verso, 2017.

Nordlinger, Jay. *Children of Monsters: An Inquiry into the Sons and Daughters of Dictators*. New York: Encounter Books, 2017.

Norris, Pippa. *Cultural Backlash: Trump, Brexit, and Authoritarian Populism*. Cambridge, UK: Cambridge University Press, 2019.

Nussbaum, Martha. *Political Emotions. Why Love Matters for Justice*. Cambridge, MA: Harvard University Press, 2013.

O'Connor, Garry. *The Butcher of Poland: Hitler's Lawyer Hans Frank*. Stroud, UK: The History Press, 2013.

O'Shaughnessy, Nicholas. *Marketing the Third Reich: Persuasion, Packaging and Propaganda*. New York: Routledge, 2018.

O'Shaughnessy, Nicholas. *Selling Hitler. Propaganda and the Nazi Brand*. London: Hurst, 2016.

Oates, Sarah. *Revolution Stalled: The Political Limits of the Internet in the Post-Soviet Sphere*. New York: Oxford University Press, 2013.

Olla, Roberto. *Il Duce and His Women: Mussolini's Rise to Power*. Richmond: Alma Books, 2011.

Opitz, May, Katharina Oguntoye, and Dagmar Schulz. *Showing Our Colors. Afro-German Women Speak Out*. Amherst: University of Massachusetts Press, 1992.

Orsina, Giovanni. *Berlusconism and Italy: A Historical Interpretation*. New York: Palgrave Macmillan, 2014.

Ortega y Gasset, José. *Man and People*. Translated by Willard R. Trask. New York: W. W. Norton, 1957.（オルテガ『個人と社会：人と人びと』（新装復刊）［アンセルモ・マタイス、佐々

木孝訳。白水社。2004年])
Orwell, George. *Homage to Catalonia*. New York: Harcourt Brace and World, 1952. (ジョージ・オーウェル『カタロニア讃歌』)
Ottaviano, Giancarlo, ed. *Le veline di Mussolini*. Viterbo, Italy: Stampa Alternativa, 2008.
Palmer, Mark. *Breaking the Real Axis of Evil: How to Oust the World's Last Dictators by 2025*. Lanham, MD: Rowman and Littlefield, 2005.
Pargeter, Alison. *Libya: The Rise and Fall of Gaddafi*. New Haven: Yale University Press, 2012.
Pavan, Ilaria. *Tra indifferenza e odio. Le conseguenze economiche delle leggi razziali in italia, 1938-1970*. Milan: Mondadori, 2019.
Pavone, Claudio. *A Civil War: A History of the Italian Resistance*. New York: Verso, 2013.
Paxton, Robert. *The Anatomy of Fascism*. New York: Vintage, 2005. (ロバート・パクストン『ファシズムの解剖学』[瀬戸岡紘訳。桜井書店。2008年])
Payne, Stanley G., and Jesus Palacios. *Franco: A Personal and Political Biography*. Madison: University of Wisconsin Press, 2018.
Pedersen, Susan. *The Guardians. The League of Nations and the Crisis of Empire*. New York: Oxford University Press, 2017.
Peer, Basharat. *A Question of Order. India, Turkey, and the Return of Strongmen*. New York: Columbia Global Reports, 2017.
Pellizzetti, Pierfranco. *Fenomenologia di Berlusconi*. Rome: Manifestolibri, 2009.
Peña, Juan Cristóbal. *La secreta vida literaria de Augusto Pinochet*. Santiago: Random House Mondadori, 2013.
Perry, John. *Torture: Religious Ethics and National Security*. Princeton, NJ: Princeton University Press, 2005.
Petacci, Clara. *Mussolini Segreto. Diari, 1932-1938*. Edited by Mauro Sutturo. Milan: RCS Libri, 2009.
Pini, Giorgio. *Filo diretto con Palazzo Venezia*. Bologna: Cappelli, 1950.
Pinochet, Augusto. *Camino Recorrido. Memorias de un Soldado*. Vols. 2 and 3. Santiago: Istituto Geografico Militar de Chile, 1991-1994.
Pinochet, Augusto. *El Dia Decisivo: 11 de Septiembre de 1973*. Santiago: Andres Bello, 1979. (アウグスト・ピノチェト『チリの決断:1973年9月11日』[グスタボ・ポンセ訳。サンケイ出版。1982年])
Pinto, António Costa, ed. *Rethinking the Nature of Fascism: Comparative Perspectives*. New York: Palgrave Macmillan, 2010.
Pitzer, Andrea. *One Long Night: A Global History of Concentration Camps*. Boston: Little, Brown, 2017.
Plamper, Jan. *The Stalin Cult: A Study in the Alchemy of Power*. New Haven: Yale University Press, 2012.
Policzer, Pablo. *The Rise and Fall of Repression in Chile*. Notre Dame: University of Notre Dame Press, 2009.
Pomerantsev, Peter. *Nothing Is True and Everything Is Possible: The Surreal Heart of the New Russia*. New York: Public Affairs, 2015. (ピーター・ポマランツェフ『プーチンのユートピア:21世紀ロシアとプロパガンダ』[池田年穂訳。慶應義塾大学出版会。2018年])
Porch, Douglas. *Counterinsurgency: Exposing the Myths of the New Way of War*. Cambridge, UK: Cambridge University Press, 2013.
Post, Jerrold M. *Leaders and Their Followers in a Dangerous World: The Psychology of Political Behavior*. Ithaca, NY: Cornell University Press, 2004.
Prats, Carlos González. *Una vida por la legalidad*. Mexico City, México: Fondo de Cultura Económica, 1975.
Preston, Paul. *Franco: A Biography*. New York: Basic Books, 1994.
Pugliese, Stanislao. *Carlo Rosselli. Socialist Heretic and Antifascist Exile*. Cambridge: MA: Harvard University Press, 1999.
Pugliese, Stanislao, ed. *Fascism and Anti-Fascism*. Manchester, UK: Manchester University Press, 2001.
Putin, Vladimir. *First Person: An Astonishingly Frank Self-Portrait by Russia's President Vladimir Putin*. With Nataliya Gevorkyan, Natalya Timakova, and Andrei Kolesnikov. Translated

by Catherine A. Fitzpatrick. New York: Public Affairs, 2000.（プーチン（述）、N・ゲヴォルクヤン、N・チマコワ、A・コレスニコフ著『プーチン、自らを語る』［高橋則明訳。扶桑社。2000 年］）
Rachetto, Piero. *Poesie della Resistenza*. Turin: Voci Nuove, 1973.
Ranald, Josef. *How to Know People by Their Hands*. New York: Modern Age Books, 1938.
Rees, Laurence. *Hitler's Charisma*. New York: Pantheon Press, 2012.
Reich, Jacqueline. *The Maciste Films of Italian Silent Cinema*. Bloomington: Indiana University Press, 2015.
Reichardt, Sven. *Faschistische Kampfbünde: Gewalt und Gemeinschaft im italienischen Squadrismus und in der deutschen SA*. Vienna and Cologne: Böhlau-Verlag Gmbh, 2009.
Rejali, Darius. *Torture and Democracy*. Princeton, NJ: Princeton University Press, 2009.
Renga, Dana, Elizabeth Leake, and Piero Garofalo. *Internal Exile in Fascist Italy*. Bloomington: Indiana University Press, 2019.
Rice, Condoleezza. *No Higher Honor. A Memoir of My Years in Washington*. New York: Crown Publishing, 2011.（コンドリーザ・ライス『ライス回顧録：ホワイトハウス激動の 2920 日』［福井昌子・波多野理彩子・宮崎真紀・三谷武司訳。集英社。2013 年］）
Richet, Isabelle. *Women, Anti-Fascism, and Mussolini's Italy. The Life of Marion Cave Rosselli*. London: I.B. Tauris, 2018.
Roberts, David D. *Fascist Interactions. Proposals for a New Approach to Fascism and Its Era*. New York: Berghahn, 2016.
Rochat, Giorgio. *Guerre italiane in Libia e in Etiopia: Studi militari 1921-1939*. Treviso, Italy: Pagus, 1991.
Roseman, Mark. *Lives Reclaimed: A Story of Rescue and Resistance in Nazi Germany*. New York: Metropolitan Books, 2019.
Rosenberg, Bernard, and David Manning White, eds. *Mass Culture. The Popular Arts in America*. New York: The Free Press, 1957.
Rosendorf, Neal M. *Franco Sells Spain to America. Hollywood Tourism and Public relations as Postwar Spanish Soft Power*. New York: Palgrave Macmillan, 2014.
Rosenfeld, Gavriel. *Hi Hitler! How The Nazi Past Is Being Normalized in Contemporary Culture*. Cambridge, UK: Cambridge University Press, 2015.
Rosenfeld, Sophia. *Democracy and Truth. A Short History*. Philadelphia: University of Pennsylvania Press, 2018.
Rosenwald, Brian. *Talk Radio's America. How An Industry Took Over a Political Party That Took Over the United States*. Cambridge, MA: Harvard University Press, 2019.
Ross, Steven J. *Hitler in Los Angeles. How Jews Foiled Nazi Plots against Hollywood and America*. New York: Bloomsbury, 2017.
Rosselli, Carolo. *Oggi in Spagna, domani in italia*. Turin: Einaudi, 1967.
Rossi, Ernesto, ed. *No al fascismo*. Turin: Einaudi, 1963.
Rubin, Barry. *Modern Dictators. Third World Coup Makers, Strongmen, and Populist Tyrants*. New York: McGraw-Hill, 1987.
Rucker, Philip, and Carol Leonnig. *A Very Stable Genius: Donald J. Trump's Testing of America*. New York: Penguin, 2020.
Ruggeri, Giovanni, and Mario Guarino. *Berlusconi. Inchiesta sul signor TV*. Milan: Kaos, 1994.
Runciman, David. *How Democracy Ends*. London: Profile Books, 2018.（デイヴィッド・ランシマン『民主主義の壊れ方：クーデタ・大惨事・テクノロジー』［若林茂樹訳。白水社。2020 年］）
Sadiqi, Fatima, ed. *Women's Movements in Post-"Arab Spring" North Africa*. New York: Palgrave Macmillan, 2016.
Saini, Angela. *Superior: The Return of Race Science*. Boston: Beacon, 2019.（アンジェラ・サイニー『科学の人種主義とたたかう：人種概念の起源から最新のゲノム科学まで』［東郷えりか訳。作品社。2020 年］）
St. John, Ronald Bruce. *Libya: From Colony to Revolution*. London: Oneworld Publications, 2017.
Salvemini, Gaetano. *Mussolini*

diplomatico. Bari, Italy: Laterza, 1952.

Sánchez, Antonio Cazorla. *Fear and Progress. Ordinary Lives in Franco's Spain, 1939-1975*. Oxford, UK: Blackwell, 2010.

Sarfatti, Margherita. *Dux*. Milan: Mondadori, 1926.

Sarfatti, Michele. *The Jews in Mussolini's Italy: From Equality to Persecution*. Madison: University of Wisconsin Press, 2006.

Satter, David. *Darkness at Dawn: The Rise of the Russian Criminal State*. New Haven: Yale University Press, 2004.

Schieder, Wolfgang. *Adolf Hitler. Politischer Zauberlehrling Mussolinis*. Berlin: De Gruyter Oldenbourg, 2017.

Schivelbusch, Wolfgang. *The Culture of Defeat: On National Trauma, Mourning, and Recovery*. New York: Picador, 2001.（ヴォルフガング・シヴェルブシュ『敗北の文化：敗戦トラウマ・回復・再生』［福本義憲・高本教之・白木和美訳。法政大学出版局。2007 年］）

Schmölders, Claudia. *Hitler's Face. The Biography of an Image*. Philadelphia: University of Pennsylvania Press, 2006.

Schoenberg, Arnold. *Letters*. Edited by Erwin Stein. Berkeley: University of California Press, 1987.

Schwartz, Margaret. *Dead Matter. The Meaning of Iconic Corpses*. Minneapolis: University of Minnesota Press, 2015.

Sciascia, Leonardo. *Le parrocchie del Regelpetra*. Milan: Adelphi, 1991.

Seara, Luis González. *La España de los años 70*. Madrid: Editorial Moneda y Crédito, 1972.

Seldes, George. *Sawdust Caesar. The Untold History of Mussolini and Fascism*. New York: Harper and Brothers, 1935.（ジョージ・セルデス『ファッシヨの偶像：ムソリニの正体』［高津正道訳。新生社。1936 年］）

Sharman, J. C. *The Despot's Guide of Wealth Management*. Ithaca, NY: Cornell University Press, 2017.

Shepard, Todd. *Voices of Decolonization: A Brief History with Documents*. New York: Bedford/St. Martins, 2014.

Siemens, Daniel. *Stormtroopers. A New History of Hitler's Brownshirts*. New Haven: Yale University Press, 2017.

Sims, Cliff. *Team of Vipers: My 500 Extraordinary Days in the Trump White House*. New York: Thomas Dunne, 2019.

Singh, Naumihal. *Seizing Power. The Strategic Logic of Military Coups*. Baltimore: Johns Hopkins University Press, 2014.

Snyder, Timothy. *Black Earth. The Holocaust as History and Warning*. New York: Tim Duggan Books, 2015.（ティモシー・スナイダー『ブラックアース：ホロコーストの歴史と警告』（全 2 巻）［池田年穂訳。慶應義塾大学出版会。2016 年］）

Snyder, Timothy. *Bloodlands: Europe between Hitler and Stalin*. New York: Basic Books, 2012.（ティモシー・スナイダー『ブラッドランド：ヒトラーとスターリン大虐殺の真実』（全 2 巻）［布施由紀子訳。筑摩書房。2015 年］）

Sofsky, Wolfgang. *The Order of Terror. The Concentration Camp*. Translated by William Templer. Princeton, NJ: Princeton University Press, 1997.

Sperling, Valerie. *Sex, Politics, and Putin: Political Legitimacy in Russia*. New York: Oxford University Press, 2014.

Spooner, Mary Helen. *Soldiers in a Narrow World. The Pinochet Regime in Chile*. Berkeley: University of California Press, 1999.

Stanley, Jason. *How Fascism Works. The Politics of Us and Them*. New York: Random House, 2018.（ジェイソン・スタンリー『ファシズムはどこからやってくるか』［棚橋志行訳。青土社。2020 年］）

Steigmann-Gall, Richard. *The Holy Reich. Nazi Conceptions of Christianity, 1919-1945*. Cambridge, UK: Cambridge University Press, 2003.

Steinacher, Gerald. *Nazis on the Run. How Hitler's Henchmen Fled Justice* New York: Oxford University Press, 2011.

Stella, Gian Antonio, and Sergio Rizzo. *Cosi parlò il cavaliere*. Milan: Rizzoli 2011.

Stenner, Karen. *The Authoritarian Dynamic*. Cambridge, UK: Cambridge University

Press, 2005.
Stent, Angela. *Putin's World: Russia against the West and with the Rest*. New York: Twelve, 2019.
Stephan, Maria, and Erica Chenoweth. *Why Civil Resistance Works*. New York: Columbia University Press, 2012.
Stern, Steve J. *Battling for Hearts and Minds. Memory Struggles in Pinochet's Chile, 1973-1988*. Durham: Duke University Press, 2006.
Stille, Alexander. *The Sack of Rome: How a Beautiful European Country with a Fabled History and a Storied Culture Was Taken Over by a Man Named Silvio Berlusconi*. New York: Penguin, 2006.
Strang, Bruce, ed. *Collision of Empires: Italy's Invasion of Ethiopia and Its International Impact*. New York: Routledge, 2013.
Stuckler, David, and Sanjay Basu. *The Body Economic: Why Austerity Kills*. New York: Basic Books, 2013.（デヴィッド・スタックラー、サンジェイ・バス『経済政策で人は死ぬか？：公衆衛生学から見た不況対策』［橘明美・臼井美子訳。草思社。2014 年］）
Stutje, Jan Willem, ed. *Charismatic Leadership and Social Movements: The Revolutionary Power of Ordinary Men and Women*. New York: Berghahn, 2012.
Sullam, Simon Levis. *The Italian Executioners. The Genocide of the Jews of Italy*. Princeton, NJ: Princeton University Press, 2018.
Svolik, Milan. *The Politics of Authoritarian Rule*. Cambridge, UK: Cambridge University Press, 2012.
Taylor, Brian D. *The Code of Putinism*. New York: Oxford University Press, 2018.
Theweleit, Klaus. *Male Fantasies*. Vol. 1. *Women, Floods, Bodies, Histories*. Minneapolis: University of Minnesota Press, 1987.（クラウス・テーヴェライト『男たちの妄想　I：女・流れ・身体・歴史』［田村和彦訳。法政大学出版局。1999 年］）
Thomas, Julia Adeney, and Geoff Eley, eds. *Visualizing Fascism: The Twentieth-Century Rise of the Global Right*. Durham: Duke University Press, 2020.
Thyssen, Fritz. *I Paid Hitler*. New York: Farrar and Rhinehart, 1941.
Traverso, Enzo. *Fire and Blood. The European Civil War 1914-1945*. Translated by David Fernbach. New York: Verso, 2016.（エンツォ・トラヴェルソ『ヨーロッパの内戦：炎と血の時代　一九一四－一九四五年』［宇京頼三訳。未來社。2018 年］）
Traverso, Enzo. *The Origins of Nazi Violence*. Translated by Janet Lloyd. New York: The New Press, 2003.
Tubach, Friedrich C. *German Voices: Memories of Life during Hitler's Third Reich*. Berkeley: University of California Press, 2011.
Tufekci, Zeynep. *Twitter and Teargas: The Power and Fragility of Networked Protest*. New Haven: Yale University Press, 2017.（ゼイナップ・トゥフェックチー『ツイッターと催涙ガス：ネット時代の政治運動における強さと脆さ』［中林敦子訳。P ヴァイン。2018 年］）
Tumarkin, Nina. *Lenin Lives! The Lenin Cult in Soviet Russia*. Cambridge, MA: Harvard University Press, 1997.
Turner, Thomas, and Crawford Young. *The Rise and Decline of the Zairian State*. Madison: University of Wisconsin Press, 1985.
Tworek, Heidi. *News from Germany. The Competition to Control Wireless Communications, 1900-1945*. Cambridge, MA: Harvard University Press, 2019.
Ullrich, Volker. *Hitler: Ascent 1889-1939*. New York: Knopf, 2016.
Unger, Craig. *House of Trump, House of Putin*. New York: Dutton, 2019.
Uzal, Maria José Henríquez. *Viva la verdadera Amistad! Franco y Allende, 1970-1973*. Santiago: Editorial Unversitaria, 2014.
Vandewalle, Dirk. *A History of Modern Libya*. Cambridge, UK: Cambridge University Press, 2012.
van Genugten, Saskia. *Libya in Western Foreign Policies, 1911-2011*. New York: Palgrave Macmillan, 2016.
Varvelli, Arturo. *L'Italia e l'ascesa di Gheddafi. La cacciata degli italiani, le armi e il petrolio (1969-1974)*. Milan: Baldini Castoldi Dalai, 2009.
von Hildebrand, Dietrich, and

John Henry Crosby. *My Battle against Hitler: Defiance in the Shadow of the Third Reich*. New York: Image Books, 2016.

von Moltke, Freya, and Helmuth James von Moltke. *Last Letters: The Prison Correspondence, 1944-1945*. Edited by Dorothea von Moltke and Johannes von Moltke. New York: New York Review of Books, 2019.

von Plehwe, Friedrich-Karl. *The End of an Alliance. Rome's Defection from the Axis in 1943*. New York: Oxford University Press, 1971.（F・K・フォン・プレーヴェ『独伊枢軸同盟の崩壊』［鹿島平和研究所訳。鹿島研究所出版会。1973年］）

Wachsmann, Nikolaus. *KL. A History of the Nazi Concentration Camps*. New York: Farrar, Straus and Giroux, 2015.

Ward, Vicky. *Kushner, Inc. Greed. Ambition, Corruption*. New York: St. Martin's Press, 2019.

Weber, Max. *Economy and Society: An Outline of Interpretive Sociology*. Vol. 1. Edited by Guenther Roth and Claus Wittich. Berkeley: University of California Press, 1978.（マックス・ウェーバー『経済と社会』）

Wegren, Stephen K., ed. *Putin's Russia: Past Imperfect, Future Uncertain*. Lanham, MD: Rowman and Littlefield, 2015.

Welch, David. *The Third Reich: Politics and Propaganda*. New York: Routledge, 1993.

Whitehead, Andrew, and Samuel Perry. *Taking America Back for God: Christian Nationalism in the United States*. New York: Oxford University Press, 2020.

Wolff, Michael. *Fire and Fury. Inside the Trump White House*. New York: Henry Holt, 2018.（マイケル・ウォルフ『炎と怒り：トランプ政権の内幕』［関根光宏・藤田美菜子他訳。早川書房。2018年］）

Wood, Randall, and Carmine DeLuca. *Dictator's Handbook: A Practical Manual for the Aspiring Tyrant*. Newfoundland: Gull Pond Books, 2012.

Woodward, Bob. *Fear: Trump in the White House*. New York: Simon and Schuster, 2018.（ボブ・ウッドワード『FEAR 恐怖の男：トランプ政権の真実』［伏見威蕃訳。日本経済新聞出版社。2018年］）

Worth, Owen. *Morbid Symptoms: The Global Rise of the Far-Right*. London: Zed Books, 2019.

Wright, Thomas, and Rody Oñate, *Flight from Chile. Voices from Exile*. Albuquerque: University of New Mexico Press, 1998.

Wrong, Michela. *In the Footsteps of Mr. Kurtz. Living on the Brink of Disaster in the Congo*. London: Fourth Estate, 2000.

Yavuz, M. Hakan, and Bayram Balci, eds. *Turkey's July 15th Coup: What Happened and Why*. Salt Lake City: University of Utah Press, 2018.

Yglesias, José. *Chile's Days of Terror: Eyewitness Accounts of the Military Coup*. Edited by Judy White. New York: Pathfinder, 1974.

Zakaria, Fareed. *The Future of Freedom: Illiberal Democracy at Home and Abroad*. New York: W. W. Norton, 2003.（ファリード・ザカリア『民主主義の未来：リベラリズムか独裁か拝金主義か』［中谷和男訳。阪急コミュニケーションズ。2004年］）

Zayani, Mohamed, and Suzi Mirgani, eds. *Bullets and Bulletins. Media and Politics in the Wake of the Arab Uprisings*. New York: Oxford University Press, 2016.

Zucman, Gabriel. *The Hidden Wealth of Nations. The Scourge of Tax Havens*. Translated by Teresa Lavender Fagan. Chicago: University of Chicago Press, 2015.（ガブリエル・ズックマン『失われた国家の富：タックス・ヘイブンの経済学』［林昌宏訳。NTT出版。2015年］）

Zygar, Mikhail. *All the Kremlin's Men. Inside the Court of Vladimir Putin*. New York: Public Affairs, 2016.